ABOUT TIME

A History of Civilization in Twelve Clocks

改變人類文明的12座時鐘

大衛・魯尼(David Rooney) 著

顏涵銳 譯

《實用歷史叢書》

出版緣起

王榮文

・歷史就是大個案

《實用歷史叢書》的基本概念，就是想把人類歷史當做一個（或無數個）大個案來看待。

本來，「個案研究方法」的精神，正是因為相信「智慧不可歸納條陳」，所以要學習者親自接近事實，自行尋找「經驗的教訓」。

經驗到底是教訓還是限制？歷史究竟是啟蒙還是成見？——或者說，歷史經驗有什麼用？可不可用？——一直也就是聚訟紛紜的大疑問，但在我們的「個案」概念下，叢書名稱中的「歷史」，與蘭克（Ranke）名言「歷史學家除了描寫事實『一如其發生之情況』外，再無其他目標」中所指的史學研究活動，大抵是不相涉的。在這裡，我們更接近於把歷史當做人間社會情境體悟的材料，或者說，我們把歷史（或某一組歷史陳述）當做「媒介」。

‧從過去了解現在

為什麼要這樣做？因為我們對一切歷史情境（milieu）感到好奇，我們想浸淫在某個時代的思考環境來體會另一個人的限制與突破，因而對現時世界有一種新的想像。

通過了解歷史人物的處境與方案，我們找到了另一種智力上的樂趣，也許化做通俗的例子我們可以問：「如果拿破崙擔任遠東百貨公司總經理，他會怎麼做？」或「如果諸葛亮主持自立報系，他會和兩大報紙持哪一種和與戰的關係？」

從過去了解現在，我們並不真正尋找「重複的歷史」，我們也不尋找絕對的或相對的情境近似性。「歷史個案」的概念，比較接近情境的演練，因為一個成熟的思考者預先暴露在眾多的「經驗」裡，自行發展出一組對應的策略，因而就有了「教育」的功能。

‧從現在了解過去

就像費夫爾（L. Febvre）說的，歷史其實是根據活人的需要向死人索求答案，在歷史理解中，現在與過去一向是糾纏不清的。

在這一個圍城之日，史家陳寅恪在倉皇逃死之際，取一巾箱坊本《建炎以來繫年要錄》，抱持誦讀，讀到汴京圍困屈降諸卷，淪城之日，謠言與烽火同時流竄；陳氏取當日身歷目睹之事與史實印證，不覺汗流浹背，覺得生平讀史從無如此親切有味之快感。

觀察並分析我們「現在的景觀」，正是提供我們一種了解過去的視野。歷史做為一種智性活動，也在這裡得到新的可能和活力。

如果我們在新的現時經驗中，取得新的了解過去的基礎，像一位作家寫《商用廿五史》，用企業組織的經驗，重新理解每一個朝代「經營組織」（即朝廷）的任務、使命、環境與對策，竟然就呈現一個新的景觀，證明這條路另有強大的生命力。

我們刻意選擇了《實用歷史叢書》的路，正是因為我們感覺到它的潛力。我們知道，標新並不見得有力量，然而立異卻不見得沒收穫；刻意塑造一個「求異」之路，就是想移動認知的軸心，給我們自己一些異端的空間，因而使歷史閱讀活動增添了親切的、活潑的、趣味的、致用的「新歷史之旅」。

你是一個歷史的嗜讀者或思索者嗎？你是一位專業的或業餘的歷史家嗎？你願意給自己一個偏離正軌的樂趣嗎？請走入這個叢書開放的大門。

目錄

各界推薦

儘管彷彿鎖鏈一般緊緊銬在人們腕上的手錶，已經從最初用來貼身提醒時間的工具，愈發像是個單純的裝飾品，但這並不代表我們已然擺脫時間對日常生活的追逐與管控；事實上，隨著各種智慧載具準確且「貼心」的發送提醒簡訊，人類在迎來更具「效率」的生活方式之餘，所謂人生不啻成為無限延伸之方格化管理下的被動式。在本書作者魯尼沿著歷史時間軸，以十二個象徵性計時器做為引子娓娓道來之下，一段人類如何不斷強化自我管理的（更多時候是被動的）長歷史被充滿意趣的鋪陳開來。至於由此將帶來何種啟發，就留待讀者自行決定了。

——**中興大學國際政治研究所教授・蔡東杰**

如果無法精準測量時間，人們便不會想留住時間，計算時間，思考時間，人們又怎麼會把時間做為一種食糧，懂得要貯存的美德，要珍惜，要節省。所以，人類發明時間，從而精準測量時間，終結了「經歷而來的時間」與「測量得出的時間」兩者的漫長矛盾，人類才能滋生歷史意識，才能建立生活秩序，才能孕育出豐碩的文明。大衛・魯尼以雋永的筆觸、博雅的知識，引領讀者進行一場饒富興味的時間旅程，透過精湛的敘事技藝，穿梭在權力、控制、金錢、道德和信仰之間，而對人類歷史下了一個發人深省的注腳。

——世新大學社會發展研究所副教授兼所長・溫洽溢

「時計的發明」是人類急速進步的起源與故事。中國的水鐘、英國的大笨鐘、知名教堂的鐘塔、王公貴族的懷錶乃至於極致奢華的的腕錶，其所代表的，絕非只有華麗的外觀、極致的工藝與地位的表徵。從書中可以了解、感受到時間的過去與未來：從不會停止的時間之中，回顧時計產生的原因，感受一下時計對人類生活的影響，選擇未來我們要走的路。

對於喜愛鐘錶的讀者來說，這本書既是鐘錶入門所需了解的發展過程，也是進階的提升感官、開創未來所必須要了解的歷史軌跡！從「鐘」開始，讓我們一起感受一下時計的力量。

——台灣古董鐘錶協會理事長・沈子愷

這是一本有趣、迷人卻又不失嚴肅的好書。試想，光是閱讀十二座鐘的故事就能認識人類的文明史，還有比這更划算的時間利用方式嗎？當然，不是全部的文明史，但作者大衛・魯尼卻能夠從十二座鐘談到秩序的建立、信仰的熱情、美德的塑造、帝國的建立、貿易和工業化的拓展等，甚至連道德是非和身分認同的課題都被觸及了。這位一生與鐘錶為伍的專家觀看世界的方式確實既另類又特別，誠心推薦！

——台灣神學研究學院教會歷史學教授・鄭仰恩

有了尺度丈量空間，我們因此知道自己還有多少地方沒去過，可能可以移動到哪裡；有了刻度記錄時間，我們才了解此生還能做什麼，以及能進展到什麼程度。人類在發展文明的過程中，找到定位渺小自身在宇宙間位置的方式，也因為知道時間與空間的局限，所有當下的努力因此有了意義。感謝本書作者廣博且精彩的蒐羅，見證人類記錄時間的企圖，以及因而留下的眾多歷史證據。

——建築文資工作者・凌宗魁

本書作者利用各種度量時間的工具，指出時間的重要性，甚至是建構人類文明的關鍵要素。看過之後讓我領悟到自己二十幾年玩錶生涯，遊走在將時間具象化的機械裝置裡，但這一切其實只在心裡播下一顆種子，經過本書灌溉照護後，才得以看見鬱鬱蔥蔥宛如大樹般的時間全貌。誠心推薦給所有想讀好書的各位，尤其愛錶人士！

——專業鐘錶雜誌《時間觀念》總編輯．郭峻彰

前言

一九八三年韓航〇〇七班機空難

在阿拉斯加一個冷冽的清晨時刻，韓航客機機長千炳寅（Chun Byung-in）、副機長孫東輝（Son Dong-hui）、飛航工程師金義東（Kim Eui-dong）三人在安克拉治國際機場中，穿過停機坪的瀝青鋪面，進入波音七四七客機的駕駛艙中，準備踏上任務。他們駕駛公司排定的航班，要飛往首爾金浦國際機場。

這架韓航〇〇七客機從紐約約翰甘迺迪國際機場出發，途中會降落安克拉治機場短暫停留，進行維修、加油和交換空勤、乘務人員。位於阿拉斯加的安克拉治機場，地處北美洲大陸西北方最頂端，在那個時候是美國和東亞航線常用的中途站。當時，許多亞洲和歐洲的共產國家，其空域是不讓外國航班進入的，也因為這樣，許多航班被迫要繞遠路，取道其他安全的國際空域。但是身為這班飛機的機長，千炳寅對從安克拉治到首爾的航線瞭若指掌，因為他飛這條航線的時間已經有五年之久了。

這架韓航〇〇七客機從紐約起飛後，平順流暢，機上二六九人就這麼安然渡過第一段航程。天氣預報也說，接下來從安克拉治起飛的第二段航程中，天氣狀況良好，更因為逆風的風勢低於平均值，所以空勤人員預期這段航程的時間會稍微縮短。因為這樣的預期，為了要準時抵達首爾，從安克拉治的起飛時間被刻意延後半個小時。飛機這時已經完成出發前的最後一次檢查，一切看起來都很正常。飛機的航道也已經輸入到導航電腦中，以確保飛機可以安全沿著禁航空域的外圍飛行。根據韓航〇〇七客機的雷達系統紀錄顯示，該班機在阿拉斯加時間凌晨四點時會安然的在空中飛行。如此看來，這次航程應該會就這麼平凡的結束。

隨著時間一個鐘頭一個鐘頭過去，從機艙中機組人員們的對話聽得出來氣氛愉快又放鬆。航程中，他們還會固定時間和地面管制站通話，報告飛機的位置和天候狀況，一方面也確認飛行計畫。中間還為乘客上了早餐，一切再正常不過。

然而，其實，飛機的自動導航系統有個問題，千炳寅、孫東輝、金義東三人竟然都沒有發現。那就是：一開始的導航設定並不正確，所以飛機從阿拉斯加再度起飛後，航道離正確航道越來越遠，朝偏北飛去——這樣的錯誤，可說是最要不得的。因為飛行過程中，沒有其他的儀器幫助飛行員確認飛機確實所在的位置，所以一切只能仰賴導航設備來導引飛機，但一開始錯誤的設定，使這架飛機就這樣被自動導航一路帶進了禁航的俄國堪察加半島

（Kamchatka）和庫頁島（Sakhalin）上。

離客機從阿拉斯加起飛五小時後，在機上的韓籍機組人員渾然不知的情況下，蘇聯已經派遣一架蘇愷十五（Sukhoi Su-15）的超音速攔截機緊急升空，準備對這架民航客機進行攔截。這架蘇愷戰機由蘇聯空軍中校甘納迪．歐西波維奇（Gennadi Osipovich）駕駛。之所以蘇聯會對這架民航機這麼緊張，是因為就在不久之前，蘇聯曾經偵測到一架美國的間諜機在該區行動，監控蘇聯在當地的飛彈試射行動。美方當時派出的是一架廣為人知的波音RC-135四發動機偵察噴射機，其外形正好與這架波音七四七客機有許多相似處，只差少了後者在駕駛艙上方的隆起。歐西波維奇和其長官因此深信這架擅入其領空的韓航客機，就是美軍的間諜機。

在蘇愷戰機升空二十分鐘後，它追上了毫不知情的韓航客機，然後駕駛員歐西波維奇就發射機關砲，朝向波音客機的機鼻前方，射出好幾發砲彈示警，但韓航客機上的機組成員卻沒有看到飛過的砲彈，只顧著和彼此聊天，完全沒察覺危險正快速接近。六分鐘後，歐西波維奇再朝韓航客機發射兩顆空對空飛彈，其中一顆沒有擊中，但另一顆則在波音客機的機尾爆炸，將機上的液壓控制管路截斷，客機結構也受到重創，爆炸的碎片刺穿客機機身，飛機客艙氣壓於是開始下降。但，韓航〇〇七客機在這樣的重創下，還是靠著機組員的努力控制，繼續往前飛。在遭到飛彈襲擊三十秒後，飛機上的自動廣播系統啟動，全機前後都聽到廣播：「請注意，緊急迫降。熄掉手上香菸。再說一遍，這是緊急迫降。」駕駛艙和客艙座位前方的氧氣罩這時也紛紛落下，機內廣播系統接著大聲宣布：「請將氧氣罩罩住口鼻，並調整安全帶。請注意，緊急迫降。」

韓航客機此時位於日本海上空，不斷往前快速飛去，機上還有意識的乘客，雖然不知道飛機被什麼擊中，也不知道為什麼會被擊中，但他們很清楚，飛機要是無法成功迫降，自己這條命就危在旦夕了。另一邊，雖然飛機越來越不聽控制，但韓航機組員還是努力要讓飛機受控制。飛機在天候和強風的影響下，就這樣一路翻滾、橫衝直撞——這時它已經失去平順飛行所需要的穩定氣流了。在遭到飛彈襲擊十二分鐘後，空勤人員失去了對機身所有的控制能力，飛機於是機頭朝下，打轉著筆直下墜，就這麼撞進大海裡。驚恐之旅就這麼結束。這天是一九八三年九月一日上午，全機無人生還。

在這架飛機失事的同時，地球上空正有七顆美軍所發射的實驗人造衛星在軌道上運行。這七顆人造衛星所組成的艦隊，被美軍稱為「導航星」（Navstars）。七顆衛星中的每一顆，大小都跟家用汽車一樣大，重量將近一噸，它們靠太陽能電池和聯氨（hydrazine）火箭燃料兩種能源來推動。從一九七八年開始，整個團隊的七顆衛星以相隔數月的時間逐一朝太空發射。七顆衛星上，共載了二十五具高精準度的時鐘，這些在美國加州打造的時鐘，在太空中要執行一項名為「全球定位系統」（Global Positioning System, GPS）的導航實驗。

要是有這些時鐘提供的資料，韓航〇〇七客機上的所有人，可能就不會枉送性命了。

在韓航客機被蘇聯飛彈擊落的四天後，美國總統雷根（Ronald Reagan）在電視上發表了慷慨激昂的演說。他直指這起悲劇是「大屠殺」，是蘇聯當局「對人類的罪行」、「野蠻行徑」，他誓言要有所作為，以確保類似事件不再重演。

在韓航空難事發當時上空盤旋的實驗人造衛星，就是我們今日熟知的GPS全球定位系統的雛形，由美軍所開發。每一具GPS人造衛星上，都載有三到四座微型的原子鐘，這些微型原子鐘會朝地球發射精確的時間，讓地面攜帶全球定位系統接收器的人，可以知道自己所在的位置，差距約是幾十公尺的範圍內。現在的全球定位系統，總共動用大約三十二顆人造衛星，全天候執勤；其中最新發射的幾顆，上面所配備的原子鐘，精確度要比早期那些一九七〇年代中期的原子鐘來得更高。

這些發射到太空的原子鐘，現在已經是我們日常生活中看不到卻必要的一部分，不僅提供精確的定位，也讓現代生活中所有的基礎設施得以同步，包括無線通訊設備到電力供應等重要設施。一九八三年九月時，實驗性的全球定位系統衛星只開放給美國軍隊使用，但韓航〇〇七客機的墜機事件連同機上二六九條的無辜生命，改變了這個限制。在雷根總統電視演說的十一天後，他透過白宮新聞祕書宣布，一旦全球定位系統正式啟用，所有民航客機都可以使用。

要是失事韓航客機的機組員當時可以使用這些時間訊號的話，就能夠知道其飛機的導航系統失誤，及時扭轉一九八三年九月一日的這場飛航悲劇。

這些一九七〇年代首批升空的電子鐘，外表樸實無華，由美國公司洛克威爾（Rockwell）和德國鐘錶公司艾夫拉原子（Efratom）共同合作製造。鐘的外殼覆以粗糙鋁盒，但經過特別鍛造，以保護其在衛星升空時遭到嚴重撞擊。這樣的樸實無華，跟我們對於精工、貴重鐘錶的印象完全不同。這樣的鐘，沒有一般人喜歡的美麗外表，極少收藏家會願意在家裡收藏這樣的東西。但是，這樣樸實無華的鐘，卻改變了全世界，其影響所及，不只是改變我們的科技，也改變我們的政治和文化。這些鐘既是由美國這樣的軍事強國放上太空的，其目的，不論是當時或現在，都不全然是立意良善的。也因此，我們是不是應該以更嚴謹的態度來看待它們呢？

當初發射到太空的那些原子鐘，現在都還在軌道上。雖然科技日新月異，它們已經不再是最先進的科技，但最早隨著七顆全球定位系統人造衛星進入太空的二十五具時鐘，曾經目擊韓航〇〇七客機墜毀日本海，至今也仍然繞著地球軌道運行。這些貨真價實、由洛克威爾和艾夫拉原子公司在加州工廠所打造的時鐘，工廠本身早就關閉了，它們卻依然在我們的頭頂永恆的運行著，靜靜的在已經退役的人造衛星上，滴答滴答的響著。夜晚的天空，其實是一座由老時鐘所構成的博物館，只是我們不見得能看到那麼遠的夜空。

打從人類有文明以來，不同時代及人類文化都打造過各種計時工具。從古羅馬時代供一座城市使用的日晷，到中世紀中國皇室所用的水鐘；從蘊釀中世紀沉默革命的沙漏，到印度啟蒙時代的天象觀測站，鐘錶的歷史就是人類的文明史。這本書，是為對世界史、政治有興趣，以及對於時間故事——其實就是人類的故事——有興趣的人所寫。透過十二個古今時鐘的個案探討，我們了解數千年來，時間是如何被人們當作支配的工具，被人們政治化、又成為武器的。時鐘，在菁英的手中成為一種權力，得以為他們賺錢、統治百姓、控制生靈。但是，另一方面，也為了時鐘，讓被控制的人起身反抗。我筆下的時鐘，不是抽象的象徵，而是道道地地的時鐘，擁有它們各自不同的歷史。透過這些時鐘，讓我們得以看到過去關鍵而有時殘暴的時刻，在眼前再次活過來。

我從很小就對時鐘和其歷史感到著迷。一九八二年，我只有八歲時，父母親決定投入鐘錶製造和修復的行業。母親在一九六〇年代中葉是英國泰恩提茲（Tyne Tees Television）電視網的研究員，之後她成為學校教師。我父親則是工程繪圖師，在赫本（Hubburn）市的貝克伯金斯（Baker Perkins）公司上班，之後他也跟母親一樣，成為學校教師。不過，兩人其實一直都有創業的夢想，所以在一九八〇年代初期決定放手一搏。他們兩人以家為工作室，地點位於英國泰恩河（River Tyne）流入冷冽北海的南希爾茲港（South Shields）岸邊。我們一家就住在接近哈頓舊礦場（Harton Pit）附近，那是一座廢棄的煤礦場，在一八五四年時，研究時間的頂尖英國科學家曾在此，使用鐘擺時鐘來研究地球的密度。在十九世紀的南希爾茲，時鐘曾經是當地人的熱衷話題。

我們家的餐廳被爸媽改造成時計工作坊和圖書館，一間沒人用的臥房則成為他們的辦公室。廚房的桌子，是全家用餐的地方，也是我吸收鐘錶詞彙的所在，聽著爸媽滿嘴難懂的鐘錶科技，像是芝麻鍊均力輪（fusee）、擒縱結構（escapements）、電子振盪器（oscillators）之類的字眼，同時也會聽到他們討論鐘錶維修和製造的種種困難挑戰，以及這個行業的種種辛酸。我也會聽到爸媽和時計領域中知名學者、收藏家的對話，還會陪他們到蘇格蘭和英國北方各地的鄉間人家和博物館去幫忙裝設時鐘。

因為這樣，我從爸媽那裡吸收了他們各自的專長：爸爸對於鐘錶技術的喜愛，以及母親在電視紀錄片研究的經驗。爸媽都了解，修製鐘錶的同時，也要讓客戶了解這些鐘錶背後的故事，不光只是把它們修好就好。每一具時鐘都有它自己的生命故事可以娓娓道來；而這些故事，則是人類大歷史的一小部分。我爸媽的工作，就是找出這些故事，並和世人分享。

經過童年時期那十年鐘錶工藝和歷史的洗煉後，我離家去念大學，但念的是物理，之後轉入科學和科技史領域研究，進入倫敦科學博物館擔任科技部門的策展員。之後，又在公元兩千年中葉，來到格林威治（Greenwich）皇家天文台擔任時計部門的策展員，這份工作讓我得以自由的和當今世上最豐富的精工鐘錶館藏近距離接觸。一週三天，我要幫許多座大名鼎鼎的航海鐘上發條，這些鐘，都是由約翰・「經度」・哈里森（John 'Longitude' Harrison）所製造；同時我也要維護天文台的報時球，以及劃時代的維多利亞電子報時系統（Victorian electrical time network）。我每個月還去貝爾蒙特（Belmont）——這是肯特郡（Kent）的一處鄉間民宅——擔任志工，那裡擁有世上最好的鐘錶私人收藏。

我為此深深著迷。之後，我回到科學博物館，負責管理館中的鐘錶收藏和其他物品，這時我開始和「鐘錶匠敬業公司」（Worshipful Company of Clockmakers）合作，管理其博物館。該博物館是世上最古老的鐘錶博物館，在二〇一五年遷往南肯辛頓（South Kensington）。這此過程中，我與無數鐘錶和時計專家有過接觸，得以與他們共處，獲得他們的智慧結晶，也享受他們對我的耐心。他們把自己的知識和熱忱都無私的分享給我，至今從未間斷。因為有這些經驗和接觸，讓我對鐘錶名器的興趣有增無減。

鐘錶最讓我難以罷手的地方，在於其所象徵的意義。鐘錶的意義，可以從製造者創造它們的目的中尋得。隨著我對於鐘錶了解得越來越多，我越來越明白，其實，鐘錶的工藝史並無法解答我的問題。因為，我真正感到興趣的，是人類為什麼想要發明鐘錶，以及世界運作的原理。也因為這樣，這本書的故事，主要是由權力、控制、金錢、道德和信仰為核心所發展而成的。

讀到這裡，各位讀者應該已經感覺得到，這不是一本一般常見的鐘錶史書，同時，也不是討論時間做為抽象概念的書，不是哲學家和科學家那種對於時間的探討——這兩種書，市面上已經有許多傑作，是窮敝人之力所不能及的，因此，我將之留給專家來寫。本書也不是將文明史以更為廣泛方式平鋪直敘，像是法國史學家費南・波戴爾（Fernand Braudel）或其他傑出學者所寫的史書。相反的，本書是一本以個人觀點出發，非常個人導向且偏重在特定面相的著作。本書要探討的工藝用品，有些可以點出不同文明中的重要面相，透過對於這些工藝用品的檢視，可以幫助我們更了解過去的歷史。這些面相包括：人類是怎麼被管理的？人類的信念、以及人類講述故事的方式。本書要藉由鐘錶的歷史來檢視資本主義、知識的交通、帝國的創建、以及工業化帶給人們生活的劇烈變化。我們也會思考：道德（是非對錯）以及身分認同等問題，是如何被時鐘所影響、宰制。透過這樣的檢視，我們得以直視生、死、戰爭與和平，完全不閃躲。在某些人手中，時計成了殺人的工具，但時計也可以成為救人的工具，重點在，我們必須要能夠看透時計所擁有的力量。

「時計」（clock）這個字，在本書中，是以非常寬鬆的字意在使用的。這個字最早是歐洲文字中的「鐘或鈴」，包括法文的 cloche（鐘、鈴）、德文的 Glocke（鐘、鈴）、瑞典文的 klocka（鐘、鈴）。今日，我們則用這個字指稱多種不同的東西，有些是電子驅動、有些使用齒輪推動，但都是用來計時和顯示時間。在本書中，我用這個字所指涉的事物更為廣泛，只要目的是在掌握時間流逝的人造裝置，都符合對於時計的定義。在這樣定義下的時計，包括日晷、時漏（有時稱為沙漏、或是沙鐘）、水鐘、望遠鏡、報時信號、懷錶、腕錶等等。

前言這樣就夠多了。現在，讓我們展開這段探索的旅程。這段旅程的第一站，我們要來到兩千多年前的古羅馬，去看他們的日晷——這是一座安置在羅馬廣場正中央一根石柱上的日晷。這座日晷如今已經下落不明，但其故事幾乎就像許多現代社會類似遭遇搬到古代上演一樣，對當時的古羅馬人而言，這實在是太先進的東西，因此惹來不少異樣的眼光。原因就在於，當時的羅馬人並不喜歡自己的生活被日晷控制。

第一章

秩序

廣場上的日晷，古羅馬，公元前二六三年

羅馬人永遠都會記得，日晷被運進羅馬城的那一天。曼尼厄斯．瓦雷里厄斯．麥克西穆斯（Manius Valerius Maximus）這位才剛打勝仗回來的戰爭英雄，站在羅馬廣場的正中央，威風凜凜、氣宇軒昂。在他面前，廣大的群眾列隊歡迎，迫不及待的想要為這位他們投票選出的執政官喝彩。要不是有他的帶領，羅馬大軍也不會在這次西西里島戰爭中獲得勝利。也因為有瓦雷里厄斯，羅馬共和國才能將卡塔尼亞（Catania）城拿下，羅馬和錫拉庫薩（Syracuse）之所以能談定條約，也是靠他居中協調，促成古羅馬史上最重要的一項策略結盟。

當時是公元前二六三年，這一年羅馬拿下卡塔尼亞城，揭開和死對頭迦太基（Carthage）之間隨後多次的布匿戰爭（Punic war）。羅馬軍隊從西西里島上所掠奪回來的戰利品，讓羅馬居民得以親身感受打勝仗的滋味。一般而言，當時的羅馬軍隊習慣將敵方戰船的首喙劈下來，當作戰利品，再將之安放在羅馬廣場這類公共場所的石柱上。然而，這次羅馬軍隊帶回的，不只有戰利品和珠寶首飾，瓦雷里厄斯從卡塔尼亞戰役中帶回的戰利品中，有一樣看起來非常不起眼，不起眼到讓人覺得很平凡的東西。但偏偏就是這麼不起眼的東西，改變了當時古羅馬百姓的生活，連帶的，日後也影響到西方文明。

瓦雷里厄斯對著群眾，手指向他所站的講台旁邊一處，那是他從西西里戰役中掠劫而回的一具日晷。這時，日晷已經放在刻有他名字的石柱上。這具日晷，以一整塊大理石雕成，

後世畫家想像中古羅馬時廣場上的演說，繪於 1851 年

石塊中精心刻出一個半圓形的凹洞，在凹洞頂端，放置了一支銅製的指針，或可稱晷針或指時針（gnomon），在半圓形凹面上，刻有線條，做為判定時間的刻度，當指時針的陰影落在刻度線上，即知時間。這具日晷是依西西里島的時間和曆法所設計的，其計時方式和羅馬稍有不同，但沒有人在意——因為，它象徵的是羅馬人的勝利，所以群眾見狀全都瘋狂歡呼。

古羅馬人立在廣場這類公共空間的凱旋柱，是其強大軍力的象徵，所以公元二六三年瓦雷里厄斯帶回的羅馬首座日晷，意義也不單單只是裝飾用。不過，這根石柱的命運注定超越這個目的，它將來會更廣為人知。這天當群眾散去後，他們渾然不知，自己所看到的日晷具有多大影響力。他們都以為，自己只是來這裡慶祝刻有瓦雷里厄斯名字的石柱，上面剛好有安裝自迦太基戰役掠劫而來的戰利品。沒過多久，他們就會發現，事實不然。

之後，羅馬陸陸續續又出現十幾座類似的日晷，和卡塔尼亞的日晷一起成為控制和管理羅馬居民日常起居的工具。沒過多久，羅馬人就開始覺得，這項計時新科技的出現非常惹人厭。

到最後，羅馬人的怒氣終於再也按捺不住了。羅馬城的劇作家和評論家把滿腹怨氣都發洩在這些日晷上，對它們大肆撻伐。廣場安裝首座日晷的幾年後，一名難掩忿忿之情的劇作家在戲中安排一名角色說：

天上眾神共同詛咒發現時間的人，沒錯，也詛咒在此設置日晷的人。因為他們，一天要切成好幾個片段，真是可憐了我。小時候，肚子是我唯一的日晷，也是我這輩子最好、最實在的日晷，其他的日晷都比不上。我的肚子提醒我要吃飯，除非沒有東西可吃。但現在，就算有吃的，也要等日晷說時間到了才能吃。搞得現在整個鎮上，全是被日晷餓成皮包骨的人，只因為日晷無處不在。

另一位稍晚期的作家則說，安置在廣場上的日晷惹人生厭，希望大家拿鐵撬去把那些石柱敲爛。

但他們都發現得太晚了。羅馬共和國各地的公共場所，已經紛紛出現日晷。有著瓦雷里厄斯名字的那座凱旋日晷，在公憤之下，足足撐了九十九年之久，直到公元前一六四年才被換下——取而代之的，是更加精準的日晷。又隔五年，除了原本就討人厭的日晷外，還加上新式的公共報時裝置：這次換上的是一座水鐘。這麼一來，不只白天出太陽時有日晷可看，夜晚沒太陽時，水鐘也精準報時。羅馬人不只工作時間被控制，連睡覺時間也受到管控。

羅馬廣場上的那座日晷，可以視為該城的首座鐘塔。因為它跟日後的鐘塔一樣，高高在上，俯看下方來來去去的百姓，代理羅馬統治階級，改變一切。自從瓦雷里厄斯將日晷引進廣場的那一刻起，羅馬人民就被迫要按照這具時鐘過日子，這項新的時間制度隨後更襲捲世界各文明。

離羅馬城六百五十多英里遠的希臘雅典城中，有一座「八風之塔」（Tower of the Winds），這是古希臘建築中保存最好的一座遺蹟。這座八角形的大理石建築，座落於雅典知名的衛城（Acropolis）山腳下，靠近當地忙碌的市集，整座塔高十四公尺、寬八公尺，在這座熙來攘往、生氣盎然的城市中，顯得格格不入。這座「八風之塔」的外牆，覆有色彩豔麗的浮雕和花邊裝飾；塔身的八個面，代表八道風；塔身外還附加一個半圓形的構造，上面載有一具日晷。在塔身內部，天花板漆成讓人驚豔的藍色，布滿金色的星星。巨大的塔身中央則是一座水鐘，其水引自雅典衛城山丘高處的一座聖泉，名為「克雷普西德拉」（Clepsydra）——這個名字，日後變成所有水鐘的代名詞，中文譯為「漏壺」。一般認為，這座水鐘過去負責推動複雜的機械裝置，仿自天體，所以，其原始功能應該是如天象儀（planetarium）、太陽系儀（orrery）或是渾天儀（armillary sphere）那樣。

「八風之塔」究竟建造於何時，如今已不可考，但估計大約是在公元前一四〇年。就跟羅馬廣場上的那座日晷一樣，這座水鐘也可視為當時公共場所的鐘樓一樣，是用來向雅典人報知時辰，以利他們在市場和其他地方進行日常事務，維持他們生活的秩序。但它同時也代

雅典八風之塔外貌，攝於 20 世紀

表著一個更浩瀚、遼闊體系的秩序。塔身浮雕上所描繪的八風諸神，象徵世界秩序；塔身內部的諸星、水鐘本身和複製自天體的機械裝置，則象徵宇宙秩序。就外觀而言，當然是讓人嘆為觀止的奇觀。

但，這座「八風之塔」可能也和瓦雷里厄斯在羅馬立的日晷一樣，有著更多的象徵意義。有些歷史學家認為，這座塔可能是由希臘城邦帕加馬（Pergamon）的國王阿塔羅斯二世（Attalos II）所造，目的是要紀念雅典在公元前四八〇年擊敗波斯海軍。如果真是如此，那這座塔就是為了要提醒後世承平時代的雅典人，莫忘當年的驍勇軍力，全拜治軍嚴謹所賜。

歷史紀錄上，還有比這座塔資料更不完整的——那是一座古代的水鐘。據說，原屬古羅馬帝國一員的義大利維洛納（Verona）城，在公元五〇七年為哥德族（Gothic）國王提歐多里克（Theodoric）所占據。城中有一座高塔，塔上放有一座巨型水鐘，該鐘根據太陽調校時間，不僅會顯示時刻，而且還會發出各式各樣的奇巧聲響。一名在提歐多里克宮廷中工作的學者形容該鐘是「由奇怪歌聲所組成的樂音，這些歌聲，其實是由下方水池強力噴湧上來而發聲」。哥德族入侵該城後，在各項意圖建立新秩序的作為中，最能體現其權力展現的，莫過於此鐘。

提歐多里克國王說過，自己建造這座水鐘的目的，是讓維洛納城的居民「分辨一天的時間，以便知道每一刻該做什麼事」。一座擺在高塔上的日晷，一般人可能很容易就沒看到，或是看不清楚刻度。但是，一座巨大的鐘塔，在維洛納城牆外以震耳欲聾的聲響報時，這時候，要再說你沒看清楚、沒聽到，誤了時間，就說不過去了。由此所延伸的秩序維護，也就更不容怠慢。

全世界各帝國將時計置於高塔，藉其聲響或是外觀來規範百姓們的生活，以布達帝國的權力和秩序。早在維洛納城以聲音報時的鐘塔建成前，古代中國也已經在鄉鎮城里間、以市集為中心廣建醒目的塔樓，靠上面的鐘鼓報時。公元二世紀時的中國學者蔡邕即寫道：「夜漏盡，鼓鳴即起；晝漏盡，鐘鳴則息也。」（《獨斷》）。三世紀時，古人對於洛陽城市集鐘樓的描繪則為：「……懸鼓擊之以罷市。有鐘一口，撞之聞五十里。」（《洛陽伽藍記》卷二，城東）

此後一千年、約十三世紀末，當威尼斯商人馬可．波羅（Marco Polo）走訪忽必烈的大都時（即今北京），他看到城中立有兩座高塔，一塔之上有多座鼓，另一塔則有一鐘，鐘鼓依水鐘指示，在每日黃昏時齊鳴，以示宵禁到來。凡宵禁後上街者，皆遭騎馬巡城軍隊逮捕杖責。古代日本也一樣，最晚從八世紀以降，每座大城市——不論是奈良或是京都，或是較偏遠的駐地——都設有水鐘及鐘樓，以便從高處對群眾報時。同時，這些鐘也擔任示警的功能，以防火災或是外敵入侵。鐘樓於是成為當時許多文明維護社會秩序的基礎設施之一。

對於身處二十一世紀的我們而言，常常會覺得，自己才是人類史上第一批生活處處遭到鐘錶掌控的人。我們抱怨，想做什麼或何時做什麼，都不能自主決定，全得聽時鐘差遣。上班的時候，不管是在倉庫漫長值勤，或是枯坐在工廠工作檯，在辦公室開著開不完的會，總會忍不住抱怨，早上怎麼過得那麼慢！明明肚子很餓，卻一定要等到鐘面走到中餐時間，才能吃東西止饑。但其實，這也不是我們這一代人才有的事。早在公元前二六三年，古羅馬人第一次見識到公共日晷以前，世界各地的城市早就已經廣泛在使用類似的時計。人類最古老的水鐘，出現的時間可能還遠早於日晷，早在古代巴比倫和古埃及存在的三千五百年前，就已經有這樣的時計存在。

公定的「時間」已經運作了數千年之久。正因如此，我們很容易就會以為，公用時計一定也早在人類生活中成為不可或缺的一分子。但如果我們仔細檢視時計史，就會發現古代的時計對當時社會的意義其實並非如此，而且它被建造的目的也不是為此。我們發現，不管是在古代的哪一個社會中，這些古代時計的出現地點，都在高塔或公共建築上，目的是在讓百姓守秩序，對抗一個極度失序的世界。

現代人想造訪古義大利運河城市奇歐吉亞（Chioggia），最好的方式是搭乘快速汽艇。我在二〇一八年一個溼冷的二月天，一大清早就以這種方式，和一群鐘錶界的專家共同來到這座古城。這座水上孤島座落於威尼斯礁湖中，位於威尼斯這座姐妹市的南方十五英里處，數百年來，該城靠著產鹽、漁業及商港經營繁榮，如今更投入旅遊業，和當地漁民共享城中的多座海港。我造訪的那一天，雖然是又冷又狂風暴雨的冬日，但整座奇歐吉亞城卻依然散發著如詩般的美感，完全想像不到，這裡在中世紀時，曾是匯聚當時科技的大熔爐。

當天我們一行人所要探訪的地方，是該城聖安德魯教堂（St. Andrew's Church）上的一座鐘塔，該教堂位於人民大道（Corso del Popolo）廣場上，就座落於這座歷史古城的正中央。當天為我們導覽的是瑪莉莎・阿多米內（Marisa Addomine）和她的先生丹尼爾勒・龐斯（Daniele Pons），瑪莉莎是工程師兼鐘錶史研究者。我們想來此參觀一座六百多年前就開始運作的一項機械裝置，一行人都難掩興奮之情。這天要參觀的古文物，擺放在鐘塔的高處，是全世界最古老的機械鐘。

對於這座具有歷史意義的機械鐘，奇歐吉亞城政府和市民都相當自豪，這份自豪恰如其分。一下船，該市的市長和市議會文化委員會主席就來到碼頭旁，以公開的歡迎儀式迎接我們到來。接著，一行人前往當地小學，觀賞學生的音樂演出，音樂主題則圍繞這座塔上的歷史古鐘。對他們而言，這座鐘是他們在地認同中很重要的一部分，其原因不難看出來。

當奇歐吉亞的老鐘在一三八六年初開始運行時，這種藉由鐘擺垂重推動其內部多個輪軸運轉的機械鐘，只發明了大約一百年的時間，而且其他更早的這類機械鐘，據目前所知，都已經不存在了。唯一一座在一三八六年稍晚問世的同類機械鐘，現在則收藏在英國的索爾茲伯里禮拜堂（Salisbury Cathedral）內。光這一點，就足以使這座古鐘聞名於世。

但除此之外，這座古鐘還有另一個原因，讓奇歐吉亞這座世外桃源格外驕傲——那是與鄰近城市的較量。為我們導覽的阿多米內就說：「數百年來，奇歐吉亞這座威尼斯礁湖中的灰姑娘，終於可以有一樣東西是威尼斯市所沒有的：那就是一座中世紀古鐘。」

不過，奇歐吉亞城之所以能享有古代科技盛譽的原因，並不光只是因為這座古鐘。奇歐吉亞還曾經是兩位中世紀知名製鐘匠落腳的地方：一位是賈科博．德．東迪（Jacopo de Dondi），他於一三四四年在帕度亞（Padua）城建造了一座卓越的天文鐘；另一位則是他的兒子、出生於此城的喬望尼．德．東迪（Giovanni de Dondi），喬望尼的發條行星儀完成於一三六四年，震撼了歷代的學者和收藏家。或許，現在立在奇歐吉亞城的這座鐘塔，就有喬望尼參與其中，又或者，更可能的是，在他和父親的打造下，奇歐吉亞誕生了製鐘的文化，該城得以吸引各地的機械發明家前來發展，共同製作出讓世人驚豔的嶄新科技。

現存於索爾茲伯里禮拜堂的機械鐘

這座奇歐吉亞古鐘所使用的機械構造，座落於靠近鐘塔頂部一間小房間中，整個構造規模不小，但也稱不上雄偉。它大約有一米半高，有一組輪軸、小齒輪、發條匣和操縱桿，全都裝在一個漆成紅色的鐵架裡；這些機械裝置，再透過幾根桿子往外通往鐘面的指針。從外面看，整座鐘就這樣高懸在鐘塔上；裡面的鳴鐘則是由繩索拉動槌子敲打。這座鐘的功能，並不是做為教堂召喚信眾祈禱而建的——事實上，這座鐘是在一八二二年，才被移到安德魯教堂，在此之前，是放在奇歐吉亞市政廳的另一座高塔上，足足有四百多年之久，它是民眾的計時工具，其地點離聖安德魯教堂所在的人民大道廣場有好幾百碼之遙，但這座塔在十九世紀時毀壞了。

在一三八〇年代初期，原本繁榮且非常雄偉的奇歐吉亞城，已經變得殘破不堪。一開始是因為黑死病在一三四八年春天入侵該城，在疫病快速擴散後，全城將近半數的人口被消滅，奇歐吉亞的經濟和商業網路因此一蹶不振。之後，又在一三七九年，熱那亞（Genoa）和威尼斯兩座以海洋經商的城市，經過數百年來在經濟上互爭不讓，終於忍不住還在奇歐吉亞爆發長達數月的戰事。這場戰事在一八三〇年結束，當時造成奇歐吉亞城三千六百多位居民死亡，把整座礁湖古城毀於一夕。

有一名目擊者，光是在其中一場戰爭結束後，來到鄰近市政廳附近廣場上，就看到這樣的場景：「廣場遭到大規模的破壞……廣場上沾滿了許多基督徒所留下的大量鮮血，這些人都死在殘忍、狠心的大屠殺之中。」光這一天，街上就躺了數百具屍體，分別死於火吻和刀傷；之後戰事綿延數月，整座城陷入重圍。供給被阻斷，居民糧食耗盡，只好吃狗、吃貓，甚至吃老鼠來裹腹。奇歐吉亞城的戰事對該城造成嚴重破壞，戰後一片斷垣殘壁之中，當局擔負起艱鉅的重建任務，才得以恢復往日的經濟榮景，還給這座歐洲最輝煌的城市原貌。

之所以一三八六年時在市政廳興建一座公共鐘塔值得矚目，是由於當時正值戰後，奇歐吉亞城公共預算大幅縮減。包括市政廳的整體人事費，連同議會員工、法庭、監獄人員全數遭砍半，一些關鍵的職位，像是醫護、法務專員及貿易標準審核員也被裁撤。當時，該城將所有省下來的開支，全數用在重建破敗的市中心及基礎建設上，後者包含海上防禦工事、碉堡、抽取海水製鹽田的水車，建屋、以及支撐大規模建築所需的石灰窯。在這麼撙節開支的時期，奇歐吉亞市議會竟然在一三八六年二月二十六日這天齊聚全體議員，在市政廳主會議廳中共同見證大鐘落成，並且全員通過決議，同意支付製鐘匠皮耶特羅．波薩（Pietro Boça）酬勞，准予以每月五磅的薪水，聘請他負責該鐘後續的維修工作。

當時安置在鐘塔的那座鐘，是新造的還是從外處移來的舊鐘，已經無從得知了，所以，波薩收到的酬勞，是繕修損壞舊鐘的費用，還是造新鐘的費用，也難以確認。我們只知道，當時在奇歐吉亞市政廳的高塔上安裝一座公共時鐘，讓它俯看地面的主廣場，顯然被視為當務之急，所以才會值得在大戰結束不到六年的時候，就花費這麼龐大的經費去進行。當整座城百廢待興、經濟一蹶不振、殘酷的外人占領都還是居民揮之不去的記憶，而且一般小老百姓還對黑死病心有餘悸的時候，究竟在奇歐吉亞市中心安放時鐘，對這整座城想浴火重生能有什麼正面影響？

該市市政廳廣場——也就是現在被稱為人民大道的地方——在奇歐吉亞市民心目中具有非常重要的地位，直到今天仍是如此。當我二〇一八年二月那個溼冷的早上，走在其寬闊的中央街道上時，就可以感受到該城的氣息。市政廳就座落在全城中心，廣場則一直是該市人民和精神的象徵，當地人相當引以為豪。十四世紀，當安裝在該市中心塔上的鳴鐘響起，它其實是在發聲，不只對人民發聲，也代人民發聲。以時鐘代替鳴鐘後，不同之處只在於時鐘將敲鐘的動作機械化，奇歐吉亞城既得賈科博和喬望尼東迪父子這兩位名留青史的出色鐘錶名匠坐鎮，當然深知時鐘的影響力所在。所以，在歷經疫情和戰亂之後，這座奇歐吉亞的公共大鐘究竟能夠有什麼貢獻呢？身為重生的象徵，這座大鐘代表的是當地人民所需要的穩定和秩序。它所代表的，就是奇歐吉亞城的本色。

不論是古羅馬時代打勝仗後掠奪而來、安放在凱旋柱上的日晷；或是在雅典市集雕成生龍活虎、活靈活現的水鐘；中國北京和日本京都皇室所立、用來執行宵禁的鼓樓；在哥德族統治下的維洛納城街道以奇怪聲響報時的時計；或是在中世紀濺滿鮮血的奇歐吉亞城廣場上樹立的機械時鐘報時聲響——公共鐘樓一直是投射政治力量的工具。只要端詳背後委託製造時鐘的人，以及製造的時間，就可以了解這些鐘如何象徵其背後的政治目的：這些目的，有些是為了重拾市民尊嚴，有些是為了建立當地認同；其中，最重要的一項，就是要建立秩序，尤其是經歷過戰亂、占領、抗爭的失序社會。透過向人民強力灌輸對於時間的秩序感，這些公共時計所象徵的是更全面性的公民秩序，而非只是時間上的意義。不管有沒有效，至少當時那些政府單位，是如此寄望於時鐘的。即使日後鐘錶在辦公場所和居家都不再罕見，公共鐘樓依然具有其一定的影響力在。事實上，我們會發現，公共時鐘對於施行權力和控制的助力只有與日俱增，並未見減少。

一三八六年，奇歐吉亞城於市政廳設置鐘樓，讓它鎮守下方才剛被占領軍隊屠殺的血腥廣場，事隔五百年後，又發生一連串腥風血雨的占領事件，重塑了全球版圖，並改變了數億生靈的生活。一八八〇年代，大英帝國治下已經統治印度、澳大利亞、紐西蘭和加拿大等國，但隨著在非洲發生列強「瓜分非洲」的衝突，英國更進一步在非洲大陸上取得更多土地，也導致其人民流離失所。當時英國的帝國主義者賽西爾．羅茲（Cecil Rhodes），一八九二年時如此形容英國在非洲的影響力：「從開普敦到開羅。」鐘塔也隨著英國國力的拓展來到這裡。

一八〇六年，在非洲的好望角（Cape of Good Hope），英國的第一座報時站開始運作，時間離英國入侵部隊取得當地控制權可能短短不到幾週、甚至幾天的時間。成立這樣的報時站，不管對於幾個爭奪當地控制權的列強，或是對當地的非洲人民而言，其意義可以說再明顯不過。當時，大批非洲人民無情的被迫離開家鄉。一開始，英國殖民者每天正午會從好望角的桌灣（Table Bay）砲台發射砲彈，以此報時；不久，除了這種報時方式以外，開普敦本身也設置了多座報時鐘塔，然後，很快的，就連沿岸各地也紛紛設置類似的鐘塔。

在澳洲東南部地區，從一八二〇年以降，英國殖民統治階級一邊將西方的紀律和秩序觀念引進當地，一邊積極的進行鐘樓建造的工作。在溫莎（Windsor）、帕拉瑪塔（Parramatta）、還有坎貝爾敦（Campbelltown）等市鎮，鐘塔紛紛林立。然後，鄰近的塔斯馬尼亞島也不落人後，從倫敦的頂尖製鐘匠那裡訂製了六座機械鐘，以便安置在塔斯馬尼亞島上六個地區。當一八五一年澳洲維多利亞西部地區發現金礦後，該區出現淘金潮，拓荒定居者大量到來，墨爾本很快成為殖民地區貿易網路中迅速發展的城市。隨著拓荒者的到來，時鐘也跟著被引進。淘金潮興起三年後，墨爾本就吸引了三十四位製鐘匠進駐，原本在一八四〇年代初當地只有四位鐘錶匠，現在這座殖民者定居的貿易商港，處處可以聽到提醒人們時間的歐洲報時聲。到了一八八〇年代後期，光新南威爾斯一省，就已經有三十座公共建築附建大型的鐘塔，上頭的鐘全出自雪梨製鐘匠安傑洛．托納吉（Angelo Tornaghi）之手。不論是外地來的殖民者或是當地的居民，大英帝國的時間從來沒有片刻遠離，既看得到、也聽得到。正如歷史學家喬達諾．納尼（Giordano Nanni）所言：「要是時鐘是西方時計的化身，那鐘聲就是西方時計的擴大器。」

不過，英國式的鐘塔，在所有殖民地中最大放異彩的，當屬印度一地。英國對於印度的鐵腕統治，在一八五〇年代後期，因為一八五七年爆發對統治階級的流血暴動後，益發不假辭色。原本英國的鐵腕統治只針對德里（Delhi）和其鄰近地區，但隨著衝突擴散到勒克瑙（Lucknow）和更外圍的地區，事件因此發展成日後大家稱為「第一次印度獨立戰爭」的衝突。在這場衝突中，共有數十萬人喪生，英國統治者因此擔憂喪失大批領土，使得英軍對印度人民展開大屠殺。到了一八五八年暴動平息後，英國王室不再直接統治印度，而是採取更複雜的方式來治理，英國政府將統治權交到東印度公司手中，由其代理印度的統治權。因為英國想在自己統治的這塊土地上發揮影響力，所以推動整個區域的全面性變革，其中最能夠促進這種改變的，就是建築；建築中，又以高聳的鐘塔，透過其響徹雲霄的鐘聲和定時的報時，最能夠扮演這樣象徵性的角色。因此，只要是英國統治過的印度主要城鎮，無不建造了這樣的鐘塔。這些鐘塔，全部選在市鎮的正中央，即主要幹道交會、重要公共建築的所在地，任誰也無法漠視其存在。

德里是一八五七年這場獨立暴動的發生地，奉命前來的英國官員，新官上任三把火，急著要揚名立萬，並向英國本土傳送捷報：

最新的進展是建造一座新的鐘塔，地點在月光集市（Chandnee Chowk）中心，在市政廳的正對面……該鐘塔矗立於四條街的交叉口，足足有一一〇英尺高，不含鍍金風信旗和尖頂……時鐘的鐘面高懸在塔頂，好讓遠在東印度火車站的人，以及市中心其他較高的地點，都可以看得一清二楚。

勒克瑙是這場獨立暴動的第二個發生中心，在此同樣也蓋了一座大型鐘塔。這座塔高有六十七公尺，比起倫敦的大笨鐘還要高上三分之二——倫敦大笨鐘完成的年分，還比一八五七年這場印度暴動晚兩年。勒克瑙的鐘塔則是在一八八〇年中葉建成，當時說它是「印度境內最大型的鐘塔」，其鐘面有照明，所以特別亮，以「大尺寸和動力」的時鐘機械裝置推動。勒克瑙的鐘塔每隔十五分鐘，就會響起「西敏寺鐘聲」（Cambridge chimes[1]）。在德里這裡，新建的歐式鐘塔所傳達的訊息非常明確且強烈：英國政府從今以後在此地待定了，誰敢不守分際，絕對不會輕饒。

英國政府在興建新學校和大學的同時，也會一併興建這類的鐘塔，這些學校都是為了教育當地領導者和官員的下一代用的。比如說，一八七〇年代興建的梅奧學院（Mayo

在阿傑梅爾市外看到的梅奧學院和其鐘塔，攝於 1900 年代左右

College），就一併建了一座鐘塔。這所大學位於阿傑梅爾（Ajmer），也就是現代的拉加斯坦（Rajasthan）。梅奧大學是一所寄宿學校，目的是要成為印度的伊頓公學（Eton）。校園中的這座鐘塔依西式建築風格設計，和學校建築所採用的混合式傳統印度建築相比，顯現非常大的對比。鐘塔高近三十公尺，其鐘面俯看一整個廣大的區域，凡是朝阿傑梅爾走來的人，在還沒看到阿傑梅爾市之前，就已經可以看到它的存在。

阿傑梅爾市是英國軍隊控制該地區的要塞所在，這所新建學校的鐘塔，象徵了更為嚴厲的秩序。印度歷史學家桑傑．史利瓦斯塔瓦（Sanjay Srivastava）就說：

若說，駐守在阿傑梅爾的軍事要塞，代表的是英國對於學院周遭地區的實質政治控制，那這座鐘塔硬生生的混在建築風格型式截然不同的校園中，就等於是在宣示其對於異國文化的掌控，這座鐘塔「控制」了它周遭的「東方建築」。

該鐘塔的頂端甚至還刻意設計成大型的鐵製皇冠，形狀就跟維多利亞女王頭上的那頂皇冠神似。維多利亞女王本人也剛在一八七七年被宣布為印度女王，正好與梅奧學院動土是同一年。

在英國殖民印度期間，總共建造了超過一百座的鐘塔，這些鐘塔不全然是由英國殖民者興建的，但這些建築計畫本身，背後的意涵和目的是絕對不容小覷的，它象徵了殖民者以維護秩序的有力武器鎮壓被殖民者。對阿傑梅爾人、乃至全印度的人民而言，這些鐘塔就等於是印度女王，高高在上，號令所有臣民。

時序從十九世紀進入二十世紀，全球殖民帝國版圖發生轉變，鐘塔的功能也更為提升，成為遠方執政當局表達統治實力的代表性建築，成為國家在建築上的代理人，尤其當該國在當地擁有廣大領土時，其意義更為重大。或許，不見得人人都這麼看待鐘塔，但一部分人的確深信此點。一八八〇年代到一九〇〇年代，鄂圖曼帝國統治者阿卜杜哈米特二世（Abdülhamid II）任內鄂圖曼帝國分裂，所以他在帝國內推動各地大型的鐘塔建造工作。在他統治期間，鄂圖曼中央政府和其廣大幅員下的各地官員，建造了數十座大型鐘塔，涵蓋地區包括今日的土耳其、敘利亞、黎巴嫩、以色列和利比亞等國。這些鐘塔，多半座落在市中心或是醒目山頂上，數里遠外就可以看到。一座於阿丹納（Adana，今日土耳其南部）的鐘塔，上面刻有這樣的字眼：

> 如此碩大的傑作，無以倫比。外觀上是一座鳴鐘，實質上卻是政府的命令布達。

各國中央政府都相信，可以藉由鐘塔，將其國力投射到遠方。同時，這些鐘塔也是各地方領導人和官員表達他們與帝國其他地區關連的方式（或是敵對關係）。不論個別鐘塔形成的原因為何，整體而言，這些鐘塔背後都多少隱藏著權力政治的目的。

我們不能忽視這些時鐘背後所隱藏的暴政。在本書中，還會一再提到這一點。前面曾提及，馬可．波羅來到今日稱為北京的元大都時，他所見到的鐘樓、鼓樓，是由外來的蒙古征服者忽必烈在一二七〇年代建立的，目的是要鞏固對於自己統轄地區的控制。這些鐘鼓樓或更早的報時設備，其所發送的報時信號，號令著北京居民的日常作息長達數百年的時間。日

1 譯注：較常被稱為 Westminster Quarters，是倫敦大笨鐘報時用的樂曲，也是國際通行的一種報時音樂。

後，蒙古可汗的鼓樓遭另一群帝國主義入侵者破壞，結束了中國古老的公共報時傳統。新來乍到的外來勢力，爭先恐後的在這座幅員廣闊的帝國上，一一留下他們統治的印記。公元一九〇〇年，奧匈帝國、英、法、德、義、日、俄和美等八國聯軍侵入中國，北京鼓樓被聯軍占領後，皮製鼓面遭到破壞。之後列強開始在北京各地建立西式高塔，打造現代的機械鐘。

就拿北京第一座火車站，以及兩間最大的銀行上面所建的鐘樓為例。這些西式建築的外觀，若放在現代全球各地城市中也毫不突兀，似乎它們只是顯示建造者講究實用性和效率而已。現代人很習慣看到車站、銀行總部建築物上出現鐘樓。但是，在當時的北京，西方列強選擇建造這三座鐘樓，卻帶有濃厚的訊息。

這三座鐘樓，各自屹立在北京最具象徵意義的天安門廣場三方，將這個廣場團團包圍。依中國史學家巫鴻（Wu Hung）所言：「這些鐘樓，不僅僅是在地理上緊緊包圍中國傳統上最具政治意涵的空間，它們也緊緊掐著它的咽喉，讓它喘不過氣來。」這些鐘塔的高度、外觀的複雜度、現代感以及所處位置上的政治意義，在在代表了其意圖推翻舊秩序，並以新秩序取而代之。

這樣的情形從古至今始終沒有改變。公元前二六三年，安放在羅馬廣場石柱上的日晷，到英國於十九世紀時建於其殖民地各處的鐘塔，這些計時器之間看似不相似、沒有任何關連性，但是其所攜帶的訊息卻非常強烈的連結在一起。古羅馬原本就是大英帝國立國的楷模，

北京正陽門東車站始建於清光緒時期，由英國建築師所設計

不論是古羅馬的典章制度、律法系統、建築風格、殖民野心，甚至是其繁複的城市基礎設施，都是西方殖民主義者野心勃勃想複製到近代世界的模型，因為這些帝國主義國家，無不深受古典時代歷史的影響。在他們的眼中，這一切成就共同打造出秩序的美夢。從瓦雷里厄斯的古羅馬凱旋柱，到天安門廣場上的西式建築，時計無不在失序戰禍後被安置在高處，負責傳送一致的信息：謹守分際，知所進退，唯命是從。

第二章

信仰

迪亞巴克爾城堡鐘，一二〇六年

加扎利（al-Jazari）舉辦新書發表會的地點選在皇宮，可說是極盡華麗之能事。但是，整場發表會真正的目光焦點，則是加扎利那本知名著作中的開頭、大篇幅記載的那座機器。那是一座機械鐘，加扎利取名為「城堡鐘」。鐘的動力是水，鐘的設計則是以宗教為題材，打造得金碧輝煌。

城堡鐘整體外型就像一間房子，加扎利稱其有「有兩個人高」，鐘的正中間則有大型的入口。在入口上方，有兩列門，每列各有十二道門，門前則有一輪活動的、以金子製成的新月，會移動在每道門之間。門之上，則是顏色鮮豔的輪盤，上頭畫著黃道十二宮的符號，每一宮都以「金色和其他鮮豔的顏色」漆成，並且鏤刻每一宮所屬的星座，在後頭油燈照亮下，透出這十二個影子。另外，還有太陽和月亮的球體在移動。在入口的兩邊，則有兩隻銅雕的獵鷹雙翼平張，雙翼下則是兩座花瓶，上頭掛著白青銅製的鐃鈸；入口的拱門上方，還有十二個玻璃圓盤。在鐘座最下一層，則站了栩栩如生的五座人像，每一座都跟真人一樣高：五人中有兩位鼓手、兩位號角手和一位鐃鈸手。

加扎利在書中也說明時鐘隨著日夜更迭所看到的不同畫面：天亮時，彎月會開始在十二道門後方移動——但這是看鐘的人從外部看不到的。其移動的速度，是每一個月辰就是兩道門。新月每通過兩道門，上方的門就會打開，露出一個人像（所選的人物，則由加扎利決定），下方的門則會翻過來，呈現出與原本不同的顏色，表示時辰已到。同時間，兩頭獵鷹也會向前傾，並張開雙翼，垂下尾羽，並從鷹喙中吐出一顆球到下方的花瓶，球會撞擊到花瓶上掛著的鈸，發出響聲；聲音之響，連「遠方都可聽聞」，然後兩頭鷹會再退回到原處。

加扎利寫道：「這樣的過程會一再反覆，每個時辰都上演一遍，一直到第六個時辰，下方的兩位鼓手會敲鼓，號角手則會吹響號角，同時鐃鈸手也會敲起鈸。」同樣的五位樂手齊奏的情形，在每日第九和第十二個時辰也都會出現。在這座城堡鐘的最上方，黃道十二宮的星盤也會隨著一天而繞行，顯示當時天上可以看到的黃道十二宮和諸星座的角度。鐘面上的太陽，會在日間升起，直到夜晚才落下；月亮同樣會在鐘面上移動，而且還經過特殊照明設計，運行時會跟真正月亮的圓缺一樣，從上弦月到滿月再到下弦月。

到了夜晚，整座鐘會在眩目的燈光下被照亮。這時，不再像白天那樣靠著十二道門翻轉、開闔來報時，而是改成鐘大門上方的十二個玻璃圓盤來報時，時辰逐一過去，圓盤上的油燈會逐一被點亮。一旦前六個時辰都被點亮了，加扎利寫道：「下方的五位樂手會跟白天一樣，再次奏樂。同樣的演奏，也會在第九個時辰和第十二個時辰出現。到了第十二個時辰，就表示夜晚已經告終，這時門上的十二個圓盤全都被點亮了。」這座鐘上，吹響號角的機械設計，可以說是格外具有巧思。因為一旦號角響起，就表示宮裡的僕從要來為水鐘的水槽加水，並且也要讓所有鐘上會移動的部分歸回原位，以便讓時鐘在新的一天可以再重來一遍。

加扎利的城堡鐘插畫，14 世紀

這本書發表於公元一二〇六年，加扎利是國王納西爾．奧丁（Nasir al-Din）在迪亞巴克爾（Diyar Bakr）皇宮中聘雇的工程師兼學者，迪亞巴克爾位處今日土耳其靠敘利亞和伊拉克邊境。加扎利的大名在奧丁國王皇宮中無人不曉，他曾為國王家族造鐘長達二十五年，先後製造許多奇妙的機械裝置，也因為他一生的貢獻，讓皇家到處都有這些精巧的機械寶物，所以奧丁國王命加扎利將這些造鐘經驗，全數寫入《精妙機械裝置知識大典》（*The Book of Knowledge of Ingenious Mechanical Devices*）這部圖文並茂的著作中。這本大典，以非常詳盡的方式展現當時伊斯蘭科技和工程的頂尖智慧結晶。

這座精妙絕倫的城堡鐘，憑著它五光十色的燈光、聲響、動作和樂音，讓奧丁國王得以用當時最讓人嘆為觀止的規模，展現他對於真主阿拉的虔誠崇拜。當然，這座鐘刻意設計得這麼精巧華麗，其中不乏有競爭心態在作祟。奧丁國王委託加扎利設計此鐘，自然也是想要炫耀一下，讓人知道他皇室之中不乏擁有如此精妙機械工藝的能人巧匠。不過，歷來統治者不乏如奧丁之流。比如在一三六八年阿爾及利亞的特萊姆森（Tlemcen）宮廷，也有一座同樣壯觀的自動裝置水鐘，特別挑在先知穆罕默德生日的壽宴上公開展示。這座特萊姆森的水鐘一展示，果然引起眾人的讚嘆，而且就跟迪亞巴克爾的城堡鐘一樣，它也刻意在鐘面上以各種讓人驚豔的巧思，讓人看過後難以忘懷。這座鐘問世後，迅速成為家喻戶曉的熱門話題，長達四十年不退。

其實，像加扎利這樣華麗壯觀的水鐘，就算不為高高在上的穆斯林統治者建造，也同樣會為清真寺所造，安放寺中成為宗教擺飾。其實，一座像城堡鐘這樣壯觀的自動機械鐘，早在幾年前就已經被安放在敘利亞大馬士革（Damascus）的大清真寺中。這座鐘堪為世上最古老的時鐘之一，而且足足在這座清真寺運行了有一五〇年之久。和這座鐘相同的時鐘，其部分機件現在還保存在摩洛哥的斐茲（Fez），由卡魯因（Qarawiyyin）和布安南尼亞（Bu'ananiya）兩座清真寺所收藏，其製造年代是十四世紀。

這座大清真寺中的古鐘，建造目的是為了宗教上的傳道。在加扎利那部大典問世後十三年，跟他那座城堡鐘類似的時鐘，就在伊拉克的巴格達城穆斯坦席利亞學院（Mustansiriya College）誕生，這是一座特為伊斯蘭教義學習而設立的伊斯蘭學校（madrasa），它希望成為當時全世界最雄偉的伊斯蘭教義學習地。

雖然，這種自動機械水鐘並不是中世紀伊斯蘭社會普遍的物品，但卻是當時常被提及的公共設施，所以，這類水鐘所具備的影響力也就不難想像。一般日常宗教膜拜所需的計時設備，通常只要仰賴日晷、天體觀測儀[2]（將夜空星座畫在盤面上）、或是簡單的桶狀水鐘，後者在當時已經存在至少兩千五百年的時間。但只有建出像加扎利的城堡鐘這樣巨型的天文鐘或是自動機械鐘，當權者才能夠讓信眾在真實生活中看到壯觀的信仰象徵，至於其建置的地方，則可以選在學校或清真寺，乃至外來訪客會前來參觀的皇宮。這些水鐘代表的是神在人間智慧的展現，也象徵神的治理及全能。但這份神的大能，必須透過治理伊斯蘭世界的神職人員和統治者，才得以展現在一般人面前。對這些被統治的人而言，這些大鐘的目的，就是對他們不斷的耳提面命，要他們在大千世界中莫忘分際。

對世上所有大型的宗教信仰而言，時計和信仰緊緊相依。像在伊斯蘭信仰中，計時方式有兩種，同時掌管著一般人的日常生活。第一種方式是陰曆，其功用是劃分伊斯蘭月分的始末，以及每年何時應啟程前往麥加朝聖。《古蘭經》上特別解釋，新月只是「人事和朝覲的時計（艾列弗·倆目·米目版）」。至今，全世界的穆斯林依然恪遵這樣的時程，每年到了伊斯蘭教齋戒月的上弦月，就表示要開始齋戒了。伊斯蘭信仰的第二種計時方式，則是每天五次禮拜（即「五功」）的時間規定，這個計時方式就改以太陽為基準，而不再是陰曆的月分規定。每天傍晚的「昏禮」（Salat al-maghrib）、「宵禮」（Salat al-isha）、「晨禮」（Salat al-fadjr）、「晌禮」（Salat al-zuhr）和「晡禮」（Salat al-asr），這些都依太陽計時。

在基督教的曆法中，復活節日期和其他日期不固定的節慶都需要複雜的曆法和天文系統，將陰曆和陽曆結合在一起，才能夠算得出來。像基督教修道院中每日奉行的祈禱儀式，

2 譯注：astrolabe，或稱星盤。

會依循固定的模式分成「晨曦禱」、「第一時辰」禱（Prime）、「第三時辰」禱（Terce）、「第六時辰」禱（Sext）、「第九時辰」禱（None）、「晚禱」（Vespers）、「睡前禱」（Compline）——只有一些細部地方會隨著時代不同有所更迭。早在大約公元五世紀左右，基督教的修道院就已經開始使用附有鈴聲報時的水鐘；到了九世紀時，這類水鐘更是普遍見於大部分修道院中。公元八四五年，有一名被稱為「柯比之希爾德瑪爾」（Hildemar of Corbie）的僧侶於米蘭附近的修道院修行，他就為文向僧侶提出非常嚴厲的指示，認為凡是必須恪守嚴格禮拜時間的僧侶：「若想不出差錯，就要擁有一座『水之時儀』（horologium aquoe）。」也就是水鐘。

很多基督教的禮拜儀式都源自猶太信仰體系。猶太人習慣把白天分成十二個時辰，依此來進行宗教儀式，從破曉（A lot Hashachar），到夜幕降臨（Tzeit Hakochavim）及午夜（Chatzot Halaylah）。

猶太教的神祕經文《光明經》（*Zohar*），據稱是古代典籍，但其實可能是晚至十三世紀時才完成的創作。經文中有一段話，把猶太信仰儀式中時鐘角色的重要性說得非常清楚。該文描述從古代以色列王國的一座城市泰伯里厄斯（Tiberias）出發的旅程：

猶太教教士阿拔（Abba）從泰伯里厄斯出發，要去岳父家，同行的還有他兒子——教士雅各。兩人到達克法塔夏（Kfar Tarsha）時，留下來過夜。教士阿拔問主人：您這裡有時鐘嗎？主人答：為什麼需要時鐘？阿拔教士答：我想要在午夜準時起床。主人答：用不著時鐘；我家有個設備（可以在午夜報時），我床邊有一座天平（一側吊著一座水鐘），我在天平上裝水。它一滴一滴的滴水，滴到午夜時就剛好滴完，這時天平上的砝碼就會移動，敲出聲響，全家上下都可以聽得到，這時你就知道午夜到了。這座鐘我是特別為一位老人家做的，因為他習慣在午夜準時起床，以便研讀《摩西五書》（*Torah*）。阿拔教士聞言道：感謝上帝引導我來到這裡。

印度錫克教（Sikh）的信仰中，禱告是在一大清早特定某個時段進行，稱為甘露時刻（Amrit Vela）。印度教中，時間就是神明。佛教中，時辰則只存在人心，或許說只在我們的鼻息之間，因為不管是在韓國、日本或是中國，數百年來，佛教都是以焚香為時計。

日晷、水鐘、月的升降，乃至公雞報曉的啼鳴，在過去數世紀以來，都為宗教生活提供了必要的計時功能，但這些計時工具各有其不足之處。最顯而易見的缺點，就在於實用性方面的限制：太陽不可能整天都在；月亮常躲在雲後或乾脆不出來；水鐘常會卡住，要有人不斷注意和維護；焚香計時的材料本身就是耗材，而且還所費不貲。但除了這些實用面的缺陷外，這些時計本身有一個在啟發思想方面有待突破之處——上文提到的天文觀測儀，這類的星盤是靠手去轉動盤中的星座，才能呼應天上的星星所在位置，其目的是要在盤中呈現宇宙的組成變化，但不是要表現宇宙造物主的手。這些觀測儀隨著天體不斷轉動，仰賴的並不是宗教的動機。天文觀測儀看似宇宙，卻無法像真的宇宙一樣自行運轉。不過，在十三世紀末時出現了一種新式的時鐘，它總算有了突破。

機械鐘——最早是在歐洲被開發出來的，靠著鐘擺重力推動互相嵌合的齒輪運行。只要經過調整，就能以定速轉動（比其他早期的時計較為定速）。這種新式的機械鐘，只要隨時上緊發條並調校時間，就可以日日夜夜不斷運轉；這樣的運轉，正是複製了地球本身的自轉，跟上人們眼中太陽看似在天頂移動的腳步。

數世紀來，人們對於為什麼會在十三世紀末發明出機械鐘的原因爭論不休，但，如果我們不要一直去想機械鐘的發明原因，而是去想像，有兩種不同的發明：一種機械鐘的功能很簡單，就是很實際的目的。這種鐘靠機械定時發出聲響報時，供基督教修道院按時禮拜之用，或是像上一章提過奇歐吉亞這類城鎮中的公共時鐘。數百年來，這類型的工作，由水鐘來做就已經頗為稱職，但我們之前也提到，水鐘畢竟只限於這種用途，其他用途難以滿足。而齒輪的機械鐘，就是補足這些「其他用途」。

另外一種鐘，也就是日後所謂的天文鐘，可比報時的機械鐘複雜許多。奇歐吉亞城出生的喬望尼・德・東迪，在一三六四年造了一座天象儀，當中有一份萬年曆，載有基督教固定日期的宗教慶典和不固定日期的宗教慶典。天象儀會顯示太陽、月亮、諸行星的移動，還可以看到月亮運行的軌道，整座天象鐘足足花了喬望尼十八年的時間完成。我們可以從這些更罕見、更複雜、非計時功能的鐘來推測，或許這些鐘之所以被發明，原因可能是：人類想要用機械來模仿宇宙的運行，透過這些齒輪的轉動，這類天文鐘可以把地球和其他天體的運行，呈現在機械裝置上。也就是說，機械鐘想要再現推動天體運行的力量。

一二七一年，法國天文學家羅貝特斯・安格利可斯（Robertus Anglicus）任教於蒙佩利耶大學（University of Montpellier），在他為學生寫的文章中，就在思考天體赤道（celestial equator）的轉動（其實，轉動的是地球本身，但當時的人不知道這件事）。提起這件事時，他還特別興奮的說到歐洲出現的一個新趨勢：

> 製鐘匠正想要製造出一種輪軸，讓它可以完整運行一個晝夜的周期，但目前還無法成功。要是真的成功了，那會是比天文觀測儀或是任何天文器材都還要能精準報時的時鐘。

其實，在背後觸發這個想法的，是因為當時的人們認為：宇宙就是上帝創造的原型。他們想要問的是：能夠把這個上帝的原型拿到人間，做成可以生產的模型使用嗎？這樣的機械裝置，不僅僅要既正確又精準的把天體運行表現出來，還要跟天體一樣以相同的速度連續運行。

當時這樣的動機，牽涉到一個關鍵，那就是：齒輪傳動機械鐘和水鐘之間的差異所在。發條齒輪鐘具有精確的運動能力，且能像宇宙一樣以恆定的速度運轉，也能像宇宙一樣永遠運行。這些齒輪機械鐘，就像是上帝完美的原型在人間的可生產複製品。如果，這些鐘錶巧匠能夠製造出這樣的複製品來，不知道能得到多大的好處！因為，他們等於是創造了屬於自己的宇宙的造物者。據考證，在羅貝特斯．安格利可斯寫下這段滿懷希望的話後，不到四年或五年的時間，第一部齒輪機械鐘就成功問世了。

讓當時的人興起以機械鐘模仿天體運作的關鍵，則是占星學。占星學相信，天體的運作會影響人間的命運，這種想法，在中世紀歐洲社會有非常深遠的影響力。當時的人都相信，天上的星星會影響人間事務，其信仰之堅定，就跟對於神的存在一樣不可動搖。因為這樣，展示天體運作的時鐘，不由得你不謹遵辦理。對當時的人而言，這個邏輯非常合理易懂。像史學家約翰．諾斯（John North）就曾說：「要是月亮會影響地球上的潮汐，憑什麼星星和行星不會各自以不同的方式影響著自然界的萬物。」當十五世紀中葉德．東迪那座以發條驅動的天象儀，輾轉落腳於米蘭大公的宮中時，上面的占星指示變成義大利國內熱衷政治的人所談論的焦點。中世紀的歐洲人視占星學為信仰。

一直到十七世紀科學革命後，人們的想法才轉念，開始認為宇宙就是發條，上帝則是創造宇宙的製鐘匠。羅伯特．波易爾（Robert Boyle）——是當時的煉金術士兼自然哲學家，也是最早使用現代科學研究方法的學者——在一六八六年就寫下他對宇宙的看法：

宇宙就像是個罕見的時鐘，像我們在史特拉斯堡看到的那座一樣，是精巧工藝打造而成的，只要一發動，就永遠不會停下來，當中所有的事物，就依據製鐘巧匠一開始的設計，不斷的運行下去。這座鐘上每小時出來報時的小玩偶（像是木偶之類的），並不需要有巧匠能人去加以調整，而是會依據整個構造整體和原始設計，在特定狀況下執行自己的功能，恰如其分。

建於一五七四年的史特拉斯堡大教堂（Strasbourg Cathedral）的天文自走鐘，驚豔了當時的信眾，紛紛前來作禮拜。該鐘不僅傳達宗教訊息，也進行占星預測：它既是一座星象儀，也是一座宗教行事曆，會計算復活節的日期，一週中每天都出現不同的自動人偶，上頭還繪有基督教聖經故事中的場景，像是創世紀、原罪、贖罪、基督復活及最後審判。鐘上有一座沙漏，一旁的天使會將沙漏翻過來。鐘上也顯示黃道十二宮的星座位置，一天一次，可

史特拉斯堡大教堂的天文鐘。圖為 1838 年起修建的第三代鐘

以看到人生中的四個階段在死神面前經過。鐘上的死神刻成骷髏的恐怖造型，祂會在固定時辰報時，報時方式則是用一根死人的腿骨做為鐘槌撞鐘。鐘上還有一頭自動裝置運作的雄雞，會在報時時拍動翅膀，上演基督預言中彼得在祂被捕後，會在公雞啼叫之前三度否認自己認識祂的聖經場景。

對於當時虔誠的基督徒而言，每天看到這些大鐘上的表演，肯定深受震撼，進而讚嘆上帝的神能無所不在，也因此更加相信，天體對人間的影響之大——這座鐘就是為了這個目的所製造的。信眾可以在鐘上看到天體運行，以及聖經中的故事，然後就會相信了。既然如此，歐洲哪座城市不想擁有這項最新的宗教科技呢？又有哪位宗教高層，不想要信眾在眼前看到上帝所創造的完美宇宙逼真的再現呢？這些宗教高層所擁有的權力，有賴於信眾的服從，為了吸引信眾走進教堂大門，讓他們看得目瞪口呆，這些高層全都搶著引進最新的吸睛大法。天國所打下的信約，一定要好好遵守。如此一來，壯觀的大鐘也就此起彼落的出現在世界各地。

自從一二七五年左右，史上第一座機械鐘問世，到公元一六〇〇年之間，歐洲從英國的亞伯丁（Aberdeen）到蘇黎士之間有將近兩百座城鎮，都裝置了公共時鐘。這些時鐘，有很多只是簡單的報時裝置，會在整點敲鐘，但也有一些例外，像是更複雜的天文鐘，上頭往往還有自動人偶，就像史特拉斯堡那座一樣。接下來，我們就來看兩座巧奪天工的天文鐘。

位在德國近波羅的海岸邊、漢堡市東北方的呂貝克（Lübeck），從一一五九年建城以來，就仰賴與北歐的貿易而興盛富裕。城中最居高臨下的地方，可以見到雄偉的聖瑪利教堂（St Mary's Church）。該教堂建於公元一二五〇年到一三五〇年間，象徵了中世紀漢薩同盟（Hanseatic League）諸城的力量、地位和繁盛，呂貝克就位於同盟的中心點。這座教堂所採用的歌德式建築，規模雄偉，展現了商人階級的虔誠信仰，在當時，這個階級正在崛起中。

聖瑪利教堂的主事者可能早在一三八四年時，就在教堂的經堂後方安置一座時鐘，但目前我們所能找到的可靠紀錄，只說在一四〇五年某一確切日期時，該教堂又另外安裝了新鐘。第一座安放的鐘上，有複雜的鐘面，顯示教會的行事曆；除此之外，鐘本身並無特別之處。可是，之後不到百年的時間，這座鐘遭到兩次祝融肆虐，鐘身嚴重受損。到了一五六一年時，教堂又委託製造一座新鐘，這次的作工就更加細膩精緻了。

新的鐘底部有一些小龕，裡頭裝有雕刻人偶，分別象徵六宗罪：憤怒、慾望、貪婪、不貞、傲慢和無禮。鐘面附近則刻有文字說明：

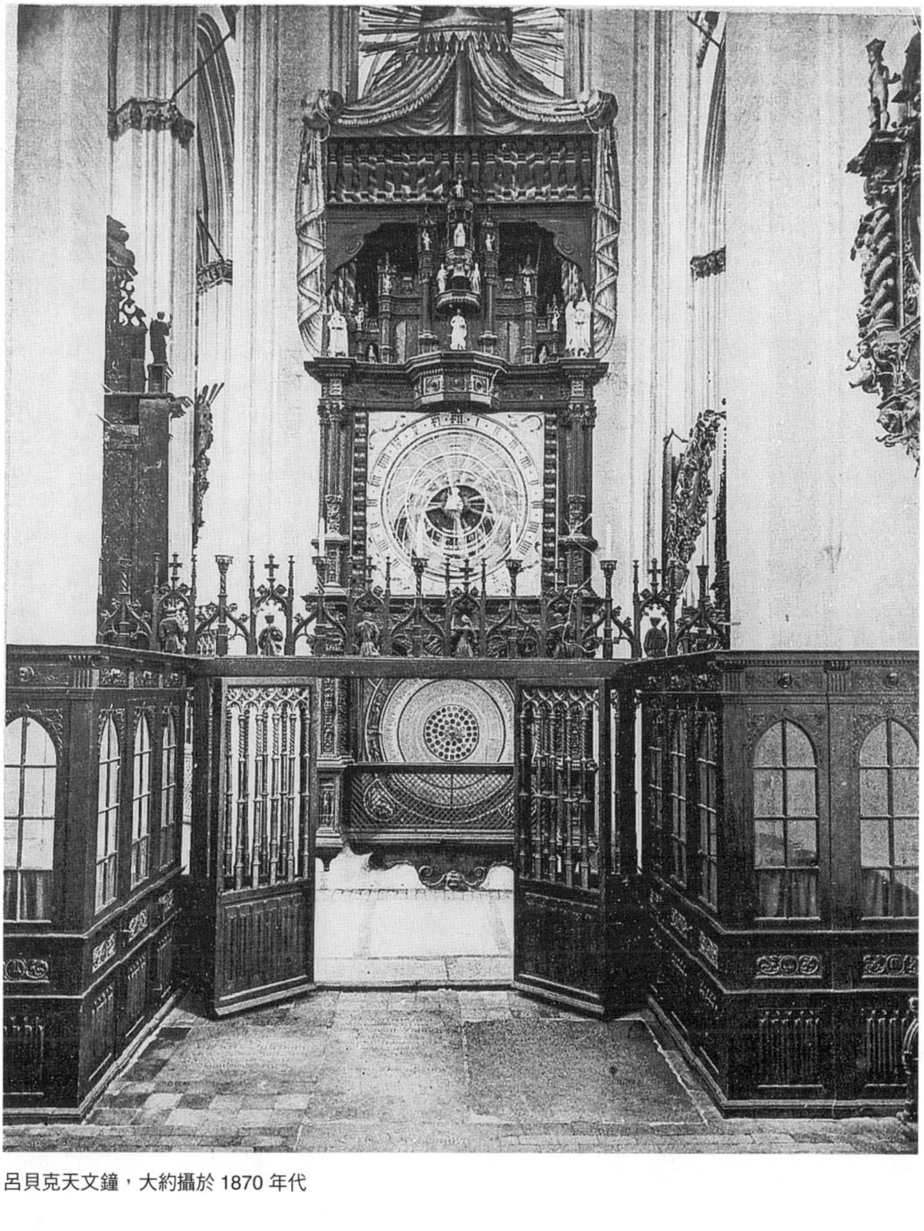

呂貝克天文鐘，大約攝於 1870 年代

看著天上日月光影依時序出現，這時眼睛就能體會光陰似箭、歲月如梭之理。聽到鐘聲和諧之曲，就要想起統理諸星的上帝，記得要讚美祂。

在六宗罪的人物上方，則有一座大型的教曆鐘面，這是從老鐘上移來的，曾經過十六世紀的翻新。這個行事曆上顯示每一週，還有月亮的朔望週期，以及節慶日期、破曉時間、日期、主日字母（讓人知道未來星期日都落在哪一天），推算復活節的黃金數（這可以依月週期來推算這一天落在每一年的哪個時候），該年依太陽週期的年分、復活節的日期、以及推算該年從聖誕節到懺悔星期二[3]之間有多少天。鐘面正中間，則繪有在呂貝克可以看到的月蝕和日蝕表，鐘框四個角落繪有聖經中四大福音書的作者肖像：馬太、馬可、路加、約翰。環繞教曆一旁的，是以金色繪出的黃道十二宮星座。

星盤的鐘面——或稱天象儀也可以——是一整排華麗又複雜的天文標示，從太陽、月亮、太陽系諸行星、黃道十二宮……全都以慢速度、和指針反向的方向轉動。鐘面正中央代表了地球，這裡畫的則是耶穌基督的畫像，一旁是雲彩和光芒。

在天象儀上方的，是這座呂貝克大鐘的「主體」傑作。當信眾前來禮拜時，必須翹首仰望高處的這個部件。大鐘的天頂下，立著耶穌基督雕像，基督手中則抱著地球。在這上方是一座鐘樓，裡頭是報時鐘。右方，有一尊自動人偶稱為「天父時間」，祂手上持著一根鐘槌和一瓶沙漏；左方也有一尊人偶，手持一根火把和一顆骷髏頭，表示時光流逝。鐘塔上方，是一尊雙面神雅努斯（Janus）的雕像，雅努斯後方則立有一面十四座鐘組成的排鐘。旁邊則是一群代表日、月、阿波羅、黛安娜、水星、火星、木星、土星的人偶。設計者似乎擔心這些還不夠讓人印象深刻，所以加碼設計：當正午的鐘響結束後，鐘面會出現一列的自動人偶，一個接著一個來到耶穌基督像面前，接受祂的祝福。在一旁還有一名招待員，每一尊人偶回到鐘身時就會彎腰鞠躬。過程中會有樂聲響起，鐘面還會出現兩位天使，伴隨著音樂吹響號角。

一九四二年三月二十九日剛好是聖枝主日，然而這天一大清早，聖瑪利教堂和所有教堂內的物品全毀於英軍的轟炸之下。約翰．凱索（John Castle）這位鐘史家在一九五一年寫下該鐘的歷史，文章最後他感嘆：「失去此鐘的遺憾，言語難以形容。」

本章要討論的第二座鐘，則在更早以前也曾遭遇到類似的戰亂洗禮。前往捷克共和國首都布拉格旅行的現代遊客，一到當地，第一站想必迫不及待的前往市政廳，參觀安放在它的南方牆面上的那座天文鐘。這座讓人嘆為觀止的機械鐘，細部特別繪上金色和亮藍色點綴，鐘高三層樓，緊鄰街邊，居高臨下。此鐘約製於一四〇二年，是由製鐘師「卡旦的米庫拉

3 編按：指聖灰星期三的前一天。聖灰星期三即大齋首日，是復活節日期的前四十天（不計算主日）。

斯」（Mikuláš of Kadan）和天文學家楊・辛德爾（Jan Šindel）合作製造的。當時，這座位於東歐波西米亞地區的富裕城市，雖然經歷嚴重的宗教動盪，但不損它做為當時全歐最大城市之一，更是神聖羅馬帝國的帝都所在。

這場宗教動亂──日後被稱為波西米亞宗教改革──早在十四世紀中葉就開始，原因是源自對教皇和羅馬天主教會的不滿。一三八九年復活節這天，布拉格當地的神職人員發起一項活動，表達他們反對猶太人居住在布拉格城，這場暴動造成三千名猶太人遇害，他們生前的屋舍遭到洗劫和焚毀。這場宗教暴動持續很久，同時，改革派的神學家楊・胡斯（Jan Hus）在一三九八年接下布拉格大學的教職。該校成立於五十年前，座落在離舊市政廳不到幾分鐘路程的地方。胡斯之後在此講學長達十七年，他不斷宣揚、反對天主教神職人員貪汙和奢華的主張，最後在一四一五年被教廷以異端邪說為由，判以火刑處死。從此之後掀起胡斯派信徒（Hussites）和忠於天主教教會的勢力之間長達二十五年的武裝衝突。

然而，在當時，所謂的教會其實就是國家勢力，兩者是一體的，所以這場宗教抗爭中坐鎮在市政廳的布拉格市議會，其所扮演的角色也就不容小覷。當時的布拉格市位居歐洲天主教信仰的中心位置，市長和議員也都知道，要是胡斯派信徒的革命持續擴大的話，自己所承受的風險也就越來越高。這時，藉由在全市最顯眼的公共場所──亦即市政廳的外牆上──安置一座巧奪天工的天文鐘，會是對於布拉格居民的大聲宣告，告訴他們，建制力量不容小

布拉格市政廳的天文鐘（本圖只顯示布拉格天文鐘局部）

覷，這要比將鐘建在教堂或禮拜堂內部來得更有力。畢竟這些百姓，對於布拉格或是天主教未來的去向都感到徬徨。

到了一四一〇年時，胡斯的主張在當地已經聚集了龐大聲勢，布拉格市議會於是將米庫拉斯所造的大鐘重新裝修。這年，他們寫的一封信中有提到這件事：

要讓鐘上天文觀測儀裡的太陽，真正按照黃道十二宮的軌道運行，就像天上的太陽一樣，讓鐘也一樣看得到太陽如何升起，又如何按時辰行走；讓大家看到一個球形天體，每天會有一個符號，顯示月亮每隔四週應有的圓缺，就如同在天上看到的那樣，並且在鐘面的輪盤上，寫著全年有關聖徒的節日。

我們這麼說大概不算離譜：布拉格的建制派領導人建立這座巨大的天文鐘，是想藉由上面天體的依時運行，展現其「正道」，向布拉格的人民發出清楚且具有象徵意義的訊息——讓宇宙有條不紊的運行如昔，不要質疑比你高位的人的權威。

讓人炫目的天文鐘，就像是由機械製造的天體一樣，將上帝的神能和宇宙的複雜展現在眾人眼前。在當時，這樣的鐘當然非比尋常。同樣的，那些在我們居住的城鎮高塔上設立的大鐘，也是因這項功能而興建。這些公共時鐘越來越成為我們以時鐘為依歸的生活背景，不過我們和時鐘的之間的親密關係，還是建立在工作場所和居家生活中，掛在脖子上、放在口袋裡、乃至別在衣服上所接觸到的那些鐘。

這種由鐘擺所驅動或是上緊發條轉動的小型鐘，是在十五世紀開始才出現在日常生活中的。至於，那種可以隨身攜帶在身上的錶，則是十六世紀初才開始問世。這些在當時都算是高科技產物，過了很長一段時間才慢慢普及，成為幾乎每個人都能負擔的用品。階級、性別、地理位置及其他因素，都影響了一個人可能和時計為伍的機會。但，隨著時間，這些用品逐漸滲透到社會各個角落，進而改變我們與時間的關係。對於時計所顯示的時間，人們一直都有意識到其存在，但是，這樣的時間要怎麼運用，端看個人需求。慢慢的，人們開始對這種時計上的時間加入更多想法。這時候，人們才慢慢接受時間不容浪費這樣的觀點。

雖說這樣的觀念早已發酵了一段時間，真正被普遍接受，則是在十六和十七世紀，英國清教徒將認真工作視為虔誠信仰的基礎以後。十七世紀的清教徒牧師兼神學家李察・貝克斯特（Richard Baxter）在傳道時，就對這個概念非常堅持。在一篇名為〈光陰的救贖〉（*The Redemption of Time*）的論文中，他提出這樣的質問：「要是你就這麼浪費此生，上帝還會讓你重來一遍嗎？要是你現在不好好工作，未來還有機會回頭修正嗎？」在另一篇論文〈論克己〉（*A Treatise of Self-Denial*）中，他則主張，怠惰是最不堪的罪行，因為人一旦虛度光陰：「就犯了竊劫上帝所有物的罪。上帝交付人們辛勤工作的大責，怠惰就是對上帝所付的重任打混摸魚：現在好好為眾人工作，將來終要為上帝工作。」

這個觀念逐漸在虔誠信道者心中烙下痕跡，不久就融入當時人們對於時計的整體概念中。這時，出現一種新型的懷錶，以「清教徒錶」之名為人所知——這種錶外觀樸實無華，簡潔原始，跟當時名門貴族常光顧的市集中、大宗販賣裝飾奢華的懷錶刻意區隔開來。還有什麼東西，比這些樸華無實的懷錶，更能提醒人們怠惰是冒犯上帝的重罪呢？大英博物館史上第一支購入館藏的錶，就是一支清教徒錶，時間是一七八六年；這支錶大約在一六三五年製造，據傳曾是奧利佛・克倫威爾（Oliver Cromwell）所有，克倫威爾生前就以清教徒信仰中的摩西自許。

一個可以隨身攜帶的日常用品，讓宗教改革中的工作態度得以表達在具象事物上，成為一望即知的紀律象徵，就像二十世紀史家路易斯・曼佛特（Lewis Mumford）所說：「計時的方式影響了工作時間、精算時間和分配利用時間的態度。」這樣的態度，是鐘和錶，再加上傳道牧師們兩者攜手協力，傳達了虔誠服役的信息，進而調教了眾人。

就這樣，不管是個人用、居家用、或是辦公場所用的錶和鐘，越來越多的這類產品獲得眾人愛用，儼然成為所有人的監督者、房東、經理和頂頭上司。這樣的態度，不僅僅是基於宗教信仰，其實也是資本主義的態度。至今我們還是在這樣的影響下：現代人的世界，對於個人時間經營態度之重視，甚至遠勝以往，是以一種道德般的高標準在看待的。

「時間就是金錢」這句話，在美國政治家兼科學家班傑明・富蘭克林（Benjamin Franklin）使用以後廣為人知。他在一七四八年給年輕人建議時，寫下〈給青年實業家的建議〉，當中提到這句話：

> 切記，「時間就是金錢」。如果一個人工作一天，可以賺到十先令，但他選擇花半天出國去、或是呆坐在家。雖然出國或呆坐在家，他只花了六便士，但他不能認為自己只花了這些錢。實際上在不知不覺中，他又浪費或揮霍掉了五先令。[4]

富蘭克林所提出的這個想法，其實在民間已經流傳許久，不過，其靈感卻是取自前文所提，人的時間是上帝的時間這個觀念，這是早期新教徒們的主張，而剛好這個時期，也正是個人佩戴鐘錶成為中產和上流階級日常主流的年代。這個觀念不久就影響了我們其他人，今天西方國家很少有人不贊同時間就是金錢這個教條的。

這麼一來，時計有了兩極的發展：一方面，朝著各種世俗需求發展成為生活中不可或缺的鐘和錶，時時敦促我們要為上帝（或財神）苦幹實幹，不要浪費鐘錶所報的時間。另一方面，則是有著數百年來讓我們讚嘆不已、精彩絕倫的巨大天文鐘和自動機械大鐘，紛紛出現在清真寺、教堂及公共建築裡——這是上帝所造完美宇宙的不完美機械版仿製品。這樣的仿製企圖，也一樣延續到今日。

阿布都拉國王科技大學（King Abdullah University of Science and Technology）座落於沙烏地阿拉伯鄰紅海岸邊一角，離聖城麥加不遠，隔著寬闊的藍綠色紅海，可以遠眺對岸的蘇丹和埃及。我曾經在深夜搭著一輛擦得亮晶晶的雪佛蘭巨型休旅車，花了一個小時車程來到這座大學校園，途中經過環繞吉達港（Jeddah）那些沙漠般的平原——吉達是地球上最熱的

4 譯注：一先令是十二便士。

地區之一。

高速公路上杳無人跡，就像廢城一樣。這天將近滿月，讓我驚覺，原來月亮有這麼亮。久居倫敦，我早已忘了夜空中的天體，可以看得多清晰、明確。車子下了吉達的高速公路後，轉入圖瓦爾（Thuwal）的村落，司機就要一關一關的經過大學周邊的駐衛警哨站。當我們靠近大學最內圍，才了解該大學的占地有多遼闊：足足有十四平方英里，整體面積是倫敦市的十二倍大。

阿布都拉國王科技大學建於二〇〇九年，是沙烏地阿拉伯為了在二十一世紀聚焦科技創新而成立的，我來此是要在一場探討時間科技的國際研討會上演講。在場的專家來自全球各地，每一位都針對主題從各個角度提供了非常深入而豐富的見解，這些都是我前所未聞的。這些不同學科共同要探討的只有一個核心議題，那就是時間——這樣的主題，正適合這樣跨領域的會議來討論。

這場會議的焦點主要著眼於尖端研究上，但位於這所學校最深處的伊斯蘭科技博物館卻讓我們了解到，對於這個阿拉伯地區而言，「創新」其實不是什麼新鮮事。從十七世紀以降，伊斯蘭文明就一直是新發明、新想法、新理論和新製造方式的發源地，伊斯蘭科技博物館也很詳盡、生動的展示，從古至今伊斯蘭文明對現代科技的貢獻，不管是數學、化學，乃至生物學和建築、天文學、航海技術和機械工程。

我演講結束後，博物館館長安娜・卡塔琳娜・馬惕亞斯（Ana Catarina Matias）因為知道我同時是策展員兼研究時計的史學家，特別陪我參觀博物館的展覽。展覽中有一項陳列是我一直想一睹為快的。因為當時我剛讀過加扎利一二〇六年所著《精妙機械裝置知識大典》的英譯版，對其中關於堡壘大鐘的描述深深著迷，然而也為此鐘早已不見蹤影感到惋惜。但是，在這座鄰近伊斯蘭文化聖城麥加的博物館中，有一座仿造加扎利作品的大鐘，而且還真的會走，重現鐘面上的各種顏色、會動的人偶及亮麗的照明。

這次觀展真的是感官的美好饗宴，讓我得以對中世紀伊斯蘭製鐘匠的作品更加認識。他們所設計的機械傑作，讓看過的人都深深讚嘆和驚豔，因為這些大鐘過去曾擺放在伊斯蘭的學校、清真寺和宮廷中。

但是，仿製品終究還是比不上原品。這所阿布都拉國王科技大學的校園，離聖城麥加的大清真寺大約有七十五英里遠，大清真寺正中央有一座方形的卡巴聖堂（Kaaba），這是全世界伊斯蘭信仰中最崇高的地方。這次我造訪沙烏地阿拉伯想要親眼目睹的大鐘，座落在麥加皇家鐘塔（Makkah Royal Clock Tower）頂部，是政府擁有的麥加皇家鐘塔飯店（Abraj Al-Bait）的一部分，可以俯瞰大清真寺院區。它是世界上最大的時鐘，也是最高的，離下方街道有超過半公里高。然而，依規定，非穆斯林是不能進聖城麥加的，所以我被擋在外面。

我所知道的就只有：麥加這座大鐘在二〇一二年才完成，樣子跟倫敦的大笨鐘很相似，不過規模上要大得多。麥加大鐘每一個鐘面直徑都長達四十三公尺，倫敦大笨鐘直徑則只有七公尺；麥加大鐘以伊斯蘭建築風格建成。我也知道，當這座鐘完成時，麥加官方曾經遊說，希望把本初子午線（即經度零度）放在這裡，也就是把原本通過格林威治的那條改到麥加來。當初皇家鐘塔飯店的經理穆罕默德．阿庫比（Mohammed Al-Arkubi）在沙烏地當地的報紙上說：「我們的目標，是讓麥加子午線取代格林威治子午線。」

皇家鐘塔飯店的這座大鐘並不是天文鐘。在鐘面後方的幾個房間裡，擺放了天文學展示品，其中一間是月球天文觀測所，位置就在鐘房上方，這裡是從前用來觀測月亮的地方，以確定伊斯蘭聖月何時開始。每日五次的伊斯蘭祈禱召喚（azan），會從鐘塔上兩萬一千盞白色和綠色的燈中定時向市民照射，亮度遠在十九英里外都可以看見。

整棟大樓建在一座十八世紀碉堡夷平的廢墟上，碉堡原本是為保護麥加抵禦外敵入侵，雄立在山丘上，但在公元兩千年初時，為了建造這棟飯店，連同山丘一起被剷掉了。

麥加做為伊斯蘭信仰的宗教聖地，就如學者兼評論家齊奧丁．薩達爾（Ziauddin Sardar）所言：「該城的遭遇和城內的種種，對於世界各地的穆斯林都有著深遠的影響。」數百年來，我們看著各清真寺和教堂中的大鐘讚嘆不已，但在凝視大鐘的同時，這些鐘其實也強化了宗教領導人在我們心中的權威地位。從這個角度來看，麥加大鐘只是一系列扮演角

麥加皇家鐘塔俯看麥加大清真寺，攝於 2012 年

色強化的道具中最晚近的一座——這樣的傳統，其實可以回溯到一千年前。這座鐘是對於伊斯蘭世界的一個信息，強調沙烏地阿拉伯境內神職人員的權力和地位。但在這個後殖民的世界裡，這座鐘塔也是送給西方的一則信息。像大笨鐘這類的鐘，代表的是國家的身分認同；建造一座帶有伊斯蘭風格的大笨鐘，而且比大笨鐘還大六倍、塔身高半公里，在在都是要提醒西方人：別忘了風水輪流轉，國家的財富和國力此消彼長。大笨鐘是過去時代的產物，看看現在世界是由誰當道？

第三章

美德

追求節制的沙漏，錫耶納，一三三八年

安布羅吉歐・羅倫澤第（Ambrogio Lorenzetti）人在義大利錫耶納（Siena，或譯西恩那）市政廳的大會堂（Palazzo Pubblico），他望著窗外，尋找創作靈感。時值一三三八年，他眼前所看到的景色，是分裂且深陷危機的錫耶納城。一方面，錫耶納處處可見繁榮和創新——該市擁有銀行、金融服務機構和商務機構；創業投資客在錫耶納一擲千金，大舉投資在各式生意和居民身上，當地的貿易連結更是遠及中國，為該市賺進大把的鈔票；就連當地的石匠也是分身乏術，忙著蓋房子，好讓該市快速成長的人口有棲身之地；錫耶納城牆外，農民細心呵護農田和花園，供應市內各類蔬果糧食。

但是，羅倫澤第卻也感覺到危險的迫近。當時錫耶納是自治的共和國，由「九人黨」（Signori Nove, Nine）所統治，這是一個由銀行和商人所組成的寡頭議會。錫耶納城當時正和鄰近的佛羅倫斯共和國及比薩（Pisa）共和國相爭不下，隨時有可能引爆戰火。這樣的衝突則導源於羅馬天主教會和神聖羅馬帝國之間的政治角力，這兩大勢力各以教皇和神聖羅馬帝國的皇帝為首，一南一北互爭地盤。有時候，政治角力會演變成暴力衝突，被波及的城市就會互相開戰，造成城市、家庭失和，甚至為此自相殘殺。但比這些還更搖搖欲墜的，則是「共和國政府」這個想法，當時有許多人希望廢棄這種治理方式，改將統治權交給單一的統治者，譬如君主或是獨裁者。這樣一來，全歐各地的共和國就會失去土地控制權和人民，而且日後必將爭戰不休。這時期各國合縱連橫，擁有自己的聯盟和集團，政治人物在不對的時候站不對邊，可能會連命都沒了。因此在十四世紀的錫耶納市政廳中，正孕育著史上最重要的政治理念。

羅倫澤第心裡一邊想著城市嚴峻的政治氛圍，一邊慢慢的，把注意力移回自己所在的市議會會議室。他接受九人黨的委託，前來為開會使用的會議廳牆壁彩繪一系列溼壁畫，他要畫的是有關政治美德的故事。市議會想透過一系列壁畫傳達一個訊息：錫耶納城在九人黨的治理下，欣欣向榮。另外，壁畫中也呈現對比的選擇，讓大家看到，如果錫耶納城選了一位獨裁統治者的話，會有什麼樣的下場。

這樣的假設並非無的放矢：因為當時在義大利，獨裁統治之風橫掃各獨立小國，錫耶納過去也曾深受其害。九人黨希望藉由這幅壁畫能夠既詳細又有力的描繪出善與惡、戰爭與和平兩種對立的選擇。做為宣傳，這樣的作法是非常大膽的：既要能生動勾勒出九人黨的政治理念，又要能具體展現錫耶納人民日常生活的體驗。九人黨不僅想傳達一則有力的訊息給錫耶納的人民，同時也要給他們的同志看。於是最後選中羅倫澤第來執行這項任務。

羅倫澤第這幅用色鮮豔、細膩生動的畫作，在一三三九年完成後，至今依然高掛在錫耶納市政廳的會議廳中。能夠到此一遊，絕對可以讓我得到許多驚喜，所以我在二〇一九年和一群朋友前往朝聖。我們選在隆冬之際前往，以避開夏季遊客的人潮。儘管如此，街道上還是滿滿的人，進到市議會大會堂才終於能夠喘口氣，不必在市中心大會堂廣場（Piazza del

Campo）人擠人。

大會堂中，每間房間都很特別、也很安靜。最後，在穿過一連串的大廳堂後，我們來到羅倫澤第壁畫座落的房間，這裡被稱為「九人黨之廳」（Sala dei Nove）。之前那些大廳堂，每間也是擺滿錫耶納城的珍寶，因為過去這裡曾是世上最富裕的城市之一。我們一行人穿過一道低矮的門廊，眼前出現的是一系列連續、出色而教人感動的畫面。這些豐沛的視覺影像，一路朝向充滿裝飾的高聳天花板發展——試想，這些壁畫，曾經在那裡，俯看下方統治這座商業大城的幾位寡頭開會。

我背靠著一面牆，牆上有屋裡唯一的一扇窗，同時環視房中的畫面：左手邊那道牆上，畫的是一幅風景——這是羅倫澤第所要描繪的戰爭景象，是選出壞政府執政的結果，我們這些訪客映入眼簾的，盡是暴力、毀滅和財產的損失，這都是獨裁暴君統治的結果。在羅倫澤第筆下，這位暴君有如怪獸一般，生毛帶角、雙眼還鬥雞眼，是個魔鬼。壞政府只顧自己好，不顧人民死活。「貪婪」、「傲慢」和「虛榮」在這位暴君的頭上盤旋不去。「殘酷」、「背叛」和「欺詐」則坐在他的右手邊，「忿怒」、「分裂」和「戰爭」則在左手邊。但「正義」卻被鐵鍊緊緊綑綁，落在眾人腳邊。在畫面中，一名女性被一名士兵和一名商人攻擊、並且拖行。在兩人腳下，還躺著一名男性，不知是死是活，只見他肚破腸流。畫面上的大樓深陷火海，整座城裡的人都打了起來。在城牆外的鄉下，則是一片荒蕪。恐懼四處蔓延。

羅倫澤第所描繪的壞政府（上圖）、好政府（下圖）場景

我轉向右邊的牆，就站在戰爭與暴君那面壁畫的正對面。這面牆上的畫更長，是描繪好政府統治下的太平盛世。在這幅壁畫中，市民都為彼此服務，共同努力讓城市變得更好。高樓大廈紛紛林立，居民自由且歡樂的做生意。路上有新人結婚的隊伍，大家都歡天喜地的跳著舞；城牆外的世界，則是豐盛、富饒、多產的鄉間。在羅倫澤第的畫筆下，精心描繪著細節且非常合於現實。城裡城外非常和諧，可以看到象徵「平安」的角色盤旋在眾人頭上，讓人平靜。祂手上的絞刑台雖懸著一具罪犯的屍體，也無損這個平安的意象。「平安」手上的絞刑台是在提醒觀畫者，和平不是憑空得來的；但只要選到好政府，錫耶納可以換來這番富庶的景象，所有人都能共榮共存。

這兩幅壁畫所要闡述的政治理念非常明確：好政府，讓錫耶納人民共享繁榮，但這樣的政府需要以美德來治理，不是惡行。選擇共和國體制，而非由豪門出身的暴君來擔任獨裁者，才是通往好日子的道路。

在房間中，還有第三幅壁畫，畫上描繪的則是要如何達成這個目標。第三幅畫就擺在好壞政府兩面牆的中間，正對著九人廳的唯一窗戶，所以是三幅畫中光線最好的。這幅畫是以象徵性的手法描繪錫耶納九人黨。畫中，有一名白鬍老者，是所有人物中體形最大的一位，位置在接近壁畫正中央，他代表的是錫耶納人民政府。在他附近坐著象徵「和平」的角色，祂手握橄欖枝。在兩人頭上，則有「三超德」（holy virtues），即「信」、「望」和「愛」。

公民美德之一的「正義」則坐在居高臨下的位置，祂一手持利劍，膝上則擺著一顆犯人被砍下的頭顱。坐在他們中間的則是其他四位公民美德：「勇敢」、「智慮」、「寬大」及「節制」。這五大公民美德，以及三超德，再加上和平本身，都在羅倫澤第筆下圍繞著擬人化的錫耶納政府。畫面上可以看到九名德行人物，共同讚美九位統治錫耶納城的高層——這九位，就是來這裡開會、並委託羅倫澤第畫下這套壁畫的人。這套壁畫等於是九人黨治理錫耶納的宣言，展示他們的政治理念，以及對於治理國家應懷抱何等美德的理想。這是他們為共和國自治所勾勒的藍圖，也是他們夾雜在善惡之間的掙扎寫照。這樣的宣言，當然當時錫耶納的人民不可能沒有聽進去。

但是，讓我來到大會堂的原因——應該說是來到錫耶納的目的——主要還是為了一位人物。房裡這些繁複的壁畫人物中，很容易就忽略了祂。因為祂跟其他幾位美德的角色不同，並沒有像祂們那樣帶著挑釁的眼神瞪著觀畫者，這個人物的眼神跟其他人的方向不同，祂坐在牆面右邊的角落。就算是在這麼不顯眼的地方，我卻第一眼就找到祂了——祂就是「節制」的美德。祂有著一頭火燄般的紅髮，身穿粉紅色和天藍色的長袍，右手抱著一件奇怪的科技器具，形狀是兩個錐形的容器，以細頸部相連，容器外面則以木架固定。擺在真實世界裡，其實際尺寸大約是四十五公分高、二十公分寬。最特別的地方是，在整幅擁擠的畫作中，這個物件就出現在這麼醒目的地方。「節制」左手指著這個容器，眼神朝下看著它，臉上的表情似乎若有所思。

「節制」手中的這件物品，對現代人來說非常熟悉，但是，一想到它，可能只會覺得這是煮蛋時為了計時所買的新奇塑膠小物，帶點好玩的成分。但在一三三八年羅倫澤第畫這幅壁畫時，這類物品可說是計時技術的先進產物，將之畫進來，影響了西方文明對於善與惡、對與錯，乃至人類最掛心的事——生與死的想法。在當時，人類的美德已經危在旦夕，這個物品，則成為美好未來的象徵。安布羅吉歐．羅倫澤第這套壁畫畫下了目前所知最早的沙漏，而「節制」這個人物手持沙漏，則是在警告我們：時間的沙粒，正在流逝。

沙漏究竟發明於何時已不得而知。沙漏本身就有一種古老的感覺，有些歷史學家主張，沙漏早在古希臘時代就被發明了，但卻苦無證據。比較可能的是，沙漏是在中世紀中葉引進歐洲的。伊斯蘭學者畢魯尼（al-Biruni）早在公元九或十世紀時，就已經嘗試以沙代替水來計時，不過，他所發明的時計可能不是沙漏。比較可能的說法是：我們所知的沙漏，是在十一或十二世紀所發明的，發明人可能是伊斯蘭世界或是歐洲的工匠。沙漏可能沒有比機械齒輪鐘更古老，後者是在十三世紀才問世的。

不過，相較於水鐘已經享有超過兩千五百年的歷史，為什麼沙漏卻遲到這麼晚才出現呢？乍看之下，明明沙漏和水鐘採用的是同樣的原理，就是讓液體以等速通過小孔流動。然而，沙漏和水鐘有兩個很重要的技術差異存在。沙漏本身還需要有透明的吹玻璃做成圓錐

「節制」手持沙漏。安布羅吉歐·羅倫澤第繪於 1338 年

狀，這樣的工藝，遠比古代水鐘只要將石頭雕成容器難得多，這種吹玻璃的工藝要很晚近才出現。更重要的是，沙漏所使用的粉末，並不像大家以為的那樣隨隨便便就可以製造出來，這需要繁複工序，才能夠讓它在通過瓶頸時始終保持順暢流動，而不會卡在瓶頸。一三九〇年代，一份法文的沙漏製作指南中，就說明了這門工藝的繁複之處：

先趁造墓、在鋸黑色大理石時，撿拾其落下的大理石屑，再將這些石屑置於酒中烹煮，像是煮肉一樣。然後瀝乾，置於太陽下曝曬，接著再次水煮、再瀝乾、再曝曬，前後反覆九次——方能取得滿意的沙粒。

沙漏一旦問世，就出現了很多種用途。船隻導航時，會用它來計算可以輪職守夜的時間，並且估計船速和方位。早期，沙漏因此被稱為「海鐘」。律師和政治人物則使用沙漏來為法庭辯護或立法攻防計時；牧師傳道時，用沙漏來計算宣道時間；教師也用此來計算上課時間；僧侶則計算兩次禱告之間的空檔。另外，在居家生活中，沙漏也有很多用途。在磨坊和工廠，沙漏用來管理生產；在天文台，用來計算星星通過花了多少時間；醫學上，則用來幫助醫生測量病人脈搏。沙漏用來煮蛋計時，其實是其用途中最微不足道的，只是，這是現代人最容易聯想到的。另外，如果鐘的走速不準確或發生故障，也可用沙漏來校準其報時鐘聲的速度。有些沙漏，計時長度會剛好一小時，所以被稱為「時漏」（hourglass）。但多半沙漏計時長度不會剛好一小時，有的多、有的少，最長可以長達二十四小時，最短則只有幾秒鐘。但說是「沙」漏，其實是一種誤導，因為沙漏中的物質並不是真的沙子。做為時計，沙漏的確是一項價廉物美、便宜又讓人賞心悅目的用品。

湯瑪士・卡萊爾（Thomas Carlyle）在他一八三六年的小說《裁縫哲學》（*Sartor Resartus*）中寫下：「人們都被象徵所導引和命令，也因為象徵而感到幸福、或是悲哀。」如果只認為沙漏這項工具只是計時的平凡物件，那就是未能覺察到其在歷史上所扮演的重要角色。從安布羅吉歐・羅倫澤第這幅畫中的「節制」人像，就可以了解到，沙漏所被賦予的象徵性意義，也正是這樣的象徵性，讓沙漏對人類的文明有了極大的影響力。藝術中所使用的象徵符號，會對看過畫的人在生活和心靈上產生實質的影響，也可以說，藝術中的象徵改變了人類文明。若想了解那些象徵的意義，就要了解這些藝術品是由誰所造，以及其背後原因。以沙漏為例，答案就和歷史上最重要的幾個觀念有關。

在錫耶納壁畫中，「節制」手持沙漏，其所表達的理念就是這群中世紀義大利政治理論家哲學觀的表徵，而他們這樣的想法，則是源自古羅馬時代的作家。這些古羅馬作家在思考，人們應當如何過他的一生才是對的，或者說，人類文明，應該如何運作才是對的。他們左思右想的結果認為：人的一生中，最應該在意的就是節制和時間兩件事。

公元前四四年，距離羅馬廣場石柱上出現公共日晷已經過了兩百年，這時候的哲學家馬可斯・圖里厄斯・西賽羅（Marcus Tullius Cicero）曾寫下：節制，亦即自制和適度，這項美德就跟時間一樣要不急不徐。與西賽羅同時代的另一位思想家馬可斯・特倫提厄斯・瓦洛（Marcus Terentius Varro）則進一步闡述，節制和時間不只字形相似（拉丁文分別寫做temperantia、tempus），指的也是同一件東西：「時間這個字，就是從日月節制適度的運行而來。」我們再快轉到中世紀歐洲，十二世紀一位不知名的法國作家延伸西賽羅的說法，在他的著作《先哲道德問題教誨集》（*Moralium Dogma Philosophorum*）告訴讀者，節制是掌握時間美德中的重要特質。

但真正把這兩個古羅馬時代的理論結合在一部大型經典著作去論述的人，是義大利的理論家布魯涅托・拉提尼（Brunetto Latini），他在一二六〇年代主張，節制的美德就體現在時間本身。

他這個想法非常複雜，也很難說得明白。講究自制、適度的節制生活，和愜意滿足的生活相比，一般人可能都會選後者吧。事實上，在羅倫澤第將沙漏畫進錫耶納壁畫以前，有好幾百年的時間，眾美德之中，節制一直被視為最不重要的一項德行。但到了十四世紀，歐洲一些最重要的思想家，都開始改變想法，認為在所有美德中，人們最應該要遵循的，就是節制——遠在勇敢、智慮、大度和正義之上。遠在望、愛之上，甚至遠在信之上，甚至，所有七德加起來，都可以用節制來總括。意思是，只要生活節制，自然也會在生活中奉行其他幾項美德。

但中世紀的理論家又將這個想法往前推進了一步。一三三四年，一位住在今日德國的僧侶海恩利希·蘇索（Heinrich Suso），寫了一本名為《智慧之鐘》（*Clock of Wisdom*）的宗教書籍，這本書在之後兩百年間，成了北歐地區最廣為閱讀的著作。書名的「智慧」在書中化成兩個分身，時以「節制」的角色說話，時以耶穌基督的角色說話。蘇索想要這本書如暮鼓晨鐘一樣，「用警覺的美德將蟄伏中的人們，從漫不經心的沉睡中喚醒」。

在這番話之後，他提出一個大膽的提議。他不只將節制抬到高於其他德行的地位，而且還是等同於基督：基督就是節制。

這種在道德規範上的大幅轉變非常罕見，卻成為許多人至今依然奉行的準則。節制，是在提醒人們凡事適度，要自我節制，從原本非常不起眼的道德信息，一躍成為歐洲最具影響力的思想家眼中最高尚的美德，有著和神一樣的地位。過節制的生活，就是效法耶穌基督。

對於中世紀普遍敬天畏神的歐洲人而言，這個信息非常有力。在蘇索此書出版滿四年後，安布羅吉歐·羅倫澤第就將「節制」的角色，畫成了手持沙漏的形象——這在當時還是非常新穎的觀念。

這樣看來，似乎是布魯涅托．拉提尼一二六〇年代的政治理念，影響了羅倫澤第一三三八年的畫作，但其實，羅倫澤第的畫作，只是將一個已經有數百年歷史的舊理論，呈現在讓人屏息的畫面而已。多年來，這種崇尚節制、且結合節制與時間的想法早就在醞釀之中，羅倫澤第只是賦予時間一個象徵性的形象，而沙漏就符合這個形象。羅倫澤第的壁畫，是我們第一次看到有人將沙漏結合節制的美德來呈現的。透過畫中的這項新科技，傳達出非常明確的信息：仔細量度上天賜予的時間，並且慎用時間，就是過著有紀律的生活；節制而不過度，就可以過著符合德行的生活。也就是告訴我們，節制、適度的生活，是更上一層樓的生活。

我到錫耶納市就是為了這個！身為研究計時工具的史學家，能夠看到最古老的沙漏畫作，讓我感動萬分。我還在倫敦科學博物館擔任新進策展人時，曾經規劃過一次歷史沙漏展，在我擔任策展工作的生涯早期，也曾針對沙漏的歷史進行過一些研究。不過，當時只研究了幾天而已，那是因為有人寫信來博物館詢問相關問題，資深策展人於是把調查工作交到我手上，因為他覺得這是讓我對一部分的展覽更加了解的好方法。沒想到，從此以後，我就對沙漏產生了興趣。這樣的契機，看似微小，卻留下了深刻的印象。我想，應該就是那次沙漏展的工作，讓我對於日常生活科技產生濃厚的興趣，也改變我的世界觀，以及我書寫歷史的方式。能到錫耶納看這套壁畫，簡直就像是看到沙漏的《創世紀》一樣，是我個人生涯的高點。

但真正感動到我的，是我站在歷史上幾個重要主題真正上演的房間之中。我不僅僅是在看一幅壁畫，也不是在看一只沙漏，在房間中，我可以感受到海恩利希・蘇索文字中「用警覺的美德將蟄伏中的人們，從漫不經心的沉睡中喚醒」所指的到底是什麼。當我站在人民大會堂中，凝視「節制」盯著手中的沙漏，我感覺到自己好像也跟著變成更好的人。會這樣，是因為一群十三世紀的政治理論家苦口婆心的想要改變世人的生活方式，這份用心也感染了我。

不過，「節制」的沙漏並沒有拿太久。大約到了公元一四〇〇年時，也才離羅倫澤第畫下錫耶納這套溼壁畫不到六十年的時間，威尼斯出生的政治思想家克里斯汀・德・皮桑（Christine de Pizan）寫下《歐提亞之箴》（*The Epistle of Othéa*）一書，這是一本有著優美插圖的論文集，談的是治國方略和所需的道德特質。這部書在中世紀流傳於歐洲各國君王和貴族之間，連英王亨利四世都獲贈一冊。書中許多頁面上，都可以看到女神般「節制」的華貴形象。但這本書的「節制」不再手持沙漏了，而是在調整一座輪軸驅動的大型機械鐘，鐘的最上方是鳴鐘，輪軸和齒輪則裝在一個裝飾華麗的鐵框裡，做為推動時鐘的鐘擺則懸吊在下方。

皮桑在這幅畫旁邊寫下：

因為我們人體是由很多部位組成的，這些全都需由理智來調節，這些不同的組成，可以用鐘來比喻，就好比一座鐘裡有好幾個輪軸，各以不同的速度轉動。如果一座鐘裡的零件沒有協調好，那這座鐘就一點用也沒有了；相同的，人體如果沒有「節制」來指揮，也就不管用了。

使用機械鐘取代沙漏來做為節制的象徵，無非是更好的選擇。因為，只要記得上發條，再加上常常校準和維修，機械鐘可以永永遠遠的走下去。這種規律性和身體之間的聯想，讓時鐘成當時人們闡述節制最佳的象徵科技，德．皮桑這本著作，也正是歷史上為時間尋找象徵的轉捩點。從他開始，時鐘取代了沙漏，成為節制的象徵，在短短不到五十年的時間內，深植在歐洲各地的人民心中。

當時採用這類作法的例子很多，其中有一例更是醒目。若想要了解十五世紀對於科技發展的狂熱，以及當時社會將機械的地位提升、賦予其道德意涵的作法，就要再回到上面提過的海恩利希．蘇索《智慧之鐘》一書。在這本道德論文集中，他將節制與智慧、耶穌基督劃上等號。到了十五世紀中葉，距蘇索過世八十多年後，他的這部著作都還持續在發行中。在

被各種時計技術包圍的「節制」女神。海恩利希·蘇索繪，《智慧之鐘》，1450 年

一份一四五〇年以前發行的法文譯版中，我們找到一份插圖，其畫工之精細讓人屏息凝視。畫中的「智慧」——也就是「節制」這個角色——正在調整一座機械鐘，這樣的安排正如一四〇〇年克利斯汀·德·皮桑原著中「節制」女神在調整時鐘一樣的畫法。在這幅畫中，「節制」身在裝飾華貴的房間，房裡有精緻的壁畫，地面也鋪著精巧的紋飾花磚，到處可見時計科技，簡直就像是一場非常精緻的時計博覽會，就算擺在今天任何一座博物館中都不顯遜色。

畫中「節制」女神調整的那座鐘，本身也很壯觀，而且畫家將它的很多細節都畫出來。其中可以看到鐘面是二十四小時制，還有一根線通往天花板，是為了要拉動鳴鐘。這座鐘的下方還懸著一個平面的天文觀測儀，是在當時已有千年歷史、全世界各文明幾乎都通用的那一類複雜款式，可用來觀測夜空。在「節制」女神後方，則是另一座更大型的機械時鐘，可能是一座自動機械式鬧鐘，或是配有五個鳴鐘的排鐘；這座鐘一旦響起，整個房間都可以聽到它動人的鐘聲。最後，在這座時鐘旁邊，則有一張桌子，上頭擺著四種不同的日晷，以及一顆似乎是可以隨身攜帶、靠彈簧驅動的家用時鐘——也就是懷錶的前身。睿智的「節制」女神坐擁這麼多種不同的時計寶藏，這叫十五世紀中葉的讀者如何不聽作者蘇索的諄諄教誨，「從漫不經心的沉睡中被警覺的美德喚醒」呢？這些不同型式的時計，敦促人們成為更好的人，從而打造更棒的文明。

到這時候，「節制」女神已經不再手持沙漏了。沙漏不能長時間運行，並且到一個週期後就停止，這種特性現在適合扮演另一個角色。這時的沙漏，不再是講究時間美德的象徵，轉而象徵時間的流逝。

義大利詩人佩脫拉克（Petrarch）在他十四世紀的詩作〈時間的勝利〉（*Triumph of*

Time）中，就請讀者反思，人類的生命其實有多麼微不足道：

我們的一生不過宛如一日，
烏雲密布、寒冷、短暫且只有悲傷，
沒有價值，只是徒有美好外表？
……逃離了這些，它卻讓世界天翻地覆
既不停歇也不逗留更不回頭
直到讓你化為一抔黃土。

佩脫拉克這首詩是在提醒世人，不要留戀名聲和虛榮。讀者要了解，不管是誰，就算富人和名人都終將有一死，最後塵歸塵、土歸土。

沙漏的下半部是用來接住落下的時辰之沙，在所有沙子都落盡後，就像是一堆黃土——這簡直就是佩脫拉克詩中意涵最完美的象徵。佩脫拉克在詩中並沒有明確將時間擬人化，但十五世紀時，他的詩集被大量配上插畫，樂此不疲，所以，很快的就有畫家為他對時間生動的描繪，創造出一個人物。這個人物日後進化為歐洲文化的一部分。這個人物，現代人都很熟悉，那就是把時間描繪成一名「時間老人」（Father Time），他是長有一對翅膀、鬍子、

德國畫家喬治・佩茲（Georg Pencz, 1500~1550）所繪〈時間的勝利〉，約創作於 1534 ～ 1544 年間

身旁有一只沙漏的老人。

在十五世紀〈時間的勝利〉多幅相關插畫問世後，有數百年的時間，帶著沙漏的時間老人的形象，普遍進入西方藝術中。日後，只要是引用到時間破壞力量的比喻，就會畫上一名長著翅膀的鬍子老人。

在當時，沙漏就是最好的象徵。只要看一眼，就可以感受到生命有限：已經過了多少時間，又剩下多少時間，都攤在眼前。也因此，當它和「時間」一同出現在〈時間的勝利〉中，沙漏從此有了新的象徵性意義，這次它象徵的是結束所有人間事物的角色：死神。一旦你知道這些前因後果，對於沙漏這樣的形象轉變，也就不感到意外了。

時序來到一七七六年，巴黎聖母院大教堂出現了恐怖、夢魘般的景象。在教堂中一座架高的石砌基座上，躺著翁易—克勞德・達庫爾（Henri-Claude d'Harcourt）的石棺，他生前是法國陸軍中將，七年前在此入葬。石棺前，刻著彰顯他一生顯赫功蹟的遺物：生前所用的配劍、作戰的盾牌、頭盔、以及一面捲起的軍旗。在石棺旁可見一尊長翅膀的男孩石像高舉火把，一旁則是守護天使看顧死後的主人。男孩前面，有另一尊石像，她仰頭看著被打開的石棺，雙手合十，面容欣喜若狂——這位就是達庫爾將軍的遺孀，瑪莉—瑪達蓮・提貝爾・戴・瑪黛（Marie-Magdeleine Thibert des Martrais）。

順著她的視線看去，則是她亡夫的雕像，但卻雕得讓人毛骨悚然，因為被死亡籠罩的他形銷骨立，但卻還是奮力掙扎著，想從棺木中爬出。不過，整座雕刻中，最駭人的還不是這尊雕像。在他身後，站著一尊雕像，兇神惡煞般的看著下方掙扎爬出棺木的死者，陰著一張恐怖的臉孔——祂就是裹著裹屍布的死神骷髏。死神右手骨所緊握的，是寡婦瑪莉—麥達蓮最渴望聽到的消息：妳已走到生命盡頭，夫妻終於可以在天上團圓。這個由死神捎來的信息，就是一只簡單的沙漏。

這座石雕是由法國雕刻家尚—巴提斯特・皮戈爾（Jean-Baptiste Pigalle）以白色大理石

達庫爾將軍陵墓

材巧手刻出的，是遺孀為悼亡夫所委託創作，藉此表達對婚姻的忠貞。整座石雕，足足花了五年的時間才雕刻完成。到了一七七六年石雕終於完工揭幕時，骷髏死神手持沙漏的形象，早已盤據歐洲人心中長達三百年之久了，這一切都起源自前述十五世紀末藝術家的想像，是他們首度將死神與沙漏結合在一起。沙漏，最早原是做為鼓勵節制的美德象徵，現在卻成了人類難逃一死的象徵。

到了這座石雕問世時，死神手持沙漏、高高在上、無所畏懼又不易親近的形象，已經普遍出現在歐洲各處了。聖母院大教堂中達庫爾的石墓雕像，只是這種形象透過精緻藝術傳達出來的一個例子。當時，不只是達官顯要以此象徵方式懷念過逝的親人，同時也提醒在世者及時積德行善，人生苦短。從十六世紀到十八世紀，不只是花錢的墳墓雕刻會採用這樣的意象，歐洲各地無數簡單的墓碑都刻有沙漏及其他死神的象徵，像是骷髏、棺材及大鐘。如果現在去參觀蘇格蘭和愛爾蘭一些古老、人跡罕至的墓地，很可能就會發現這樣的沙漏刻在墓碑上。

死神和沙漏的意象不僅被拿來象徵美德。在十八世紀的海上，海盜猖獗。講到海盜船，我們往往會聯想到船上所掛的旗子，上頭畫著骷髏頭和交叉腿骨，但其實，這些海盜船的旗子上，也常會出現沙漏的圖案。一七二四年，一本專門記載海盜史的書籍，就描述一面格外聲名狼藉的海盜旗，上頭畫了「死神，一手拿著沙漏，另一手則是交叉腿骨；一旁有飛鏢，下面則是一顆流了三滴血的心」。想像一下，如果你是當時商船上的船員，當死神骷髏頭圖案的旗幟映入眼簾時，不知會嚇出多少冷汗。

不過，一般人比較熟悉、死神手持沙漏的意象，多半還是在藝術品中才看得到。從前常見的一類警世畫作，被稱為「死之舞」（Dance of Death/Danse Macabre，或譯為骷髏之舞）。這是用來提醒觀畫者，不論你是達官顯要，或是平凡百姓，死神終將來訪。漢斯．霍爾班（Hans Holbein）在一五二五年所繪的多幅出色「死之舞」畫作中，畫中的死神要不帶著冷笑，要不得意洋洋；要不手持沙漏，要不就身邊有沙漏。就是這一系列的畫作，奠定了死神與沙漏相偕出現的連結。霍爾班的畫在一五三八年發行，二十五年後，對此畫作相當熟悉的皮耶特．布魯格一世也跟著畫下一幅畫。這幅畫，可以算是藝術史上最恐怖的畫作之一。

〈死神的勝利〉（*The Triumph of Death*）是一幅巨型、色彩亮麗的油畫，繪於一五六〇年代，現收藏於西班牙馬德里的普拉多（大道）博物館（Museo del Prado），這幅畫真的讓人看得毛骨悚然。畫中描繪了一隊跳著死之舞的骷髏，它們從墳中爬起，在鄉間遊盪，路人都逃不過它們的凌虐和殺戮。在布魯格筆下令人不舒服的畫面中，人們無法逃脫血腥屠殺，被骷髏們殺害的人，要不魂斷絞刑台上，要不身首異處。有些骷髏還用刀子割斷受害者的喉嚨，在群眾間一路砍砍殺殺，完全不把人命當一回事。這些骷髏甚至逼著沒死的人，吞下死者的血肉。一具骷髏還把死者的臉皮割下來，掛在自己臉上，但因為骷髏沒有眼珠，所以臉

〈死神的勝利〉（*The Triumph of Death*），皮耶特．布魯格一世（Pieter Bruegel the Elder），1562 年

上只有一副空洞的眼神。有些骷髏則把自己的棺蓋當成盾牌，騎著腐爛的馬屍，踐踏想要逃離殺戮的人們。在整幅恐怖畫面的正中央，則堆滿了死屍和垂死的受害者，有些屍體已經發臭腫漲，漂在旁邊的池塘水面，另一邊岸上骷髏還一直倒進更多的屍體下水。池塘水面上有一抹暗紅色的血液，全都來自被砍下的頭顱；這些頭顱被砍下後，都被丟進池塘中。

畫面左邊有兩具骷髏特別引人注意，一具坐在一位已經被打敗的國王後面，這位國王身上還披著冑甲和精緻外袍，但顯然已經身受重傷。他後面的骷髏似乎在把他往後拉。另一具值得注意的骷髏，則是在畫面前方，它慢慢的要朝畫面中央移動，座下騎著一匹瘦骨嶙峋的馬，馬後拖著一輛馬車，車上載滿了人的頭骨，車底則碾壓一些不幸卡在車輪下的人的四肢和身體。在兇狠、嗜殺為樂的骷髏手中，則拿著一只沙漏。

畫中，死神手持沙漏，卻沒有昂首闊步，它只是負責把這些人趕在一起：老的、小的、富的、貧的、男的、女的、有信仰的、沒信仰的，不分年紀、不分出生地，終有一死。他們的生命都以暴力的方式結束在化身為骷髏、面帶嘲弄、不屑的死神手中。

之後數百年間，這種死神與沙漏結合的意象，始終深深印在歐洲人的腦海裡。靜物畫中有一類被稱為「虛空畫」（vanitas），這是十六、十七世紀荷蘭和歐洲許多地方居家牆上會掛的畫作。這類畫作中會畫上美麗的俗世珍寶，從綾羅綢緞、華服美裳，到首飾珠寶、藝品古董，但一定免不了在畫中出現骷髏頭、腐爛的水果、吹熄的蠟燭，以及無可避免的加上沙漏。當時有一名不知名的雕刻家，他則採用更直接、不加矯飾的方式來表達這個主題。在倫敦科學博物館（Science Museum）館藏中，可以看到一座雕塑，呈現真人比例的人頭——這應該是十八世紀的創作。這個人頭，觀賞者可以選擇從左面或是右面去看。

人頭的左邊，是一位美女的臉，她有著乳白色的肌膚，頭髮細柔微捲，旁邊有隻手，握著一捧剛摘下的鮮花，手的姿勢從她背後穿過她的肩膀。但如果從她的右邊去看，她姣好的肌膚已經腐爛，只剩下猙獰露著牙齒的骷髏頭。一條大蟲鑽過她的眼窩，還有另一隻大蟲則正要爬走，蛆蟲爬滿她還沒腐爛完全的頭髮。一隻青蛙和一隻蝸牛爬在她的脖子上，而從後方伸出的手，則換成了死神的骷髏手。這座雕刻中沒有刻出沙漏，畢竟光是這群食肉的蟲蟻就已經把空間都占滿了，但在這座雕刻前的立牌上，卻非常殘酷的寫著一段聖經傳道書（*Ecclesiastes I:2*）第一—十二節中的一段話：「虛空的虛空，一切都是虛空。」（和合本）

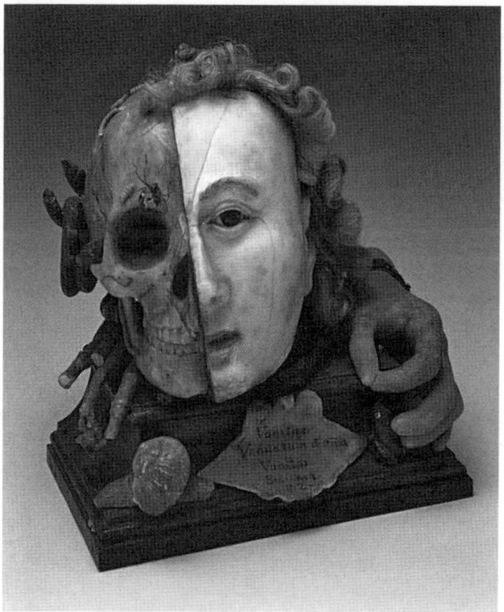

描繪生死的女性頭像蠟模，約製作於 18 世紀

第四章

市場

阿姆斯特丹證交所交易鐘，一六一一年

歐瑪．阿嘉（Ömer Aga）正站在阿姆斯特丹水壩廣場（Dam Square）中央，一旁圍繞他的則是多達十九人的顧問、口譯和當地接待，在他眼前聳立著新落成的證券交易所，就座落在廣場的南側，橫跨巨大的羅肯運河（Rokin canal）。這年是一六一四年，阿嘉特別前來當時的荷蘭共和國，為鄂圖曼帝國派駐當地的大使館擔任查證的工作。在他此行的必看景點中，就有這棟全新的建築，當時這棟證券交易所才剛完成不到三年的時間，任何人來到當地，絕對不會沒看到這棟建築，因為它有足球場那麼大，六十乘以三十五公尺的中庭裡，可以容納數千名交易客。然而，真正吸引來訪的阿嘉，則是那座四面鐘塔，位居整棟建築上方，俯看四通八達的街道和運河。同時他也注意到，這座大鐘每到整點和正午報時，那鐘聲的反覆巨響，要持續好幾分鐘才會停止。歐瑪．阿嘉和他的隨從都不知道，他們當時聽到的鐘聲，可說是史上最具重要性的鐘聲。它不僅安放在史上第一間證券交易所之上，還敲響了現代資本主義的誕生。

打從一六一一年八月間阿姆斯特丹證券交易所開張，證券交易的行為就被規定只能在所內進行，不得在阿姆斯特丹市其他地方進行。但是，對於證券交易行為的規定，還不只限於交易空間，交易時間也被加以限制。在這棟新交易所開幕的前幾天，阿姆斯特丹市議會頒布一項規定，限制交易時間只限週一到週六、每天上午十一點到中午這段期間。一到正午，交

阿姆斯特丹證券交易所，版畫繪於 1612 年

易所上方的大鐘就會鳴鐘長達七分半鐘。任何交易客要是這時候還在交易，或者是在附近街道上交易，那就會被判罰金。除此之外，夏季五到八月，會再加開一個時段可以交易，是下午六點半到七點半間；冬天也有黃昏交易，但只有三十分鐘的時間，時間一到，城門上的大鐘就會響起。每天黃昏交易結束時，證交所的大鐘就會再次鳴放七分半鐘，要是被發現鐘響結束後還在交易，一樣會被處以罰款。

為什麼阿姆斯特丹要對證

券交易下達這麼嚴格的限制呢？原因有好幾個。其中之一是很實際的理由，尤其每位身處忙碌市中心的商人應該都很熟悉：時間限制可減少對鄰近街道交通的阻塞和干擾。另一個原因則是，時鐘讓交易更有效率。固定時段且為時不長的交易時間，能讓買家和賣家集中在同一時間會面，這樣一來能在最短時間讓最多的買賣者碰面，就能增加交易量，對於交易客有利，對於該市議會在交易中抽稅也有利。另外，設立時鐘也有助於交易價格得以公平，因為有了時鐘，就能夠對市場中擔任居中協調的仲介的行為加以規範。

最早期一些關於中世紀以降城鎮使用機械鐘的紀錄，都和市場限制有關。人類文明中，早期的城鎮市集是將食衣住行用品的生產者帶進來，在市集中和消費者直接做買賣。但是，當城鎮規模越來越大，這樣的市場機制不再適用。要讓一些鄉間的生產者千里迢迢的進城賣東西，實在太不划算，所以出現了所謂的中間貿易商，由第三方負責到城鎮外圍，去向小型生產者搜購商品，再將這些商品帶進城來，由中間貿易商在市集上轉銷出去。很快的，各種類型的中間貿易商相繼出現。這裡面有所謂的批發商、海外貿易商、店家、還有沿街叫賣的小販等，都算是中間貿易商的一種；提供資金給中間商的金融家，其實也算是中間貿易商的一種；另外，那些對於未來交易不看好，希望對沖、抵銷風險的（可能是認為會欠收、或是發生不可預期的災難事件），藉此從中獲利的人，也算是中間貿易商的一類。有些人在中間貿易商中不只扮演一種角色。

當人口越來越多，且越來越多人遷往城鎮定居後，市集販售的產品就會增加，以市集為交易場所、從事中間貿易的人也跟著大增，結果就是創造出一個新的社會階層，他們既不事生產、也不事消費，他們的主要工作就是貿易、預測風險、仲介、囤積貨物、調撥貨物及出資。有些市場的主管機關擔心這些中間貿易商會哄抬價格，或是囤積惜售，所以藉助於時鐘定時，來控制這些中間貿易商介入交易。有了時鐘加以規範，可以控制產銷供應鏈中所有的人在市場內比在外面獲得更有保障的交易。

比方說，在十六世紀的穀物交易市場中，就藉由時鐘來限制市場剛開始的頭幾個小時，只能由當地居民來進行交易；之後，烘焙麵包的師傅才能進來交易，他們交易結束後才輪到糕餅師傅進場買賣……等到這些人都交易結束後，已經過了好幾個小時了，這時才輪到批發商和其他中間貿易商進來。但隨著社會和市場交易形式越來越複雜化，若要使貿易順暢，中間貿易商像是掮客和出資者就變得益發重要。不久後，「資金」就被獨立出來，成為一種可以交易的商品種類；時鐘也跟著它獨立出來，扮演新的規範行為的角色。

阿姆斯特丹這間證券交易所並不是歷史上第一間交易所。在安特衛普和倫敦，早從十六世紀開始就已經各自擁有交易所，他們在此進行貨物和金融的交易。不過，阿姆斯特丹這間交易所有一個地方是創新的：可以進行現代形式有價證券的交易。也就是說，阿姆斯特丹交易所不僅可以進行鹽、皮毛之類的貨品交易，人們還可以來這裡交易金融資產，如股票和債券等商品。一開始，這裡讓人們可以買賣荷蘭東印度公司的股份，該公司算是早期的股份公司，也是第一間可以自由交易股份的公司，但很快的，其他公司的股份也被納入交易的項目中，還有期貨合約和保單也都可以在此交易。另外，這裡也成為取得市場狀況相關訊息的場所。金融市場因此誕生，但是這一類金融產品和買方價格，都是很有時效性的。每一筆證券交易完成的時間，或是在未來要兌現的時間，都深深影響著這種新型交易型態。如果要達到公平的交易，所有人就必須對於交易時間點具有一致的共識。也就是說，完成交易要立刻蓋上時間戳記，這就催生了交易時鐘的到來。這樣的時鐘，不再只是以前貨品交易市場規範中間貿易商不得進場的那種功能，在新型態的證券交易所中，這些中間貿易商才是市場主力，時鐘的存在，則是全程在監督過程中的所有交易行為。

我在二〇二〇年造訪了阿姆斯特丹，和我同行的，還是二〇一八年造訪奇歐吉亞和二〇一九年造訪錫耶納的同一批專家學者。這次，我們站在水壩廣場，朝著古羅肯運河看去，就跟四百年前鄂圖曼帝國特使歐瑪．阿嘉與特使團來訪時一樣的位置。當然，當年的證券交易所建築已經不復存在，該交易所後來在一六六八年擴建，上頭的鐘樓則被拆掉，最後整棟大樓在一八三六年被徹底拆除，原因是大樓往下沉，維修費變得太貴，不值得再花錢整修。就連當年流經證交所下方的羅肯運河，現在也不復見，因為該河道在一九三〇年代就被填平，現在上面已經成了一座購物商場。不過，我和同行友人還是在附近街道逛了逛，參觀原本在證交所附近的建築，並且查看從前的地圖和街景圖，藉此追思證交所當年的光景。我們想像著鐘樓還高高在上的時候，整點報時鳴鐘大放、震耳欲聾的感受，以及買賣雙方進出交易所時，人聲鼎沸、叫賣聲此起彼落的情景；最後，交易結束，大家的資產因此多了一點、或少了一點的心情。

但是眾人前來不光只是為此。我們早就聽說這座交易所一六一一年最早使用的那座鐘——也就是催生現代資本主義運作、並且維持世上首座股票交易所準時運作長達五十年的鐘——至今可能還留存。據說，一六六八年要擴建時，安放了一座新鐘，舊的那座機械鐘就被送到往東一英里外、正要興建的復活節教堂（Oosterkerk）上，該教堂那時剛動土，三年後才落成。所以，我們一行人接著就往那裡出發。

陪我們一同前往這座教堂的，是荷蘭的鐘錶專家羅布．梅默爾（Rob Memel），另外還有該教堂的主任亨克．費霍夫（Henk Verhoef），兩人帶著我們爬上越來越陡的梯子和扶梯，最後終於來到最上方的塔樓——這是一間大型的閣樓。在陰暗閣樓最遠的一角，就是阿姆斯特丹證券交易所大鐘的殘骸。

一六一四年，歐瑪．阿嘉見到此鐘時所留下的深刻印象，肯定跟二〇二〇年的我們差不多。這座鐘的機械構造足足有兩公尺高，裝在大型的木製支架上。鐘裡所用到的輪軸、齒輪和推桿，都用精鍊的大鐵柱撐起來，全部都是從瑞典進口的，因為當時瑞典有最好的煉鐵技術。這座鐘顯然是刻意想在規模、設計水準和建造工藝上，完全超越英國製的時鐘，好讓到訪遊客在心中留下深刻的印象。這是當時製鐘工藝的最尖端科技，放在這棟日後要改變現代世界的建築上，可謂相得益彰。這座鐘並沒有和荷蘭復活節教堂外的鐘面連結，也沒有和教堂另一座鳴聲響徹阿姆斯特丹全市、十七世紀的鳴鐘相連。教堂現在用的是一座比較近代的機械鐘，這座老鐘裡一些舊零件也隨著時代更迭遺失了，但從一六一一年到一六六八年，負責為阿姆斯特丹證券交易所報時、聚集交易客、規範他們交易時間的那座老鐘，其敲響鳴鐘的零件依然存放在這座教堂尖塔閣樓上，在當時這是科技上的一大成就，而且就在這些老舊的輪軸和齒輪之間，保留著他們領先時代的資本主義精神。

今天我們談到金融市場，往往指的是非常抽象的市場，而不是讓大家面對面交易的實體市場。現代所謂的金融市場，是每天有著數百億金額在其中交易的一個全球性金融系統，其複雜的程度，很難一言以蔽之。這個金融市場，是全球資本系統的基礎。不過，這個系統其實是衍生自好多個實際存在的市場，受到由時鐘決定的時間來規範其交易。我們可能以為，現在的金融市場都已經由電腦和通訊網絡來操作，應該不需要時鐘了吧？畢竟，所有買進賣出的訂單，從穀物、石油乃至外國金融票據，都以光速透過光纖電纜的數據形式竄流於全世界。這種想法的邏輯很合理，卻是錯的。金融市場，還有其所採用的時鐘，依然以實體方式存在，只是現在，兩者以分散的方式存在，速度更快，而且運作形式更為複雜。

要是說金融市場是全球資本經濟系統的主要推進力，那麼時鐘就是這個金融市場中的主要機件。資本主義本身就是一場時機的武裝競賽，現代市場對時鐘的依賴，只有更勝以往。在金融相關場所中，總會看到時鐘高掛，非常醒目。高塔上的鐘、銀行和交易所牆上高掛的鐘——這些鐘滴答作響，準時報時，都在視線所及之處，鐘聲也都在耳朵能聽到的範圍內。時鐘為交易時間留下紀錄，也將交易客聚在一起。

倫敦第一間交易用的建築，也就是皇家交易所（Royal Exchange），始建於一五六〇年代。這裡的交易主要還是以貨物為主，但這中間至少有一段時期，金融交易客也會在這裡碰面，只是後來因為他們荒唐的行徑，而被限制不得進入，日後這裡成為交易保單的地方。從之後的發展，我們就可以了解到，為什麼時計科技會隨著金融市場的擴張而跟著進步。原本的皇家交易所，後來又增建一座高塔，可以居高臨下俯看下方街道。這座高塔的最頂端，擺了一隻巨形的蚱蜢，這是當年出資建造交易所的商人——湯瑪士．葛雷項（Thomas Gresham）的家徽。在這座高塔內，有一座時鐘，每天正午和下午六點時會響，四方的交易客就會匯聚於此。據一份多年後的報導記載，這座鐘其實老是故障，部分原因是皇家交易所

1800 年前後倫敦交易所交易大廳和時鐘，版畫約完成於 1878 年

起造時很倉促，所以整棟大樓並不是蓋得很好。這棟交易所後來在一六六六年倫敦大火中付之一炬。

皇家交易所日後在原址重建，這時，建造的人已經明白時計對於市場營運效率的重要性了。他們於是聘請羅伯特．虎克（Robert Hooke）前來監造交易所的新鐘。虎克是十七世紀英國頂尖科學家，也是精準時計方面的先驅。這座鐘比之前那座好多了，其鐘聲旋律也不一樣，一天會響四遍，一週七天都會響。可惜的是，一八三八年，該建築再一次陷入火海。當大火吞沒整棟建築時，虎克的時鐘剛報時，敲出十八世紀知名的蘇格蘭旋律「這屋裡沒有喜悅」（*There's Nae Luck aboot the Hoose*），然後整座鐘連同八顆鳴鐘就全都跟著屋子一起垮掉，砸在該建築的入口拱門上。當時，這棟建築是保險業者勞合社（Lloyd's of London）的公司所在地。這一晚的大火，燒掉了許多現金。之後，皇家交易所又在一八四四年重建，這次的時鐘由皇家天文學家所設計，其時鐘誤差不到一秒。在一八五九年倫敦大笨鐘開始響徹全市以前，皇家交易所的時鐘被公認是當時最準確的公用時計。這座鐘有二十一種不同的報時旋律，其音量之大，遠在數英里外都能聽到，所以誰都不能說自己沒聽到。

在一些描繪歷史上股票交易所或銀行的紀錄中，很少沒有在明顯位置擺上時鐘的，不管是在繪畫、版畫或是照片裡。但這些歷史畫面中的時鐘，也會因為時代演進在其功能上有所變化，畢竟，其他方面的科技都在加快交易的速度：像是電報的問世、蒸汽船的到來、電腦的誕生等。交易的速度越快，為交易蓋上成交時間戳記的速度也要跟著加快。

到了一八八六年時，一家名為「標準計時公司」（Standard Time Company）的倫敦公司，發行一份用戶名單，該公司的主要服務項目是透過電報線路提供正確的報時。使用該公司服務的用戶，其業務都和正確的時間息息相關，所以，舉凡倫敦市內的金融機構，無一不是它的客人。電子報時於是出現在倫敦證券交易所、銀行票據交換所（Banker's Clearing House）、勞合社、羊毛交易所（Wool Exchange）、波羅的海船運交易所（Baltic Exchange）、倫敦穀類貿易協會（London Corn Trade Association）、英國人壽保險（National Life Office）、北方產物保險公司（Northern Assurance Company）、以及十二間銀行總行——包括日後的匯豐銀行（HSBC）、蘇格蘭皇家銀行（RBS）、國民西敏寺銀行（Nat-West）、巴克萊銀行（Barclays）和駿懋銀行（Lloyds）等大型行庫。用戶各自擁有它們的一套時鐘網絡系統，涵蓋許多大型建物中眾多房間裡的每座時鐘，可以說是數以千百計，不過，這些時鐘其實全都由一套電報線路統合在一起。

倫敦證券交易所就是使用這套系統的最佳實例，它所使用的自動校正時鐘，有一座現在還保存在倫敦的私人時鐘博物館。這座時鐘非常巨大，建造得很精細，是一座機械鐘，它是十九世紀初的知名製鐘匠特維茲（Thwaites）和里德（Reed）兩人的作品，所以當該鐘於一八八〇年代連上標準計時公司的同步設備時，已經是有數十年年紀的老鐘了。從此以後，每個小時，計時公司都會發送電子報時信號到每一個安插在時鐘上的設備，讓這些鐘都能自動依正確時間校準。這些時鐘與格林威治標準時間（Greenwich Mean Time）的誤差，前後不會超過一秒鐘——這個數據，是現代研究者使用當時保存下來的設備去實驗後得到的。

在那時候，想使用標準計時公司的時鐘同步服務，費用可不便宜，而且要維修這些當時算是高科技的電子網路，也不是輕鬆的事，這些設備都很脆弱、一碰就壞。即使如此，還是有數百家大大小小的公司願意花大錢去取得這項服務，這類公司很多都是來自金融產業。因為正確的時間變得越來越值錢，所以很多公司願意採用最先進的計時科技，好幫他們賺進更多的錢。

但到了標準計時公司開始在倫敦市區推行時鐘同步網路的時候，金融市場早已不像阿姆斯特丹和其他早期交易所那樣只待在單一場所，還依照單一時區標準運作了。這時候的金融市場已經四散在全球各地，當然也就各有各的時區。在市場上進行交易，意味著要和來自全世界的人們、機構和科技打交道。

當日光節約時間的概念（在夏季月分把時鐘調快一小時）在二十世紀初開始實施後，倫敦證券交易所和利物浦棉花交易所（Liverpool Cotton Market）對這項新措施頗為憂心。利物浦棉花交易所是英國第一個期貨交易所，如此一來影響的是交易所的固定交易時間。上述這兩個英國交易所都在下午四點休市，一方面是緣於慣例，一方面則是因為倫敦每天下午郵差收件的時間就在這個時候，為了方便郵差處理載有當日交易紀錄的數千封信函和買賣通知書，所以就訂在這個時候收市。

但問題是，當時英國的每日交易量中，有很大部分是和紐約證交所共同達成的，該證交所則是每日下午三點收市。考量到英國和紐約之間有五小時的時差，等於兩地之間每天只有一小時的時間是雙方剛好有營業的——英國時間下午三點到四點，就是紐約時間的早上十點到十一點。這麼一來，這一個小時的交易量就會如同一位股票經紀人所說的那樣「爆量」。而且，一旦英國又因為夏季日光節約時間而調快一小時，那和紐約之間僅剩的一小時共同開市窗口就沒了，英國這邊的股票經紀人因此當然很擔心，這樣生意就會流往另一個時間上比較適合紐約交易的證交所。當然，倫敦有一個辦法，就是延長開市時間，可是這麼一來就會錯過每天下午收郵件的時間，降低交易效率，同樣的交易量也會流失。而且，不管是紐約或是倫敦交易所，也都不可能延長一小時才收市，因為大家和世界其他地區的市場，也都還有交易的窗口在，這一改動大家的工時都會增長，股市經紀人和銀行行員就會辭職——總之，中間有一個環節變動，就會產生後續的連動效應。反過來說，紐約這邊也可以改變收市時間，但它也一樣牽一髮動全身，不能隨便更改收市時間。

當利物浦棉花交易所在一九〇七年遷入永久新址後，當中從業的股市經紀人就發現，自己被交易大廳和鄰近辦公室各式的同步電器時鐘所環繞。利物浦的當地新聞就說，這些時鐘都是被設計來「防止在交易時，出現判定上的混淆或是衝突」。之後又過了一百年，這時候，同步時鐘網絡又更進步了。班傑明．富蘭克林在一七四八年說出「時間就是金錢」這句話時，他應該想不到，原本用意只在鼓勵人要勤勉向上的座右銘，會在數百年後有了新的意思——今天的金融市場每日交易金額高達數千億美元，對於時鐘準確性的要求，已經到達誤差值必須在百萬分之一百秒內。

總的來說，今日金融商品（如股票和期貨）的買賣方式共有三種。第一種是由人來交易，一方在線上或透過電話下單，告知要買或賣某一總數的特定金融商品，下單的人是真實的人，所以點下滑鼠和按鍵、以及在電話另一頭嚷嚷的，都是真人，這過程除了使用的科技不同外，其他方式和一六一一年在阿姆斯特丹交易所用的方式幾乎沒有兩樣。下了指令後，你的訂單就跟其他人一起排隊等候交易。這種依然遵循古法的交易，想起來也頗不錯，有點像是二手傢俱買賣一樣。

第二種交易方式，是使用電腦來執行複雜的指令或運算。這些運算，會依據事前設定好的規則，去自動下單買進或賣出。比如說，設定好要是這檔股票的價位低於一個標準，就買進多張。要是這家公司季報虧損，那就依設定好的比例賣出手中持股，大概是這樣。電腦運算交易是在一九九〇年代開始大受歡迎的，現在已經成為市場主力，這種交易方式比人為方式快，而金融市場比的就是時機，大家都在搶快搶準。

但比起第三種金融市場的交易方式，傳統的運算交易簡直牛步。運算交易科技中有一個分支，被稱為高頻交易（high-frequency trading, HFT），這種交易方式在公元兩千年以後出現，現在大約占了美國股票交易金額的五成以上，英國則稍微低一點。誠如其名，高頻交易搶的就是速度，每分鐘都會完成大筆的交易數量。這類交易的個別交易金額數量都非常低，而每一筆交易的獲利也都很微量，但因為其總交易量非常大，加起來的獲利總額就相當可觀。

高頻交易的投資客，其目標是設定為每個交易日結束時手上不留任何資金。當天買進的，一定當天賣出。這種交易不求股票投資組合，或是手上握有期貨合約長達好幾週或好幾個月，他們要的是靠著買賣之間的小價差，創造出龐大獲利。對於高頻交易客而言，交易中買到和賣出什麼資產，不是他們的興趣所在，他們可能買到了公司的配股，也可能是房屋抵押貸款或外國的衍生性金融商品——對他們來講都不重要。他們要的是，電腦能抓到些微獲利的交易時機，可能不到一秒，稍縱即逝，所以一出現就要以光速敲下按鍵下單。

這樣的交易方式中，時鐘又能派上什麼用場呢？在第一種方式中，時鐘扮演了在電腦網路的技術同步部分，因為交易在電腦網路上進行，在本書後面幾章，我們就會提到，這類的交易非常倚重正確的時鐘，不然無法正常運作。但在電腦運算交易和高頻交易中，時鐘所扮演的角色，其實和一六一一年的阿姆斯特丹交易所有著異曲同工之妙。記得上文提及，阿姆斯特丹交易所利用時鐘，聚集買家和賣家進行交易，在交易完成後，也會在金融紀錄上蓋上成交時間的戳記，以證明所有交易都是以合法、公開、透明的方式達成。安裝了時鐘的實體市場，監管機關可以坐鎮在此監督交易，通常，是由市議會在負責。只要是違反交易規定的人，就會被處以罰款。這情形和現在的金融市場並沒有不同。有時鐘在，相關規範才得以施行運作。

今日金融市場的風險在於，擁有可以近乎光速交易電腦的公司，他們比對手早幾個微秒的時間就可以看到獲利契機，進而從這些信息中獲利。有時候，這樣的契機本身是違法的，這時監管機關必須要有能力判讀每一筆交易的先後順序，也要能夠掌握到每一條資料來源，以確保這裡面的交易都規規矩矩，沒有違反如插隊交易等任何一條規定。假設，金融市場上的時間是經過每個人同意的，那麼交易和資料來源就可以蓋上時間戳記，這樣一來，什麼時間進行了什麼交易，在這之前和之後的交易和事件也都清清楚楚。這讓監管機關可以緊盯市場中的交易行為。

這事說來容易，執行上卻有三個難題在。首先，對於眾人同意的時間制，現代世界有很多套系統在運作，有所謂的「國際原子時」（TAI，Temps Atomique International），這是來自原子鐘所發布的時間；也有所謂的「世界時」（UT1，Universal Time Version 1），這是依照地球自轉得來的時間；另外還有「世界協調時間」（UTC，Universal Time Coordinated），這是依上面兩種時間匯整成的時間，但是這種時間制，全世界各地共有七十五種些微不同的版本。另外，我們還可以選擇使用衛星定位系統（GPS）的時間，或是其他衛星導航系統的時間，像是俄國全球軌道導航衛星系統（GLONASS，Global Orbital Navigation Satellite System）、北斗衛星導航系統（BeiDou）和伽利略定位系統（Galileo）等，各自有不同的時間制。也有各廣播電台、網際網路報時服務、手機系統供應商和通信商的時間制。要統一決定採用哪種時間制，可不是小問題。

在金融市場使用的時間戳記，其所面臨的第二道難題是硬體問題。就算大家都同意採用同一個時間制了，要怎麼讓全球每個金融市場都能取得這個時間制，讓大家戳記上的時間一致呢？在單一交易所中看著牆上的時鐘，為交易雙方定下成交時間很容易，但在全世界數千個電腦伺服器正在進行高頻交易的情形下，要怎麼樣才能辦到？每一個伺服器、每一顆微處理器、每一個網絡轉接器，都要能夠取得同一座時鐘上的時間才行。這件事真的非同小可。

第三道難題，就某方面而言，可以說是三者中最棘手的。想像一下，有兩筆金融交易訂單，在前後不到半秒鐘的間隔下單。負責時間戳記的時鐘，其設定是每秒鐘戳記一次——這其實正是大部分電子時鐘慣用的方式，但這樣一來，這兩筆訂單的時間戳記就變成一樣的了，搞不清楚（日後也無從查證）究竟是誰先誰後，讓人有了可以從中動手腳的破綻。要解決這個問題，關鍵在於負責時間戳記的時鐘本身的精準度上，時鐘刻度間隔能夠做到多細微，其精確度又有多高。一個時鐘的時間戳記越準確、精密，那就越能正確訂出下單的前後順序。但，想當然爾，要做到越準確，難度就越高，而且，網路上還要維持所有人都能同步，那更是難上加難。

首先，我們要先搞清楚，要做到這樣的準確度，需要哪些科技。歐洲針對金融商品市場所制定的法規，於二〇一八年一月正式上路，稱為《歐盟金融工具市場指令修訂版》（*MiFID II*），其中選定了「世界協調時間」為其時間制，並公定每秒一次的時間戳記做為人類交易的標準，電腦運算交易標準則是千分之一秒。但是對於高頻交易而言，其時間戳記不能跟世界協調時間偏離達一百微秒（即萬分之一秒），而且還要能夠精細運作，也就是兩次連續戳記之間的間隔時間不能大於百萬分之一秒。換句話說，這樣的時間戳記，不是每秒鐘一次就可以，要符合《歐盟金融工具市場指令修訂版》規定的時鐘，要能每百萬分之一秒就下一次戳記。而且，這樣的時間戳記，必須要在整個歐洲金融市場實行，每座證券交易所的每部電腦伺服器的每一顆晶片裡，都要能夠維持同步。

到這邊我們先停下來想想。整個歐洲所有與金融交易相關的電腦，都要能以精密到一百微秒的方式顯示出同樣的時間。光是單一數據中心，可能就有數百萬台這樣的電腦在運作。為了日後會計稽核之用，每一個時間戳記的紀錄都必須被保留下來，保留的時間最少五年，市場上最頂級的時間紀錄供應商可以保留七年。七年，總共是兩億兩千一百萬秒，一秒共會發出一百萬筆時間戳記。這樣的功能需要極其精密且可靠的時計，一天二十四小時不停的的記錄，長達數年不能中斷，因為監管機關隨時可能要查以前的紀錄，只要被他們查到任何公司違法，就有可能要繳罰款，依規定是該公司全球收入的十分之一——是收入，不是獲利喔！

一六一一年，阿姆斯特丹證券交易所用的那座鐘，其準確度大概是一天可以有半個多小時是準的。其維持計時速度的方式，是利用一條水平的桿子，左右兩邊安裝齒輪擋板，以輪軸為中心，砝碼重量垂降為動力，一左一右的輪軸回彈，平均的格放齒輪，還要仰賴維修人員不斷的對照日晷來校準時間。到了一六五〇年代，新的時計技術出現了，鐘擺開始被利用來控制時鐘的準確計時。這讓時鐘的精準度有了驚人的進步，鐘擺的擺盪頻率有穩定的規律性，而且不像舊式時鐘容易受外在環境溫度或溼度的變化影響，製鐘業當然毫不遲疑，立刻開發這種技術並加以改良。到了一九二〇年代，最佳的機械式鐘擺時鐘，其精確度已經到達兩、三個月誤差值不超過一秒上下的程度，其參照的時間，是依據國家級測時天文台的天文學家所測出的正確時間。

這之後，電子工程師開始製造石英時鐘。這是利用石英結晶碎片會像鳴鐘一樣振動的原

1955 年，路易斯 · 埃森（Louis Essen，右）和派瑞（Jack Parry）合作發表第一個 NPI 原子鐘

理製成的，石英結晶振動的頻率，可以透過電子儀器測得，藉此當成時鐘來使用。石英時鐘要比鐘擺時鐘來得更為準確，精準程度可以達到三十年才誤差一秒，而且這個技術問世後不久，很快又被改良得更為精準。

不過，時計技術真的大躍進，則是在一九五五年，這時英國的國家物理實驗室（National Physical Laboratory, NPL）成功製造世界第一座原子鐘。這種鐘，利用原子具有不會變動的特質做為時基（timebase）。從此以後，世界最精準的時鐘就不再依賴像是鐘擺或水晶這類物理性擺盪物質去計時了，畢竟，這些原理都讓時計品質受到實用性的局限。有了原子鐘，可以讓計時的準確度和精細度幾乎無限。自從英國國家物理實驗室的原子鐘開始計時以來，物理學家就不斷提供全世界精準度三級跳的時鐘。

英國一九五五年所發明的這座原子鐘，誤差值可以三百年才相差一秒。到了一九八〇年代，英國國家物理實驗室的原子鐘計時的誤差值已經拉小到三十萬年才差一秒。「智人」

的出現，也不過就在三十萬年前而已，三十萬年才誤差一秒可說是很漫長的時間，但是，現在的電子鐘還可以更精準。英國國家物理實驗室所使用的物理鐘，被稱為「銫原子泉」（caesium fountains），這個鐘準確到一億五千八百萬年才誤差一秒鐘。但就連這樣的時計，比起現在科學界和技術專家正在研發的次世代原子鐘來說，都還嫌不夠精準。這些次世代原子鐘，將擁有三十兆年才誤差一秒的精準度，那可是宇宙年紀的兩倍長。用另一種方式來形容，這種次世代原子鐘，要是從宇宙大爆炸就開始計時，也就說是從時間誕生的剎那跑到現在，也才只誤差不到半秒鐘。

要怎麼把時鐘調校成正確時刻呢？英國國家物理實驗室並不只是計時，它還免費報時：它會傳送給廣播電台當做報時信號，也會傳送給網際網路做報時服務，這樣所有人都知道時間。但是，對於《歐盟金融工具市場指令修訂版》的規定而言，不管是廣播電台或網路所傳送的時間，都還不夠正確、精準或是穩定，因為它要求的時間戳記要正確到每百萬分之一秒一次。在泰丁頓（Teddington）國家物理實驗室的時鐘，雖然比這個標準更精確，但是它用來傳給電台和網路的報時硬體卻跟不上。衛星定位系統衛星所傳的時間，是另一個可考慮的計時來源，有些金融公司也真的會使用衛星定位系統的時間來做時間戳記，但是這樣的報時系統本身很脆弱。自《歐盟金融工具市場指令修訂版》公布以來，金融界想方設法要建置系統來符合其規定，英國國家物理實驗室因此看到商機。國家物理實驗室商業開發經理黎翁．

羅伯（Leon Lobo）最近就說：「要是細究到微秒的程度，那可以說倫敦市內的時間沒有兩個人是一樣的。」所以，他的任務就是要把國家物理實驗室的時間系統賣給大家。

來到這裡，你第一個感受到的是噪音。整個房間擺滿了兩公尺高、漆成黑色的鐵絲網隔間，隔間裡則裝滿了電腦伺服器，這些伺服器可不是發出低頻運轉聲，而是隆隆作響。而且伺服器旁還擺滿了在幫這些伺服器降溫的電扇和空調設備。因為運轉聲音實在太大了，在裡頭講話都要用吼的才能聽得到。當然，大部分來這裡的人，也不會是為了聊天。一九九〇年，北方電信公司（Telehouse North）在倫敦哈姆雷特塔（Tower Hamlets）靠近舊東印度碼頭（East India Dock）的地方啟用此處，成為歐洲第一座為單一目的建造的數據中心。鄰近金絲雀碼頭（Canary Wharf）的企業，都可以將自己公司和客戶、合作夥伴、交易所的伺服器放在這裡，透過這裡超級快速的線路，和世界其他機構連線。如今，這裡已經變成非常單調的區域，裡頭都是沒有窗戶的建築物，外頭圍滿強化鐵絲護欄和閉路電視監視攝影機。

在這些建築物之間的路面下方，埋藏密集的光纖電纜，傳輸光速的現代金融脈動指令，日夜不停，提供鄰近重要的金融公司使用。但是，在所有的光纖電纜中，有兩條通往北方電信公司的電纜特別值得細探，因為它所連接的另一端，要比金絲雀碼頭來得更遠——它一路連往遠在西南方十五英里外的泰丁頓國家物理實驗室。

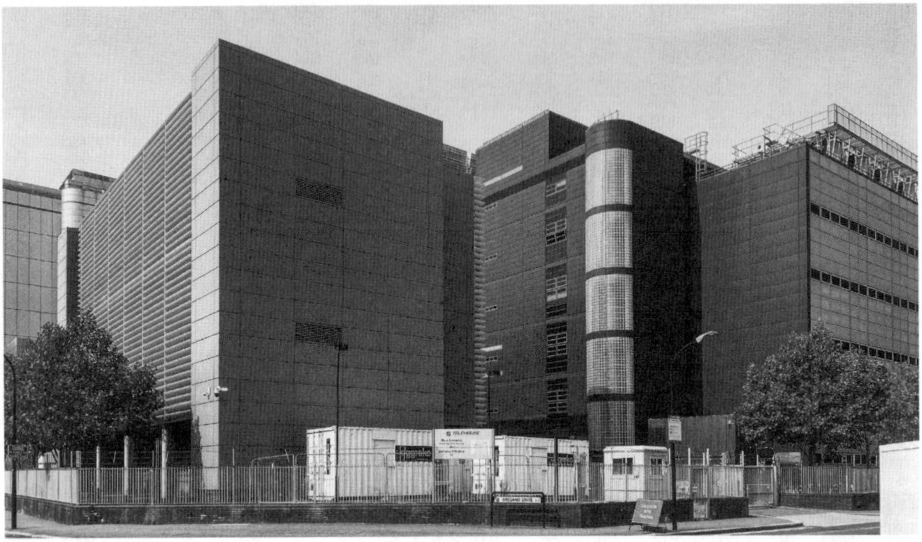

倫敦北方電信數據中心建築物，攝於 2020 年

我來到北方電信公司，和國家物理實驗室的科學家阿里・阿胥卡西（Ali Ashkhasi）見面，他和少數幾個人共同負責管理光纖報時服務。我來此是想要一睹為快，相當於一六一一年阿姆斯特丹證券交易所時鐘的現代版本。大家可能會以為，既然現在都有雲端運算、電子金融交易了，報時想必也是交由電腦來進行了吧？都放在網際空間，已經沒有實體型式了吧？事實卻不是這樣。

在我眼前的，是一堆龐大、笨重又震耳欲聾的電腦，耗費大量的電力，還必須動用工業級的冷卻系統。座落在市中心房價昂貴的地段，要好幾間大樓才能容納得下。我看到的只有鋼筋水泥、磚頭灰泥接縫、保全和員工餐廳。我在阿胥卡西的陪同下慢慢了解到，原來他每天的工作，大部分是在填寫表單、簽發出入許可證和鑰匙，還有找停車位。他們的電梯間有焗烤義大利千層麵的味道。網際空間和運用網際空間的伺服器，與其說是虛擬、線上的，其實是真實存在的物件。同樣的，規範現代金融市場的時鐘，也一樣有其實體的存在。

上述那兩條光纖電纜，從泰丁頓的國家物理實驗室以曲折的方式繞過四十六英里路，穿過倫敦市中心，和北方電信公司的這棟建築串連。這兩條電纜在二〇一四年鋪設以來，只有一個用途：傳送時間信息。在泰丁頓那頭，有兩座「氫邁射時鐘」（hydrogen maser clock），每一座大小都像是小型的家用電冰箱，這兩座鐘產生的報時，會再傳遞給另兩座時鐘，稱為「尊爵大師」（Grand Masters，其中一座為主，另一座為輔）。這兩座時鐘是國家物理實驗室超精準原子鐘的一部分，負責制定英國版的世界協調時間（即UTC，這個時間每個月會和座落在法國巴黎附近實驗室裡的全球各國世界協調時間比對一次）。

兩座「尊爵大師」會透過光纖電纜傳出時間訊號。在倫敦碼頭區（Docklands）這頭，時間訊號則會輸入電信公司數據中心鐵籠中那兩座跟國家物理實驗室一樣的對鐘，所有向這家電信公司購買報時服務的用戶，就從這兩座「尊爵大師」的分身取得準確的報時參考。

每一位購買報時服務的企業用戶，也會各自設置一座鐘，直接由「尊爵大師」來對時。進行交易的時候，所有的交易時間戳記就是根據這座鐘執行的。這些都是實體時鐘。這樣的時鐘，是由微晶片公司（Microchip，即台灣超捷）和曼博格（Meinberg）這類公司所生產。這些廠商大家可能不熟悉，但其實，這些公司值得大家多多了解，因為它們幾乎主導我們大半的日常生活。這類鐘其實有很多類型，而且就遍布在我們生活周遭，是真實存在我們的附近，藏身在城市和鄉間一些大樓和控制箱中，只是我們從來沒有機會看到它們而已，不像從前擺在阿姆斯特丹證券交易所的鐘那樣公開。但是這些鐘，卻和非常大量的金錢息息相關，原因在於沒有這些鐘，金融市場就運作不了。我們的資本主義社會，就立基於這樣的金融市場之上。

但是，這種百萬分之一秒一個時間戳記的作法，雖然符合《歐盟金融工具市場指令修訂版》規定，卻又跟不上時代了。

國家物理實驗室的阿里．阿胥卡西告訴我，如果有需要，他的時間運算系統可以協調同一電腦網路系統上所有的鐘，讓它們都達到一百兆分之一秒的時間戳記。之所以要發展到這麼細微，是因為現在有些公司在金融市場上的交易速度早就已經到達十億分之一秒（nanosecond）了。

第五章

知識

薩穆拉日晷，印度齋浦爾，一七三二～一七三五年

一七三二年印度齋浦爾城（Jaipur），時時可以聽到大型工事興建中的敲打聲和叫嚷聲。這座王國的首都，正在快速成長的草創階段，五年前才剛舉行開城奠基儀式，在此之後建城的速度一直很迅速。短短五年的時間，這個浩大的建城工程，已經把這個原本座落於阿瑪爾（Amer）山脈下無人的沖積平原，變成充滿生氣的都會人口定居地。但是，該城新建的偌大皇宮群落旁邊的庭院裡，卻聽不到這些建築工事的嘈雜聲。這個庭院有五英畝之大，空曠的開放空間，由矮牆圍繞，將一旁人來人往的街道阻隔在外，成為城裡寧靜的綠洲。這實在是個靜心思考的好地方。

不過，今天可不一樣了，因為，齋浦爾城有一項開發過程中相當重要的里程碑要動土。齋浦爾王國的統治者馬哈拉傑・薩瓦伊・傑伊・辛格二世（Maharaja Sawai Jai Singh II），和他所信賴的營建主管兼該城的規畫者維迪亞達（Vidyadhar）來到這個庭院。傑伊・辛格二世允許維迪亞達隨意動用人力、材料和專家等資源，只要能讓這座城從無到有興建起來。傑伊・辛格二世那片廣達一二〇英畝的皇宮建築，位居整座齋浦爾城的地理和文化中心，這時已經蓋好了大半。這天，維迪亞達的心思並不在國王豪華的寢宮，他特地來和國王討論關於皇家天文台下一階段的建築計畫，這座天文台打算建在兩人腳下這個皇家庭院中。所以，接下來這個人跡罕至又安靜的地方，就不會再享有清靜了。

這時，國王手上拿的，是一座以蠟精雕而成的建築模型。他將模型交到維迪亞達手上，

傑伊・辛格二世國王在齋浦爾天文台建造的薩穆拉日晷（Samrat Yantra），攝於 1915 年

要這位建築師把模型拿給建築工人看，這樣他們才能領略這樁建築工事的艱難程度。傑伊・辛格二世國王想要的，就如同這座蠟模一樣，是一座大型的建築物，形狀是三角形的厚牆，材料則是石頭和灰泥，整個三角形要準確的和北方、南方呈一直線，其上方則根據齋浦爾的緯度呈一個特定角度，目的是要與地軸完全平行。這座天文台的覆蓋面積為四十乘四十四公尺，地基深入地底三公尺，總建築高度為地面上二十三公尺（是倫敦大笨鐘塔的四分之一高，但大笨鐘是在一百多年後才建造的）。傑伊・辛格二世要求天文台上方還要有涼亭，才能

讓觀測者工作時不必受齋浦爾的烈日曝曬。國王更囑咐，在三角形厚牆的正中間，要有一條長階梯直達三角牆的頂部，這樣天文學家和傑伊．辛格二世本人都可以上來進行仔細的天文觀測。

在這座巨大日晷指針一旁，則有兩座較低的台，是天文四分儀（quadrant），其表面呈圓弧狀，三角形牆面作成的日晷指針陰影會落在這個四分儀上，四分儀上刻有精密的刻度，每一刻度是兩秒鐘。建造這座天文台，最難的地方就是方位要掌握得剛剛好，僅容幾公釐的誤差，這樣日晷投射的陰影才能正確落在間隔兩秒鐘的刻度上。維迪亞達和建築團隊一共花了三年，才建好傑伊．辛格的這座「薩穆拉日晷」——這個字在印度語的意思是「無上儀」，至今它仍是地球上最大的日晷。

齋浦爾天文台的建造，早從一七二〇年代就開始了。到了一七二〇年代後期，天文台上近半數的大型石造設施都已經設立完畢，這些設施有的是為了報時，剩下的則是為了觀星。但這座天文台中所有的設施，不管在規模上或是文化的衝擊力上，都比不過這座居高臨下、做為其他設施焦點的日晷，這座日晷也正是傑伊．辛格二世在整座天文台中最心心念念的建築。當薩穆拉日晷終於在一七三五年完成後，它成為沒有人能夠忽視的地標。

薩穆拉日晷所在的齋浦爾城往北幾英里外，座落著該國另一座古老的城市阿瑪爾（Amer），這座城市是貿易商啟程前往該區工業中心桑嘎納爾（Sanganer）的中繼站。桑嘎納爾位於新首都齋浦爾的南方，貿易商會到桑嘎納爾補貨，待行囊裝滿貨品後，再返回齋浦爾。另外，來自齋浦爾東方一四〇英里外阿格拉（Agra）城的朝聖客，也會長途跋涉沿著離齋浦爾天文台外牆西方約半英里多的路徑，前往印度的宗教中心阿傑梅爾城。對於這些各路旅客而言，首都天文台這座嶄新的建築物，肯定會映入眼簾。其實，齋浦爾當地居民就是各路人馬的匯聚，他們多半是為了貿易和銀行業務居住於此，傑伊・辛格二世國王的雄心壯志就是要將齋浦爾建立為全國的金融重鎮。

對於這些各自權傾一時、富甲一方的旅客、商賈、朝聖客和居民而言，光是傑伊・辛格二世新落成的皇宮，已經是夠富麗堂皇的排場，足以展示他的財富和權勢，但是這些東西都稍嫌尋常了點——一座占地五英畝的天文觀測台，正中央還擺了一座巨型日晷，那可就非比尋常了！一名十八世紀中葉來此參觀的旅客，就形容薩穆拉日晷讓人「驚豔」，並說最頂端「有座觀測塔台，足以俯看全城，而且因為實在很高，讓人一站上去，都不禁覺得自己睥睨天下，得意了起來」。

這並不是傑伊・辛格二世國王的第一座天文台。早在一七二一年，在齋浦爾新首都動土以前，他就已經在德里城外七或八英里遠的地方建了一座觀測天象的設施，那是他之前駐守的地方。之後，他又建了幾座較小型的石砌天文台：一座在馬圖拉（Mathura），位於德里南方九十英里處；另一座則在東南方四二五英里處的瓦拉那西（Varanasi）；還有一座在南方八八〇英里處的鄔闍衍那（Ujjain）。

為什麼傑伊．辛格二世這麼看重天文學呢？很多古代的統治者，當他們大權在握後，就想要留芳百世，證明其功績不斐，方法就是根據他們的統治日期制定曆書和天文時程。這些紀錄可以讓後人知道他們曾經在位過。但是，大部分統治者通常只修改舊的曆書，修改程度頂多回溯到過去幾百年的曆書。只有最雄才大略的帝王，才會想要建造五座巨型國家級的天文台，將所有的時計和天文運算重新算起。傑伊．辛格二世剛好就是最雄才大略型的君主，他想讓世人知道，世界以他為中心打轉。

天文學是不分國界的科學，光看現在世界上最重要的天文觀測館就知道，裡頭的研究人員來自世界各地，但大家有志一同鑽研相同的領域。就拿歐洲南方天文台（European Southern Observatory）來說，這是由歐洲十六國所組成的研究機構，他們共用在智利設置的強力天文望遠鏡，該天文台又將歐洲與智利的合作，進一步推展到與加拿大、日本、南韓、台灣和美國合作。又或者拿史隆數位巡天（Sloan Digital Sky Survey）來說，該天文台的望遠鏡設置在新墨西哥州，但是其合作的機構，則來自東亞、南美、澳洲和歐洲等十四國。另外，印度天文物理研究所（Indian Institute of Astrophysics）總部雖設在卡納塔卡邦（Karnataka），但是其望遠鏡卻分別設在塔米爾納德邦（Tamil Nadu）和拉達克區（Ladakh），以及海外如巴西、非洲外海的模里西斯島（Mauritius）等地，全球各地的天文學家也不斷前來進行研究。

但這種各國都在研究天文的現象，並不是二十一世紀才出現的。一座天文觀測所的數據品質，必須要靠使用那些儀器的天文學家長期專業知識和技術的累積，還要結合不同的想法和技術，容納不同的觀念，才有辦法孕育出更進步的天文科學。傑伊・辛格二世國王，他身為一位出色的數學家和天文觀測學家，可是比任何人更了解這一點。

十八世紀的天文學主要在三個文化中獲得長足進步：伊斯蘭文化、印度文化和基督教文化，這個組合正像是當時印度社會的縮影。傑伊・辛格二世雖是印度人的國王，但他所統治的王國卻是由信奉伊斯蘭教的蒙兀兒帝國（Mughal Empire）所有，當時的皇帝是穆罕默德・沙（Muhammad Shah），他本人則是中亞帖木兒王朝（Timurid Empire）之後。同一時期，基督教徒在印度四處可見，他們主要來自歐洲地區。印度史家維倫德拉・納特・夏瑪

（Virendra Nath Sharma）就說：

當傑伊．辛格構思他在天文學上的雄圖大業時，印度四處可見歐洲人的蹤影。有來自歐洲的旅客、有逐利而來的冒險家和傭兵、創業家、冒牌庸醫、傳教士；其中，商人更是常見的一種。歐洲工廠、交易商棧和殖民地在印度國內遍地開花。

傑伊．辛格國王在齋浦爾天文台原本安排的研究人員，都是來自印度和伊斯蘭天文學派中的專家，但這樣的組成略顯不足。傑伊．辛格很清楚，要讓自己這座天文機構裡充斥著全世界最好的天文菁英，他的計畫才能有成效，因為他知道印度以外的天文學家，正在進行大膽創新的天文研究，會讓現有的天文學知識更進步。他手中已經有印度專家和伊斯蘭專家了，現在只要再加入基督教的天文學家，這個組合就齊備了，所以他以自己身為印度統治者的威望，全力支持號召基督教天文學家的計畫。

召募歐洲學者加入天文團隊的想法，是傑伊．辛格在一七二〇年代想到的，當時他已經在德里天文台進行過一些天文觀測。他日後曾寫道，就是在德里天文台，他聽說了「國外一直有人在建造天文觀測台，而且該國還禮聘學者加入這項重要的研究工作」。他所聽說的，其實就是當時巴黎天文台正在進行的研究，它始於一六六〇年代，特別是該機構的天文學家菲利浦·德·拉·伊爾（Philippe de La Hire）所繪的天文曆，完成於十七世紀末，並於一七〇二年以拉丁文出版。

傑伊·辛格國王知道，這正是他一展外交長才的時候，藉此他要為自己的天文研究增添生力軍，所以他在一七二七年委請在阿格拉傳教的葡萄牙傳教士曼紐爾·德·費桂瑞多（Manuel de Figueredo）擔任返歐研究團的團長，到歐洲一探究竟。

兩年後的一七二九年一月，德·費桂瑞多抵達里斯本，與他同行的有兩人，一位是原本住在果亞（Goa）、出生在印度的基督教天文學家佩德洛·達·席爾瓦（Pedro da Silva），另一位則可能是席克·阿薩都拉·納祖米（Sheik Asadula Najumi），他是印度伊斯蘭教天文學家，當時已經在傑伊·辛格天文台中工作。他們先與葡萄牙國王約翰五世（João V）及宮廷數學家等人會面，但這一行人之後兩年在歐洲的行程都沒有留下紀錄，到了一七三一年夏季，正當齋浦爾城和天文台的興建工事如火如荼之際，他們才返回印度，向傑伊·辛格報告他們的收穫。

傑伊·辛格二世收到他們呈上的拉·伊爾天文曆後，心裡知道這應該要先從拉丁文本翻譯過來，而且要有梵文和波斯文兩種版本，這樣他麾下的天文學家才能夠閱讀。所以他將此大任委請當時住在印度的一位法國醫師約瑟夫·杜·布瓦（Joseph du Bois）負責。杜·布瓦的天文曆譯本在一七三一年完成後，傑伊·辛格二世立刻發現，曆書中的資料和他手中蒐得的各方曆書資料、與他自己的天文觀察等都有出入。這時，他還讀過另一位天文學家約翰．佛蘭姆史第德（John Flamsteed）的天文報告。佛蘭姆史第德是第一位在倫敦格林威治皇家天文台工作的天文學家，在一七一九年時就已經過世，但他所繪製的完整星圖卻因為一些出版上的詞彙爭議，直到一七二九年才出版。

傑伊．辛格二世見到特使團從歐洲帶回的天文曆後，心情頗為低落，這讓他想要去找歐洲其他天文台所進行的新研究。他對杜．布瓦說，他「渴望派人前往巴黎和倫敦，吸收發源地的天文研究」。於是他決定再度尋找高人，這次，他向兩位法國傳教士，尚．龐（Jean Pons）和克勞德．布迪耶（Claude Boudier）請益，這兩位當時都在位於齋浦爾東南方八百英里處的金德納格爾（Chandernagore）城傳教。他請兩人前來，想請教對方，為什麼拉．伊爾的天文曆圖表和他自己所繪的不同。

十八世紀天文學圈的交流需要耐心等待。在傑伊．辛格二世第一次派遣天文特使團訪歐時，就已經苦等了德．費桂瑞多一行人足足四年的時間，這次他又苦等三年，終於等到一七三四年，龐和布迪耶兩人才從金德納格爾來到齋浦爾晉見，但沒想到，雙方的會面並不融洽。這時，傑伊．辛格已經買來佛蘭姆史第德的星圖了，所以他能夠讀到英國最新的天文學知識，這正巧與他的薩穆拉日晷同期建造，而且他聘來齋浦爾天文台工作的天文學家，人數也快速成長為二十人。

傑伊・辛格二世並未放棄招募歐洲學者到齋浦爾為他作研究的想法。到了一七三七年，他又再次求才，這次，他派人前往果亞邦去請兩位巴伐利亞傳教士——安東・蓋博斯佩格（Anton Gabelsperger）和安德利亞斯・史透伯（Andreas Strobl）——前來皇宮，之所以找到這兩個人，是因為兩人接受過數學方面的訓練。但兩人晉見國王的旅程，同樣遭遇重重困難，前後足足花了三年，才從果亞抵達齋浦爾。見到兩人，傑伊・辛格二世想必覺得自己打從一七二〇年以來，一再要吸引歐洲有識之士前來的努力終於見到成果了，但沒想到世事往往無法盡如人意。才抵達齋浦爾一年，蓋博斯佩格就仙逝了，兩年後傑伊・辛格二世跟著駕崩，得年五十四。最支持天文學研究的國王既已不在，這個涵蓋五座國家級天文台的國際天文研究大計，也就跟著劃下句點。

但或許，他的這些雄偉設施已經充分發揮作用了。傑伊・辛格二世光憑興建天文台的大計，就得以躋身史上偉大統治者之列。而且與他並列的統治者，都來自不分國界、不分文化的各國君主。

這種十八世紀早期的學術網路，聽起來簡直就跟現代學術界沒有兩樣。傑伊・辛格懂得從伊斯蘭、印度和基督教不同的文化傳統中聘請天文學家前來研究，不僅提高其天文知識的水準，同時還能藉此展示他的天文設施是全球天文研究的的核心重鎮。他在齋浦爾建立起多元文化的學者村，讓他可以向進駐的科學界專家和顧問就近請益，更讓這些人可以交換彼此的天文傳統知識。當然，就像他的天文台一樣，這個學者重鎮同時也是個人實力最有力的展現。

傑伊．辛格是位雄才大略的統治者，在他的治理下，前二十年的光陰都將精神花在與鄰國征戰，目的要鞏固個人權勢地位，擴張帝國版圖。將新國都選在齋浦爾後，更讓他締造前無古人的偉業。他一生共建置五座雄偉的天文觀測台，這正是他做為一國之君真正的雄心壯志所在。時間與天文學蘊藏古人心目中天國的祕密，他們認為，能夠通曉這些祕密的知識，才能成為站在古今最高地位的人，這顯示其統治權力來自天上，從而也讓他們擁有預知未來的能力。傑伊．辛格二世就自稱，他是太陽神的嫡裔。他的天文設施，包括那座世上最大型的日晷，正是他為自己加冕為太陽王的一種方式。所以，他不僅是在為自己名留青史而努力，也在展現政治實力，同時藉此讓他和他的統治權穩固於寰宇之中心。他並不是歷史上第一位這樣野心勃勃的君王。

在西方國家，蒙兀兒帝國的君王旭烈兀（Hulagu Khan）或許不如其祖父——蒙古帝國的創建者元太祖成吉思汗——那麼廣為人知，也不如他的兄弟忽必烈有名，他因為詩人山繆爾．泰勒．柯立芝（Samuel Taylor Coleridge）一七九七年的名詩而傳頌千古。但在中東地區，當年旭烈兀大軍西征所造成的破壞，至今仍影響深遠。公元一二五八年時，旭烈兀領軍攻入巴格達城，大肆掠劫，在大屠殺之下，結束了伊斯蘭文化的黃金年代，他的大軍隨後更攻入敘利亞，占領該地。因為這樣的餘悸猶存，在伊拉克戰爭前夕，蓋達組織的領袖歐薩瑪・賓・拉登（Osama Bin Laden）甚至在廣播中指稱，美國領導人「在巴格達所殺的人數和破壞的嚴重程度，遠超過當年蒙古的旭烈兀」。

在此之後，蒙古帝國內部出現了繼承戰爭，弄得兩敗俱傷，旭烈兀在取得巴格達城後，卻在蒙古帝國失勢。為了重振雄風，他急於向眾人和其他王位繼承人展現實力，證明他才是法統所繫，也是最佳的繼承者人選。他找到的解決方法就是時鐘。在拿下巴格達城後隔年的一二五九年，他建造蔑刺哈（Maragha，元朝名，今譯馬拉蓋）天文台，位置就在今日伊朗東亞塞拜然鄉間，這裡之後成了數百年的科學重鎮，引領當地非常高水準的天文學研究風潮。

蔑刺哈天文台的規模之大，在當時非常罕見。整座天文台占地有一五〇公尺乘三五〇公尺，中間圓形的觀測台則有二十二公尺寬，附近還有其他小型建築相隨。天文台中不僅有各項觀測儀，還有一座圖書館，藏書四十萬本。裡頭的四分象限儀建在牆上，用來測量星座方位和時間；據說，這座四分儀半徑長達四十公尺。整座天文台是以石頭砌成，非常的堅固，藉以強烈展示建造者的永恆地位。它巍立於蔑刺哈的土地上，遠在數英里外的居民都可以看到。天文台中，還請到遠從波斯、敘利亞、安納托利亞和中國而來的頂尖天文學家。

這些天文學家在蔑剌哈天文台測到時間和星象後，據以製成天文曆，這些曆書之後被全世界沿用了數百年之久。在當時，擁有天文知識，就代表控制了大自然和未來。因為旭烈兀相信，能夠駕馭天，即表示他在人間的實力超過其他爭奪王位的兄弟。一二七六年，他的哥哥忽必烈也在臨近的中國登封城附近建造了觀星台，測量時間和星象，以彰顯他做為元朝開朝皇帝的地位，同一時間，他也還在和前朝宋朝纏鬥。在十三世紀的亞洲，天文學是各國必備的顯學。

旭烈兀的天文學研究，帶起一波歷久不衰的風潮。遠在蔑剌哈城東一千英里外，座落花剌子模（Samarkand，元名，今譯撒馬爾罕）城，位在今日烏茲別克境內。在一四二〇年代初期，開創帖木兒王朝的帖木兒之孫兀魯伯（Ulugh Beg）在成為王朝繼承人後，也在花剌子模建造一座觀星台，這座觀星台日後成為伊斯蘭世界最廣為人知、也最具影響力的科學機構。這座觀星台就是以蔑剌哈觀星台為範本建成的，因為兀魯伯小時候曾經親眼見過蔑剌哈觀星台，當時兀魯伯因為父親沙哈魯（Shah Rokh）在祖父帖木兒於一四〇五年駕崩後，為鞏固繼承權，四處在中亞和伊朗各地輾轉奔波，一路上都帶著兀魯伯，所以他有機會見識到蔑剌哈觀星台。

青年時的兀魯伯和之前的旭烈兀一樣，都是在戰爭和皇位繼承權引起的家族內戰中長大的，他深知掌權和喪權的差異有多大。他同時也知道，知識能給人們多大的權力。他在花剌

中國河南省登封觀星台，由忽必烈命令天文學家郭守敬和王恂建造

子模所建的觀星台，與蔑剌哈觀星台一樣，採用大型石砌結構，以減少振動和位移，這麼一來也就能在天文儀器上刻出精細切分的刻度，可以測量時間和星座方位。同樣的，花剌子模天文台的四分象限儀也跟蔑剌哈一樣，非常巨大：這座四分象限儀足足有三層樓、四十公尺高，高聳入天，其平面以白色大理石厚板鋪成，石板刻上公釐的精細刻度。

被聘來花剌子模研究觀星的天文學家，來自亞洲各地，他們研究所得的資料，日後被翻譯成多種不同的語言，傳播到世界各地。其中拉丁文的譯本，十七世紀時在英國出版，歐洲各地天文台的天文學家都從中獲益良多。像格林威治天文台的約翰．佛蘭姆史第德就說過，兀魯伯的研究跟稍早歐洲的天文研究——像是哥白尼（Nicolaus Copernicus）和雷喬蒙塔納斯（Regiomontanus）——一樣卓越。佛蘭姆史第德自己也藏有兀魯伯的天文曆書，經常翻閱使用。

從上文的描述中，我們可以看出一個固定模式反覆出現：兩個武力強大且不斷擴張的帝國，蒙古和帖木兒；兩位雄才大略、卻有著隱憂的統治者，也建造兩座具影響力的觀星台。為什麼旭烈兀和兀魯伯都想建造一座屬於自己的最新式觀星台呢？很重要的答案就是觀星象可以占卜未來，廣義來說，也就是占星學，這對於當時征戰各國的君王在戰略運用上是關鍵訊息，這兩位君王都有皇位繼承戰要打。旭烈兀之所以要打造蔑剌哈成為十三世紀科學知識中心，是因為這讓他能夠大權在握；兀魯伯十五世紀在花剌子模的作為，也是同樣的道理。

這樣的情形，在歷史上層出不窮。十一世紀中國的開封，有一座極為昂貴華麗的天文鐘[5]，便根據極用心的觀星資料所建，它也讓年幼君主在新舊黨爭之中獲得利器，占得先機[6]。天文學在這裡面所俱備的象徵意義是顯而易見的：一個帝國是繞著皇帝為中心在運轉的。十六世紀的鄂圖曼帝國，也有一位新帝，一上台就在今日土耳其的伊斯坦堡設立了一座天文台，以便進行科學計畫。這世上，還有誰能像蘇丹國王一樣，擁有這樣的權力和政通人和，有辦法花這麼多的錢，召集這麼多有識之士，來推動如此雄才大略的計畫？在天文台建成後，他展開與鄰國殘酷的交戰，因為他的野心，就是要擴張他的帝國。

所有帝國都以擴張為野心。一六六五年，伊斯坦堡鄂圖曼帝國天文台成立後九十年，一群天文學家寫信給當時二十六歲的法國國王路易十四，向他請願建造一座天文台，信中提到「身為歐洲最強大的帝君」，不該在天文觀測上「落後外國一截」，並指外國學者都在進行驚天動地的天文觀測工作。他們甚至說，「陛下的豐功偉業和法國的堂堂國威」維繫於一座雄偉天文台之上。於是，兩年後，巴黎天文台落成，一棟石砌的宮殿式建築座落在法國首都市中心。

就跟前面幾位有心於天文學的帝王一樣，路易十四的天文台，也是建於他身陷王位爭奪戰的時候。路易十四相信自己的王權是上帝的旨意，所以在登基後，展開了半世紀之久的征討，以上帝的代言人懲罰其他歐洲強權。路易十四也跟前面幾位君主一樣，想要靠招攬各國頂尖天文學家前來研究搏得好名聲。而且果然，發明鐘擺時鐘的荷蘭天文學家克里斯提安・胡伊根斯（Christiaan Huygens）、丹麥天文學家歐雷・羅莫（Ole Rømer）、義大利天文學家喬望尼・杜明尼可・卡西尼（Giovanni Domenico Cassini）等人，都因此被吸引。一六六

5 譯注：即水運儀象台。

6 譯注：指宋哲宗時王安石變法。

九年，卡西尼奉派為督導，晉升為皇帝路易十四的個人星象師和占星師，時間長達四十三年之久。

同樣的，知名的格林威治天文台的誕生，也是因為統治階級之間的競爭。一六七四年查理二世登基為英皇後，他聽說有位法國天文學家發明一種導航方式，可以確定海上行船的方位，而且是倚靠天文觀測技術，他就迫不及待想擁有一座跟巴黎天文台一樣的天文據點。隔年，他選在格林威治宮原本一座城堡所在地，搭建自己的天文台。這裡本來是多任英皇包括亨利八世、瑪麗一世和伊莉莎白一世的出生地和寢宮。天文台就座落在陡峭的山坡頂端，俯看著泰晤士河，以及河中來來往往打造起英國這個海上帝國的船隻。趁著地利之便，遠在數英里外都可以看到這座天文台，正在述說這座帝國所擁有的科學知識和實力。

知識就是力量，這句話是法蘭西斯．培根（Francis Bacon）一五九七年說的，但其實早在他說出口前，這句話就已經被當成座右銘很久了。早在聖經舊約《箴言》中，就告訴信眾「有智慧的勇士大有能力，有知識的人力上加力」（和合本）。同樣意思的話，伊斯蘭第一代天啟者伊瑪目．阿里（Imam Ali）也在《辭章之道》（*Nahj al-Balagha*）中提過。了解這句話在這些信仰文化中的影響力，就比較能夠了解傑伊．辛格二世從一七二〇年代開始到一七四三年過世前，為什麼一連在德里到齋浦爾等地興建天文台。擁有國家級的天文台，並請來國際水準的天文學家，使用最頂尖的天文儀器作研究，是數百年來不分時代、不分國籍、不分文化、擁有雄心壯志的帝國統治者都不斷重覆在做的事，而且，此風至今未減。

二〇一九年，英國卓瑞爾河岸（Jodrell Bank）無線電天文台被聯合國教科文組織列入世界遺產，讓這裡與登封觀星台、格林威治天文台，以及齋浦爾、蔑剌哈、花剌子模等觀星台擁有同樣重要的地位。在此之前十年，我在「鐘錶匠敬業公司」（Worshipful Company of Clockmakers）出任籌備人員時，曾經和四十位時計界的專家一同前往柴郡（Cheshire）天文台參觀後勤工作。在那裡，我們沒有參觀日晷或時鐘，而是見到一部計時機器。

卓瑞爾河岸天文台座落於寧靜的鄉間，位於曼徹斯特和史篤城（Stoke-on-Trent）中間，該天文台始建於一九四五年二戰之後，一開始是想將戰時的雷達科技運用於天文學上探求新知。天文台中那座廣為人知的無線望遠鏡有「洛弗爾望遠鏡」（Lovell Telescope）之名，在一九五七年夏天啟用，也成為一般大眾心目中一想到該天文台就立刻聯想到的意象。它上面有一片巨大的圓碟，半徑達七十六公尺、重達三千兩百噸；下方有圓形軌道，藉此可以移動望遠鏡，而且它還可以大角度傾斜，在寧靜的鄉間顯得格外突兀。

能夠跟同行在這趟時計之旅中來到這裡，站在這隻天文巨獸的陰影下，是所有參與者畢生難忘的經驗。我們這些人都深明，天文觀測是一項極珍貴的知識，因為它讓人類了解自己在宇宙中的渺小。但我們的感受還不只如此，看到這座龐然大物屹立在如此不協調的環境

卓瑞爾天文台的洛弗爾望遠鏡，攝於 1957 年 6 月

下，讓我們不由得感受到一股強大的力量。

跟在它之前那些聲名顯赫的天文台前輩一樣，卓德瑞河岸天文台也成了搜集最多深奧宇宙科學知識的所在。但是，它不再擔負從前天文台那種追隨時間腳步的計時工作了，這工作現在有其他地方代勞。卓瑞爾天文台的工作反而是要回溯時光，去找尋很久以前、由宇宙深處的天體所發出的微弱無線訊號。這些訊號都是好幾兆年前就開始在宇宙間遊盪的，所以，我們看到的訊號，其實是很久以前的訊號。

但卓瑞爾河岸天文台還有一個無關宇宙、而是地上的目的。就像其他歷史上知名的天文台一樣，卓瑞爾天文台的建造和營運也和戰爭脫不了關係。卓瑞爾天文台是在全球性戰爭的恐懼中興建的，但戰爭結束後，換來的是西方國家和蘇聯之間冷戰的未知和恐慌，這場戲重塑了二十世紀後半葉。就在天文台開始服役沒幾天，操作洛弗爾望遠鏡的天文學家就從它的雷達中，偵測到蘇聯搭載史普尼克衛星（Sputnik）上太空的火箭行跡，當時是一九五七年十月。史普尼克成為人類史上第一顆人造衛星，從此揭開人類的太空時代。

史普尼克衛星是冷戰時期強大的軍事武器，它向全世界展現蘇聯在科技上領先全球的能力遠及於太空。在這個改變世界的事件中，卓瑞爾反倒成了英國大眾的焦點所在。伯納德·洛弗爾（Bernard Lovell）、即當時卓瑞爾天文台的台長，在事後曾說：「我覺得，當時好像全世界的目光都聚集在卓瑞爾河岸天文台上。」當時，全世界很多人都很恐懼，害怕史普尼克衛星其實是核子飛彈。

在史普尼克衛星的恐慌消散後，卓瑞爾河岸天文台的功能也回復到原本的天文觀測計畫上，直到今天。我在二〇〇九年和多位造鐘師的參觀過程中，了解到它的多項計畫。不過，即使在史普尼克衛星恐慌之後，卓瑞爾天文台有將近十五年的時間，仍為冷戰中對峙的雙方提供追蹤偵測飛彈和太空船的服務。

美國空軍的彈道飛彈部門接管了這座天文台的部分操作，做為先鋒零號（Able-I）一九五八年月亮探測任務的地面追蹤基地台。美國陸軍也利用卓瑞爾河岸天文台追蹤其一九五八和五九年先鋒者登月計畫，並從這裡發送一九六〇年先鋒五號（Pioneer 5）月球任務的控制指令。一九六〇年代初，當美國在北約克沼澤國家公園（North Yorkshire Moors National Park）深處的英國皇家公園菲靈戴爾斯（RAF Fylingdales）基地建造彈道飛彈初期警示系統時，卓瑞爾河岸無線望遠鏡就充當過渡時期的追蹤設備，以隨時防備蘇聯的核彈攻擊。一九六二年，該天文台的望遠鏡被美國空軍拿來追蹤好幾個蘇聯戰略軍事基地所發送的雷達訊號，其中也包括測量其在韓國和日本東北方堪察加半島的核爆測試範圍。本書一開始所提及韓航〇〇七客機墜毀的地點，二十一年後，也就在這裡，機上所有乘客和機組員全數遇難。

但，蘇聯也懂得運用卓瑞爾河岸天文台的無線追蹤功能，從一九五九年蘇聯的月球探測任務「月球二號」（Luna 2）和「月球三號」（Luna 3），到一九六〇年代的金星和火星探測任務，一九七〇年代將機器人送上月球的任務等，在在都借重於卓瑞爾天文台。

乍看之下，可能會覺得柴郡這座名聞遐邇的天文台，在戰後興建純粹是為了科學研究的目的，但顯然這種想法並不是真相。搜集蘇聯太空計畫的相關資訊，本身就潛藏著高度的政治紅利在（而且還具有對大眾宣傳的效果），卓瑞爾河岸天文台在一九五七年秋季的種種探測活動，相當大程度上左右了二十世紀中葉美蘇的太空競賽。把人送上太空，這個舉動本身就有種帝國時代送探險隊去探勘的意味存在；在月球表面踏出人類腳印，更是殖民主義的冒進行為，等同無視於一九六七年《外太空條約》（*Outer Space Treaty*）的協議。如果說，太空競賽是東西兩代超級強權代理戰爭中，一場地表上空的驚天動地之戰，目的只為了證明哪邊的領導人最強大，那麼一九五七年英國柴郡這座天文台，就在帝國強權政治中扮演了非常醒目的角色，其地位和一〇八六年中國開封、一二五九年蔑刺哈、一四二五年花剌子模、一五七七年伊斯坦堡、一六六七年巴黎、一六七五年格林威治、及一七三五年齋浦爾等地的天文台一樣。

天文學本身並不是純科學，其實任何科學行為都不是純科學。講到這裡，且讓我們暫時回到之前談論格林威治天文台的例子，這座於一六七五年由英王查理二世所建的天文台，現在已經名列全球知名天文台之列。它為什麼知名呢?一八八四年，在美國首府華盛頓一次外交會議上通過決議，將穿過格林威治主要測時望遠鏡的子午線，指定為全球的本初子午線，它成為測量經度和世界時間系統的起始。格林威治標準時間成為世界時間的基準，格林威治天文台於是自稱是「時間之家」。不過，當初為什麼會選定格林威治這條子午線做為本初子午線呢?其實是帝國間角力的結果。

格林威治之所以會成為全球時間和空間的原點，其實是大英帝國仗恃著強大的海上武力，在全世界占領大量的殖民地。擁有海上霸權的國家，就擁有世界霸權;想要擁有海上霸權，就需仰賴不敗的導航能力。在下一章中，我們就會了解，想要擁有不敗的導航能力，就必須破解經度之謎，這點也正是為什麼英王查理二世會建立格林威治天文台的原因。

一六七二年，也就是格林威治天文台動土前三年，查理二世設立英國皇家非洲公司(Royal African Company of England)，並撥出相當可觀的一筆金額，做為初期營運資金。他的弟弟詹姆斯則擔任該公司最大股東兼總裁。英國皇家非洲公司的設立，目的是要在西非、加勒比海和北美三地之間從事海上黃金和奴隸的交易，該公司擁有在廣大地區設立交易站的獨占權，範圍從西北非沿岸的摩洛哥城市薩雷(Salé)，一路向南延伸到非洲大陸最南端的好望角。

但其實，此舉的目的，絕非單單只是為了貿易和金錢。設立皇家非洲公司前，英國曾發生內戰，導致查理二世父親在一六四九年被處決、英國皇室失去執政權，當時查理二世只有十八歲。後來好不容易復辟，取回執政權，隔了十二年，才成立皇家非洲公司。查理二世再度登上皇位後，要求天文學家解決經度的問題，原因很簡單：他放眼全球，野心直指非洲和其他大陸。他想要擁有顯赫威望，讓大英帝國雄霸天下。

第六章

帝國

開普敦天文台報時球，一八三三年

時間來到一八三三年，在南非好望角天文台，這是每晚固定出現的景象，而且出現的時間準確得跟時鐘一模一樣。湯瑪斯・韓德森（Thomas Henderson）是奉派到此的英國政府天文學家，這裡位於南非最南端的桌灣（Table Bay）上方，他至此才剛滿九個月，但已經對這裡的生活非常生厭了。在這非洲海岸被大海團團包圍的地方，天氣非常惡劣而且變幻莫測。韓德森身體本來就不好，又痛恨他的天文助理和頂頭上司。南非還有要人命的毒蛇需提防，他更不喜歡聘請黑人當天文台的助理，因為他覺得他們是「野蠻人」。跟以前奉派至此的天文學家一樣，他比較喜歡用黑奴。

但這些由不得他，每晚輪到他的工作還是得照做，看看也是時間要掏出手槍了。在一片漆黑的夜色裡，他爬上天文台的屋頂，從口袋裡取出一只經線儀——這是他特別根據天文觀測對過時的。他的另一隻手握著一柄銅製手槍，到定位後，兩眼就盯著經線儀的指針，看它越來越接近報時的時刻。在下方面海的地方，他的助理威廉・梅道斯（William Meadows）則靜靜守在報時球旁。報時球是一顆大球，裝在木桿頂端，停在附近海灣船上的水手，都可以看到這顆球。梅道斯腳上纏著一條繩子，繩子接到球上方的鉤子，他手中握著一把小型望遠鏡，緊盯天文台上的韓德森。

時候到了，一等韓德森手上的錶秒針指到整點，他就發射手中的手槍，這時火藥擊發，一道耀眼的光束射入梅道斯緊盯的望遠鏡中，他見狀立刻放開腳上用繩子鉤住的球。下方桌灣那些負責導航的水兵，也在船上甲板緊盯這個訊息，一等官方整點報時，他們就可以將導航儀器校對到正確的時間，準備出航——這樣的整點報時流程每晚都會進行，一次都不能少。皇家報時響遍非洲人的耳際，這些非洲人被迫離開家鄉，失去自由和尊嚴。韓德森雖然不喜歡孤孤單單的被指派到好望角，過幾個月後他也終於如願以償回到英國，但他卻深以英國繁盛的過程中有自己的貢獻為榮。因為他知道，他所負責的時鐘和報時槍，讓大英帝國的船隻得以自由無畏的橫渡大洋，前往地球上任何一個地方。

經濟學家亞當·斯密（Adam Smith）曾說，能發現好望角做為由歐至亞的航道，是「人類歷史上最重要且了不起的兩大事件之一」（另一件事則是發現新大陸）。亞當·斯密是在《國富論》（*The Wealth of Nations*）論及國家富強之道的脈絡下評論此事，此書於一七七六年三月九日問世。相隔十五日後，發明了經線儀（精密航海天文時計，marine chronometer）的約翰·哈里森（John Harrison）與世長辭。

當時，地球上有好幾個地方，是西方各帝國在爭奪海上霸權時的必爭之地，且每每為此戰得激烈，南非就是其中之一。在非洲大陸西南端的科伊科伊（Khoikhoi）、桑、班圖等族在一四八八年就曾有葡萄牙殖民者前來拜訪，並將此地命名為「暴風角」（Cape of Storms），不過卻被葡萄牙國王更名為「好望角」，因為他覺得此地可以打通歐亞貿易的財富交流。最早定居好望角的，其實是荷蘭人，荷蘭水手早在一六五二年，在尋找補給站時來到這裡，又意外在這裡建立一個聚落。後來英國人在一七九五年攻入當地，原本是英法交戰中做為攻防的一站，所以在一八〇三年後將之交還，但一八〇六年時又再次攻陷此地。到這時候，西方殖民者已經造成當地許多非洲人民的死傷、喪失家產、被迫離鄉背井。今天，世人對於開普敦桌灣最熟悉的是羅本島（Robben Island），此島因為南非總統尼爾森．曼德拉（Nelson Mandela）從一九六四年開始被囚禁在此而聞名於世，曼德拉一生共被囚禁二十七年的時間，其中有十八年就待在這裡。英國政府在一八〇六年拿下這個殖民地的控制權後，桌灣成為全球最具戰略重要性的地方，因為所有歐洲帝國的船隻要繞行非洲中途，都要到此補給，然後才能繼續完成它們擴張帝國的貿易之旅。

但桌灣本身可不是安全的避風港。這裡沒有可容納船隻躲避海上風暴的地方，南大西洋的波濤洶湧在西側呼嘯，因為猛烈的海上風暴和兇險難測的潮流都在此交會，海下又有暗礁，讓許多粗心大意或是時運不濟的船員葬身此地。一八〇四年曾有人寫下這裡有多危險：

> 來到桌灣的外圍，正要下錨，忽然一陣強勁的東南風從開普敦的山上吹來，差點就把船淹了。船被吹翻了九十度，後甲板的槍全都被硬生生的拋下海去，才一眨眼，船帆也全被撕成碎屑。

但大家沒有別的選擇，因為整個非洲南邊沿海，完全找不到其他更適合的港口。

當時想航行到非洲附近海域，需要相當高超的導航技術和最新科技。英國政府插旗好望角時，當時全世界最好的導航技術就是經線儀，這是由約翰·哈里森在一七五〇年代所開發出來的計時器，非常精準。透過經線儀，航行的船隻可以有固定的時間做為參考基準，由此推算出船隻在海上的經度。想要靠經線儀導航，很重要的一個步驟就是在靠岸時取得正確的時間，這樣船員才能將船上的經線儀校正為準確的時間。在那個還沒有無線電的年代，這些擺設在海岸邊的時計本身也需要有取得正確時間的來源，可以是從附近的天文台，或者是從一八四〇年代起逐步鋪設的電信網路上的報時服務取得，這些服務和其他地方的天文台連線，由此獲得正確時間。就是靠著準確的報時系統和經線儀，讓這些海上帝國得以永不沉沒。

開普敦第一座經常性的報時裝置，是一門大砲，它會在每天正午時分從堡壘的砲台上準時發射，這座堡壘十七世紀時就已經樹立在桌灣岸邊。就是靠著這座堡壘，讓荷蘭來此拓荒的移民可以自保，但一八〇六年時，英軍拿下了好望角，一同前來的軍方工程師在堡壘上設置了最先進有力的槍隻。同年，每天正午的報時就改由這些槍隻取代，此舉既是彰顯軍威，也是向海上船隻報時校準。不過，說實在的，每天這些槍的報時聲稱不上準確。

一直到一八一四年，荷蘭人才正式向英國交出好望角，但到一八二〇年，隨著大英帝國國勢漸長，英國人才開始在桌灣上方建造一座固定式天文台，並設置報時站，成為英國經度會議（Board of Longitude）的一員，好讓船員可以在揚帆前為船上的經線儀取得較準確的時間。當時，他們選中成為新皇家天文台的地方，是在桌山東北角的高地上，可居高臨下俯看桌灣，又能避開該殖民地其他地區常見的雲霧遮蔽和沙塵。問題是，對於新奉派到此的天文學家費隆・費羅斯（Fearon Fallows）而言，這卻是一大挑戰，因為他從小生活在英國坎布利亞和劍橋，嬌生慣養，難以適應。後來接任的天文學家就寫道：「費羅斯主事時期，這裡還是人跡罕至、崎嶇的山地，到處是荊棘和蛇……胡狼在夜裡悲鳴，四處盜匪，不得不派士兵前來駐守保安。」而且這裡以前還是奴隸死後下葬的地方，風勢強勁，連騎士都會被掃落馬。

這座天文台花了好幾年的時間才建成，但費羅斯可沒有閒著，就算天文台還沒建好，他也寄住在城裡的小屋，並在花園蓋小木屋充當臨時天文台，開始為桌灣的船隻報時了。打從一八二一年開始，他就派助理詹姆斯・費瑞爾（James Fayrer）拿錶去碼頭上報時，讓船長們可以為經線儀對時。費羅斯後來在一八三一年過世，繼任者就是湯瑪斯・韓德森。他到任兩年後，就在桌灣設立了上述的報時球，在天文台屋頂擊發手槍、發出閃光來報時。但在他使用手槍報時後沒多久，他就向天文台遞了辭呈，還信誓旦旦說，回英國後一定要向朋友廣為宣傳「那滿是奴隸和野蠻人、荒煙蔓草的住所」。

好望角天文台及一旁桿子上的報時球，1857 年版畫

費隆．費羅斯抵達好望角後，建置天文台的工作一直是仰賴奴隸。一八二二年，費羅斯還向英國政府督導官大肆吹噓，說自己正在進行一項實驗，要藉此訓練一批男童奴隸觀測的技術，等他們學會，就有一群天文觀測助手可以派上用場，「可供驅使，唯命是從」。一八二五年，天文台的興建工作開始後，包商說會找來「六十位優秀的石匠，同等人數的工人來建造皇家天文台；另外每個月還有三十多名男童奴。」費羅斯同時也聘用了一些原本是奴隸、但已獲自由身的人來當佣人，但可以的話，他還是比較喜歡用奴隸。一八三一年，湯瑪斯．韓德森又寫：「當然有一部分僕人真的不能沒有他們，但從我過去的經驗來看，如果買奴隸來做的話，會少掉很多的麻煩和頭痛。」費羅斯原

本規定手下的奴隸只能睡在地窖中，後來才老大不情願的將器材儲藏室改建成寢室，供他們休息。

英國在一八三四年廢除奴隸制後，在當地工作的天文學家依然不改將科伊科伊族人當作僕役來使喚的舊習。曾在天文台擔任助理的查爾斯・皮亞濟・史密斯（Charles Piazzi Smyth）在一八三五年來到好望角，日後曾回憶：「本地人擔任僕役工作的狀況之差、人數之稀少、價格之昂貴，是好望角生活的一大困擾。」史密斯記錄當地勞工受懲罰的書，更直接題名為《黑名冊》（*Black list*）。

一八三六年，接替韓德森工作的天文學家湯瑪斯・梅克利爾（Thomas Maclear）在天文台設置一顆報時球，取代原本用手槍報時的作法。之後到了一八五〇年代，又在開普敦碼頭就近擺上一只新的報時球，以便只能留守在桌灣的水手看得更清楚，同時在半島俯看法爾斯灣（False Bay）的西蒙鎮（Simon's Town）、東開普（Eastern Cape）的伊麗莎白港（Port Elizabeth）和東倫敦（East London）等三地，也都設置了報時碟。一八六一年以後，這些報時球和報時碟，全都改由從開普敦天文台傳送的電傳訊號來操縱，原本在開普敦堡壘上的手槍報時，也改由電訊來報時。電訊報時的電力則是來自天文台旁一棟小木屋裡的蓄電瓶。因為東倫敦鎮距離開普敦有六百英里遠，所以在一八九三年，又在伊麗莎白港和東倫敦鎮之間選定了艾佛列港（Port Alfred），再設一顆報時球。另外，也在開普敦碼頭的海港塔

（Harbour Tower）上設置由電力控制的時鐘，讓天文台提供的報時系統可以精細到以秒為單位。隔年，在港邊設置新的報時球，這顆報時球到現在還在。所有的報時設備，都是為了要將天文台的正確時間推送到港區船上的經線儀而設立的。為了這個目的設立這麼多天文台，想必當時在南非岸邊，時間肯定是很值錢的。

地球每天會繞地軸自轉一圈，這就是時鐘為什麼會和海上貿易帝國密不可分的原因所在。要進行貿易，免不了要出遠門，而且是要到海外去。問題在於，一旦到了大海之中，觸目所及只有一片汪洋，分不清楚東西南北，怎麼知道自己身在何處？不知道自己所在的位置，就無法得知目的地方向，也就無從預測航程會不會發生什麼危險。立足歐洲，卻靠海外貿易建立起全球性航海帝國，這情形是十五世紀以後才開始出現的。葡萄牙從一四一五年開始，在海外獲得土地和人馬；西班牙緊接著在一四九二年加入；法國則是大約在一五三四年跟進；然後，荷蘭帝國大約在一五四三年左右開始形成它的海上霸權。一六一五年，英國政治家兼殖民者沃特．雷禮（Walter Raleigh）曾說：「握有海上霸權即取得貿易霸權；握有貿易霸權即握有全球財富，日後必能雄霸天下。」

因此，船員都變得非常善於在漫長的海上航程中搜尋方位。藉由測量太陽或是星星在天空的位置，獲知船隻所在的緯度，亦即相對於南北的方位。羅盤則可以利用地球的磁場，讓他們獲得方向。測速繩（Log-lines）配合沙漏使用時，就可以透過在船側放出測速繩，繩上隔相同長度就綁一結，由此測得船速。除此之外，靠著海水的鹹度、周遭出現的動植物種類、風和潮水的方向、海岸線海水的深度、以及在精良航海圖上仔細做紀錄，都可以讓船隻判明方位。但是，有一個很重要的問題，上面這些方法都無法解決，那就是幫助船隻在海上準確的辨明經度，即船隻相對於東、西方的位置所在。如果無法確知經度，船隻可能會撞上礁岩，或是在茫茫大海中漂流，把食物配給耗光而命喪海上。更常發生的狀況是，航行變得很沒效率，船隻因此不能以所需速度抵達目的地，或者是為了安全起見只能繞遠路而行。

知名的〈漂泊的荷蘭人〉（*flying Dutchman*）故事就是這樣。這則十八世紀的傳說，講的是一艘幽靈船，會在兇惡的天氣裡在好望角附近海域出沒，但始終到不了港，只能永無止盡的在海上漂流。這則故事來自十七世紀荷屬東印度公司的船隻，為了繞過非洲前往印度和東南亞而遭遇不幸的海難。

當時，由歐洲出發前往東南亞或印度的船隻，通常會先由大西洋筆直南下，直到船上儀器顯示來到南緯三十四度，也就是好望角的緯度，就在這裡轉向東方，希望就這樣航行個幾天後，能剛好碰到好望角。當初，第一批荷蘭定居者就是靠這個方式，順利在一六五二年抵達好望角。但是，很多時候，船隻往往會開過頭，錯過了目的地，這時只好北轉，一直駛到觸到非洲東南沿岸後，再放慢速沿著海岸線航行，直到桌灣在望才能放心。要是運氣不好，船隻就會一直在附近海域打轉，在暴風雨中奮力尋找可以避風的港灣，徒耗時間、糧食和淡水。這時船員會因為生病和缺水而死亡，最後整艘船沒有人駕駛，失去方向，載著最後幾名亡者的屍體在海上漂流。於是，又一艘漂泊的幽靈船在非洲外海徘徊不去。

隨著歐洲海上帝國的版圖越來越擴張、野心也越來越大後，浪費時間在海上尋找目的地、妨礙賺錢，就是讓人很難接受的事。在大海上白白損失人命讓人難過，但歐洲帝國真正下定決心要解決這個問題的關鍵，還是因為寶貴的貨物遺失會影響利潤，簡單來說，就是為了錢。解決經度問題的答案，早在十六世紀中葉時就已經是人人皆知的事，那就是時鐘，因為地球每天會繞著地軸自轉一周。

依太陽所計算的時間，開普敦和孟買相差三個鐘頭又三十七分鐘。這樣的時差，跟它們之間的經度差完全一致，也就是說，一個鐘頭的時間就等於經度十五度，所以開普敦和孟買相隔五十四點五經度。如果航行海上的船員，想要知道自己和某個固定地方的經度差，比如相對於你駛出的港口的經度，只要知道某個特定時刻該港口的當地時間，再知道自己所在地的時間，就可以計算出經度。

在茫茫汪洋中要確定當地時間並不難。日正當中，那就一定是當地的正午。再利用一些儀器來測量太陽的角度，就可以進一步測出所在地點的時間：像是十字測天儀（cross staffs）、背測式測天儀（back staffs）、八分儀（octants）和六分儀（sextants）。難的是，要怎麼在海上還能夠得知出發地的時間。對於現代的船員而已，這問題再簡單不過，就帶個鐘上船，然後調成跟出發港口的時間同步就好（比如是從開普敦出發的）。這個航海知識一五三〇年時就知道了，問題在於，當時地球上還沒發明能夠在海上數月維持正確、穩定且沒有誤差的鐘或錶，這些鐘錶要經得住海上的狂風巨浪、極端氣溫、海水鹽分和溼氣等考驗。對於當時的鐘錶匠而言，這是一大難題。

還好，天頂就懸著一顆時鐘，可以幫上忙，只要學會如何用它來判讀時間即可。早在一五一四年，專家就提出各種利用夜空中月亮和星星來判讀時間的方法，把整座天空當成一面大鐘，月亮和星星就是裡面的時針和分針一樣。這種方法稱為「月角距」定時法（lunar-distance），是利用晚上觀者方位為定位，測量月亮相對於特定星星的角距（angular distance），以判斷某個地點的時間。問題是，在當時，並沒有人可以全面性的繪出測量月角距相關的星圖，所以這個方法也就難以落實。而且，當時也沒有人發明可以隨身攜帶的儀器，可以準確測量這些天體的角距。對當時的天文學家和製造相關儀器的人而言，這是個頭痛的問題。

要是有個機械式時計，或是一個月角距測量方法就好了——這兩種都可以讓水手知道出發地的時間，問題是當時兩者都還沒問世，所以一些海上大國都投入大量資金想解決這個問題。一五六七年，西班牙的菲利普二世國王發出重金懸賞，要找到實用的經度測定法；一五九八年，繼任的菲利普三世國王也再度懸賞，但同樣沒有下文。一六〇〇年，荷蘭政府設立一個經度測量的獎賞計畫，提出方案的人很多，但沒有一個方案是可行的。一六六七年，法國政府設立了巴黎天文台，其目的之一就是要呼應其財政部長促進海外貿易活動的計畫，並要讓法國得以成為海上帝國，當中也包含要以天文學方式解決經度定位問題——這個計畫同樣未能成功。一六七五年，英國政府也跟進，創立格林威治皇家天文台，也是為了繪出星圖，解決同樣的經度問題。這個天文台貢獻了很多有價值的研究，但終究還是沒能解決經度的問題。

一天一天過去，葬身海上的船隻也跟著增加。一七〇七年，一隻艦隊在英國西南岸外海的夕利群島（Scilly Isles）遭遇船難，兩千名水手葬身大海，這是英國史上死傷最慘重的船難事件，這晚的死亡人數比鐵達尼號還多。這讓英國政府受各方譴責壓力之大勝過以往，包括商賈、大臣、船長還有許多船難家屬，全對這個迫需解決的航海問題表達強烈立場。

一七一四年三月，安妮女王在英國國會開議時發表演講，她高呼：「英國只有仰賴海外貿易才能昌隆興盛，只有充分發揮海上實力，才能國威遠揚。」演講隔月，一群商人和船長就對政府上書陳情，回應了女王的演講，陳情書上寫：

再也沒有比研究海上經度測量法，更有助於英國海外貿易和海事，長久以來這個需求一直未能獲得滿足，因此喪失許多船隻和性命。

他們認為，政府的解決之道，就是提出重賞，英國政府也絲毫不敢怠慢，三個月後就通過一項法案，出資贊助成立「經度委員會」（Board of Longitude），懸賞兩萬英磅當作獎金。凡是想出解決方法，可以測量經度精確到半度的，都可以獲得獎金。但這筆獎金足足懸缺半世紀沒有人領，沒想到一來領獎，就出現兩名得主。一七五〇年代後期，約翰・哈里森完成機械式時計（後來被稱為經線儀或精準計時儀），這部機器不僅精密程度足以領到這筆獎金，而且還能對抗海上的各種狀況；同一時間，另一組天文學家和儀器製造工匠所組成的團隊，也精確繪出星圖，並開發出六分儀和月角距年曆表，讓月角距定時法成為可能。

但這兩個測量經度的方法，還要花上好幾十年的時間，才廣為人所用。月角距定時法很耗時，而且每晚都要做；要讓在海上的船員把性命交到一只機械鐘手上，也很不容易。有些船長真的費了好大一番功夫，還是很難說動船東經線儀雖然貴，但這筆錢絕對值得花。還好，一七七〇年代起，英國海軍率先採用經線儀出航，大家開始越來越常聽到他們稱讚儀器的好評。第一位大量採用經線儀的民間船隻船長，是東印度公司的詹姆斯・鄧達斯（James Dundas），他在一七七九年駕駛東印度人號（East Indiaman）前往印度。該船在行經好望角時，鄧達斯就發現經線儀所測量出來的經度幾乎分毫不差，之後他所領隊的船，都二話不說一律採用經線儀。

慢慢的，隨著經線儀產量提高，其價格也慢慢下降，對於這個新發明的抗拒也就逐漸降低。畢竟，當全球性市場越來越大，對於獲利需求也會跟著提高，經線儀就成了一大助力。到了十九世紀初，船隻導航的方式已經全然革新了，經線儀和月角距測量法被廣泛使用，一等維多利亞女皇在一八三七年登基，諸國在海上爭奪霸權的時代就來臨了。

當時，格林威治皇家天文台負責檢測剛出廠的經線儀，確定可以運作以後，才將之交到英國皇家海軍手中。天文台隨時都有五百台經線儀要測試，所有檢測工作都在一間只有現代英國單身套房大小的房間進行。一八六二年負責檢測工作的天文學家艾德恩．鄧肯（Edwin Dunkin）就曾說：「這個小小房間是證明我們海上力量的一個絕妙例子！……訪客一進來就會被那五花八門的噪音所震驚，吵得跟蜂窩一樣，嗡嗡作響。」

即使到現在，經線儀依然保有這樣的神奇感。當公元兩千年代我在皇家天文台擔任策展員時，當時的這間檢測室已經變成我辦公的地方。過去，有超過一世紀的時間，英國皇家海

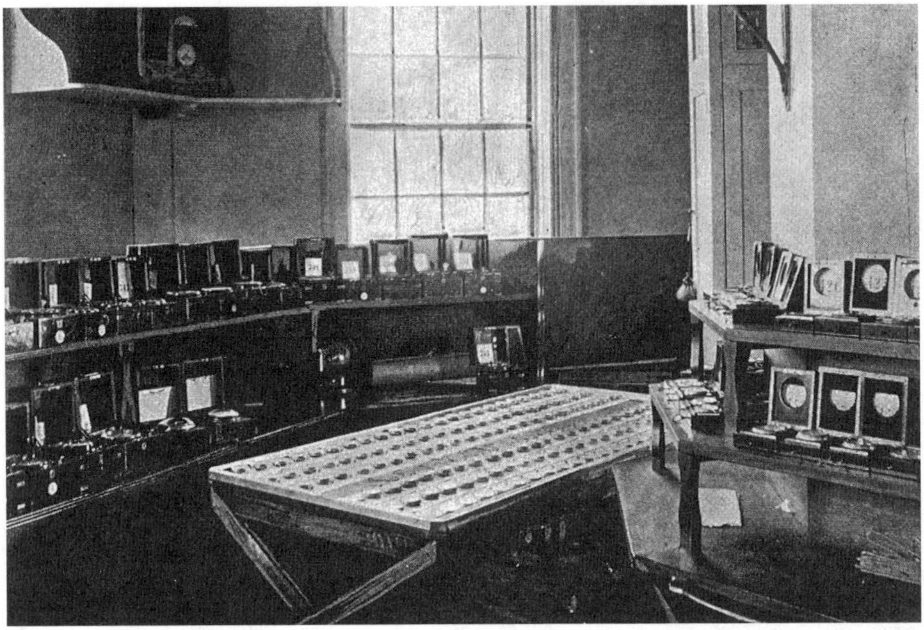

格林威治皇家天文台的經線儀檢測室，攝於 1897 年左右

軍使用的所有經線儀，都要送到這裡來接受嚴格檢測。過去的一百多年間，可真是成就不凡的世代。我想像得到，這些經線儀發出規律又輕巧的滴答聲，宛如就在耳際一般。

不過，在當時，負責經手大量經線儀的地方不只皇家天文台而已。經線儀製造商在同一台經線儀的使用年限裡，會不斷回收產品進廠維修。這時候，工廠本身有一座準確的時鐘來校對這些經線儀就很重要了，畢竟分毫之差，就可能涉及一整船水手的性命，甚至整個海上帝國的興衰。

在一八七〇年代、有電線可以將報時系統送往英國各個角落以前，經線儀製造商想獲得準確時間的校準方法只有兩個：一種是自己測量，他們會用一種可攜式的測時器，稱為子午儀（transit）——這其實是一種望遠鏡，但真正操作起來非常困難；另一種方法則是派助手拿著懷錶，到附近的天文台去對時。多半的經線儀製造商寧可每個禮拜跑一趟天文台，並不喜歡使用子午儀。但到了一八二〇年代後，隨著經線儀開始普及化，天文台對於老是有人拿著錶來對時越來越不堪其擾。

所以格林威治天文台想出一個法子。一八三六年以後，皇家天文台不再坐等經線儀工廠前來對時，而是派出天文台的助理約翰．貝爾維爾（John Belville）拿著校正過的懷錶，到倫敦各鐘錶匠那裡報時。他們採年費制，報時服務則是每週一報，所報時間的誤差值可以到十分之一秒。當約翰在一八五六年過世後，他的妻子瑪麗亞接棒報時服務的工作；瑪麗亞在一八九二年退休後，兩人的女兒露絲．貝爾維爾也接棒這份工作，就這樣一直報時到一九四〇年，倫敦深陷二次世界大戰的戰火為止。

類似的報時網路，很有可能在全世界其他製造經線儀的地方出現，包括利物浦、巴黎、漢堡、哥本哈根等地，只是這些地方的報時故事沒有被整理出來。不過，在大城市裡準確報時是一回事，要將精準時間送到首都之外的海上帝國，譬如桌灣之類地區的無數船隻，讓他們船上的經線儀都能夠校準揚帆，可又是另一回事了。這些在全世界各海岸線的報時台，其功能就好像是帝國前線打頭陣的步兵一樣重要。

一九〇八年，英國海軍進行了一項報時方式的統計，當中列出兩百個報時站，其報時方法中最常見的是報時球，有些則換成報時碟、槍響報時、或是揚旗報時等，這些報時站出現在全世界各海邊或海港。這份統計，揭示大英帝國海權的無遠弗屆；另一方面，它也道出全球地緣政治的瞬息萬變。

在英國本土海岸邊，一共設置了二十一座報時台，從北方的愛丁堡到南方的法茅斯（Falmouth）。到一九〇八年統計時，在英國海外殖民地共有五十一處報時站，其中包括了印度、新加坡、非洲、澳洲、加拿大、馬爾它、直布羅陀、模里西斯及西印度群島等地——這可說是到當時為止全球最大的報時站網絡。不過，到了一九〇八年，這份統計中美國已經急起直追成為世界大國了，光是在美國本土，就設有二十二座報時站，另外還有兩座則是遠在菲律賓美國所持有的海港。

北歐三國的挪威、丹麥和瑞典國內，共擁有二十三座報時站，但這些報時站都只限於其詭譎多變又深藏暗礁的本國岸邊。德國、法國和俄羅斯在這份一九〇八年的調查表中，各擁有十座報時站，其中只有四座報時站是設在海外領土：一座是德國設在中國青島的皇家海軍基地，另外三座是法國位於非洲的殖民地。到了這個時期，荷蘭的海外殖民地主要就是印尼了，在印尼它設有兩座報時站，還有在南美洲東北岸的蘇里南（Suriname）設有一個報時碟。荷蘭境外有一座報時站設在委內瑞拉外海的庫拉索（Curaçao）島，至於荷蘭本土則設有四座報時站。

那其他歐洲帝國的報時站呢？到了一九〇八年，葡萄牙的海外殖民地已經縮減到只剩下非洲殖民地和亞速群島（Azores）加起來的四座報時站，另外再加上自家里斯本的一座。西班牙一度是史上超級海上帝國，但到了調查的時候，它剛在一八九八～一八九九年的西班牙—美國戰爭中敗下陣來，連帶把它唯一僅存的海外殖民地也拱手讓人，所以到了一九〇八年，報時站都只設在本土港邊，分別是維哥港（Vigo）和卡迪茲港（Cádiz）。奧匈帝國這時也只剩下四座報時台，分別建在今日的克羅埃西亞和義大利。義大利這邊，雖然長久以來就是以海上貿易自豪的國家，卻在這波海外殖民爭霸中起步較晚，所以到了一九〇八年時，它並沒有海外報時台，只在自己漫長的海岸線上建了八座報時台，包括在西西里島上的卡塔尼亞（Catania）市，建置一座有報時球和槍的站台——這裡也是兩千年前，讓古羅馬獲得第一座公共時計的產地。除了上述這些國家之外，當時的中國、日本、埃及、古巴、夏威夷等國的海岸線上，共設有二十一座報時台，另外在南美洲則有五座報時台。

不過，儘管報時台的地緣政治地圖，能讓我們多少看見這些海上帝國在十九、二十世紀之交的版圖變動，但終究只是一小部分。比如，在這份一九〇八年的統計中，比利時只有一座報時台，建在安特衛普港一棟政府建築的塔台上，用四個圓形的碟來報時——但事實並非如此，比利時當時正在非洲正中央進行最殘酷的帝國主義殖民政策，時間已有二十五年以久。只是在那年以前，這個殖民地名義上都屬於私有，而不是國有。這是因為在一八七〇年代到一八八〇年代，比利時國王雷奧普二世（Leopold II）和英國殖民者亨利．莫頓．史丹利（Henry Morton Stanley）合作，以私營方式占領今日剛果民主共和國（Democratic Republic of Congo）所在的這片土地。之後的二十五年間，他靠這裡出產的橡膠、橡牙和礦產，獲得大筆私人財富。但是他在當地的代理人，卻用讓人唾棄、殘酷的手段對待當地居民，到後來甚至嚴重到國際社會都無法漠視。所以，在這些殘酷的事證越來越多後，比利時政府不得不在一九〇八年強制接管國王的這片私有產業，這才讓比利時有了它史上第一座海外殖民地。不過，如果我們只憑紀錄，說它在安特衛普有一座報時台，那就絕對不會知道，這背後還有這麼多不足為外人道的內幕。

不過，先不管這些帝國個別的歷史，這份關於航海基礎設施的全球統計，也的確讓我們對二十世紀初各海上帝國版圖有一個全面性的了解。畢竟，每一座報時台，對當時設立的國家而言，都是一樁重要、有實用性且合於法律規範的建築工事，必須動用到複雜的工程、科學研究、技術發展、搜刮土地、召募勞力，再加上法律上的談判、合約簽定、協議、維修、紀錄、天文觀測、儀器製造，還有累積數十到數百年的各方面大量知識所構成。每一座報時台都要動用大筆金錢投入，還要能維持長時間的準確可靠，更要與成千上萬仰賴它對時的船上經線儀合作，再加上全球的經線儀測試站網絡、經線儀製造商、零售商，還有供應站、報時來源的天文台——這些林林總總，組成了一個驚人的全球性時間基礎設施。說起來，這些都是時鐘的不同化身，可是現在，大家已經不記得它們的存在了。只要將這些報時站和經線儀在世界地圖上標示下來，就可以看到時鐘是如何讓這些海上帝國如虎添翼了。

更能夠展現帝國雄風的，或許就是這些帝國刻意做來展示其版圖、讓時人為其幅員遼闊讚嘆不已的時鐘，而且這些時鐘，即使時到今日，依然能讓人為之驚豔。二〇二〇年，我獲邀前去倫敦皮卡迪利圓環站（Piccadilly Circus Tube station）參觀平常不對外開放的收藏。在此之前，負責坎布利亞鐘錶公司（Cumbria Clock Company）的凱斯·史寇比—揚斯（Keith Scobie-Youngs）曾詢問我，是否想看看一座早期電力時鐘的機械構造，因為該公司負責維修一些英國公共場所重要的時鐘，這座鐘就是他維修的對象，他知道這座鐘就被放在皮卡迪利圓環站擁擠的櫃子裡。這天，我隨史寇比—揚斯來到這個小隔間時，眼前看到的是像英國漫畫家希斯·羅賓遜（Heath-Robinson）風格一般的機械裝置：大小輪軸、齒輪、桿子、推進器、線圈和電線。乍看之下，會以為是玩具製造商麥卡諾（Meccano）生產給小朋友的組合玩具。但當我慢慢發現每一個零件的功用、彼此連接的功能和構造後，我就明白這個機器所懷抱的夢想有多不同凡響。這個複雜的機械組合，是這座車站的世界時鐘，說是鐘但看上去像是一幅地圖，地圖赤道上有一條水平的發光帶，寫著二十四小時羅馬數字，這條光帶會二十四小時緩慢旋轉。雖然現代旅客經過這個鐘前面，可能不會特別注意它，一心只

倫敦皮卡迪利圓環世界時鐘在 1929 年公開展示

趕著要到下方的候車月台，或是出站到外面的目的地去，但是這個鐘在一九二九年四月啟用時，它可展示了英國的全球帝國夢，圍觀群眾絡繹不絕。

像這樣的世界時鐘，能讓你知道全世界各地當前的時間。讀這種鐘的方法是，先找到自己的所在地在地圖上的相對位置，接著垂直找到這個點在地圖赤道光帶上的位置。赤道帶上的羅馬數字，會顯示當前的時間。不過，皮卡迪利圓環車站這座鐘還會顯示更多訊息，因為一九二〇年代倫敦地鐵的經理階層還另外挑中六個地方，特別標示出當地時間。這六個地點上面有小燈泡的標示，並且用打磨過的鐵釘指向赤道帶，這些鐵釘的尖端都特別被磨尖，以利判讀時間。這些鐵釘，也像是一把把的地樁，用力紮進地球，據地為王。一九二八年的一則新聞就描述，新落成的皮卡迪利圓環地鐵站如同「帝國的中樞」一般，外地旅客搭乘嶄新的升降梯來到大廳時，映入眼簾的就是牆上一幅大型的世界地圖，英國位居地圖正中央。這幅掛在車站圓型大廳中的世界地圖，想必就像是一張大英帝國的功蹟展示表。但，如果我們現在檢視當初地圖上被挑選來吸引大眾注意的六個地點，就會發現，當初帝國主義者的大夢，後來全成了夢魘。

在六個點的正中間，就是格林威治；畢竟，十七世紀時，格林威治天文台就設立在這裡，服膺這個正在擴張帝國的國王查理二世，以及他弟弟約克公爵經營的非洲奴隸交易。格林威治天文台早在二十世紀以前，就已經成為大英帝國在時間和空間上的中心。其他五個在世界時鐘地圖上亮燈的城市呢？下一個用鐵釘指出並亮起的城市，是紐約市，這裡是進行奴隸交易的國王和弟弟，在建造格林威治天文台之前幾年就取得的海外據點，但相隔一世紀後，紐約已經脫離了大英帝國的掌握。地圖上，紐約附近的另一個亮點，是位於加拿大卑詩省的維多利亞市。這座城市以當時的英國女王命名，因為當時這裡是女王的殖民地，但到了一九二〇年代時，這裡也已經幾乎脫離英國的掌握了。同樣的情形也發生在地圖上赤道南端的另一座城市，這是地圖上的第四個亮點——澳洲雪黎，跟加拿大一樣，澳洲日後也脫離了英國的掌控。地圖上第五座亮燈城市則是阿根廷的拉．普拉塔（la Plata），這座城市並不是英國舊有的殖民地，但在一九二〇年代，英國和阿根廷正展開熱絡的貿易外交，所以在地圖上標示出這座城，是一種象徵，代表英國放眼新世界，打算在那裡打造出新帝國。地圖上第六個亮燈的城市呢？就是開普敦了，它也一樣，最終擺脫了大英帝國主義的桎梏。

到了一九二〇年代中葉，世界列強的帝國版圖經歷快速的變化。美國的經濟和海軍實力急起直追；日本、義大利和德國也都脫胎換骨，不讓英國專美於前。英國的國勢，則與這些國家剛好相反，不僅在一九二二年失去了埃及，也掉了愛爾蘭共和國，而且對其所有屬國的掌控，更隨著一九二六年的《貝爾福宣言》（*Balfour Declaration*）變得無力。到了一九三〇年代，南非完全脫離英國的掌控，印度也開始朝獨立發展。但一九二九年，對於站在皮卡迪利圓環地鐵站圍觀這個世界時鐘的群眾們來說，這些發展完全無從預知。

這座明亮的電子鐘，醒目且自豪的裝在大理石牆面上，旁邊圍繞著華麗的銅製雕樑，對於往來這座車站的旅客而言，看到這張地圖，會覺得英國、或者說是倫敦，就站在世界的中心。地圖中那些銳利的鐵椿指針，則似乎象徵著，大英帝國對非洲、美洲、澳洲的所有權，永遠會深深插入這些國家的土地裡，無畏抗拒殖民、要求獨立的力量。但其實，這些象徵在當時都已經是假象了，只是很多英國人還深信不疑罷了。一九二〇年代在皮卡迪利圓環上演的一切，大英帝國的另一座中樞城市正以放大好幾倍的規模在進行。因為有時鐘的助力，英國做為超級霸權的這個訊息，不僅得以傳送到地鐵站，也能傳遞到全世界。負責傳遞這個訊息的，就在瓦立克郡（Warwickshire）鄉間的田地裡。

到了一九一〇年代，出現一種新科技，讓從前不可能達成的事，像奇蹟一樣發生了——長距離無線通訊。有了這個無線通訊技術，誰還要在港口等著每天派發的報時？船員們就算在海上，也能夠每天為經線儀對時，這也表示他們的行船速度可以加快，因為導航的精準度提高了。

全世界首波國際性無線報時，是在一九一二年由巴黎艾菲爾鐵塔發送出來的。十年後，全世界有五十座無線發送站所組成的網絡，每天為海上船隻提供報時服務。所有的海上霸權帝國都在使用這項技術：英屬印度有自己的無線訊號站，德屬東印度、法屬印度支那、葡屬東非和許多地方，全都蓋起自己的訊號站，但這裡面，卻沒有一座建在英國本土，此事讓英國廣播協會（Radio Society）會長兼頂尖電力時鐘製造商法蘭克・荷普—瓊斯（Frank Hope-Jones）感到擔憂害怕。因為早在一九二三年時，他就曾說過：「英國人一向視格林威治標準時間為英國特色，但是過去十年來，我們取得格林威治標準時間的方式，卻越來越仰賴於鄰國的天文台。」不過，在當時，英國其實已經著手要扭轉這個劣勢了。

拉格比廣播電台（Rugby radio station）由英國郵政總局（General Post Office）在一九

二六年成立，這是屬於英國帝國無線通信網（Imperial Wireless Chain）的一環。無線通信網的計畫早在第一次世界大戰結束後就開始進行，目的是將大英帝國全部以無線通信連結在一起。這個電台以長波放送，這樣可以送到非常遠的地方，因為長波會順著地球的弧度傳遞，不是走直線，所以不會往外太空送。長波經過設計後，可以同時和整個皇家海軍的船隻通信，而且完全直接由英國發送，無需中繼站，最遠可及加拿大、印度、南非和澳洲。最早這個電台的一項任務，就是要每天將報時信號傳給各地船隻，無線呼叫信號名為ＧＢＲ[7]。

這麼說來，英國郵政總局設立拉格比無線電台，應該是為了解決通信和船隻導航的功能了。但，其功能和目的實際上遠大於此。當時，大英帝國正在快速崩解，拉格比電台成立的目的，是希望為政府進行公關宣傳工作，提振英國的帝國尊嚴。在一九三〇年代，要進行這份工作，就不可能沒有英國郵政總局的介入。該局的電影單位會為英國各地的電影院製作獨特又創新的影片，並且會開發像是電話報時鐘這類的宣傳服務。每當有新的電話轉接站、電話交換台和廣播電台成立時，該局也會邀請新聞短片攝影組前來拍攝。但這些工作其實都是為大英帝國做為一個統一的王國在宣傳打氣；或者說，是為了維持英國本色。

一九三二年，在英國郵政總局的邀請下，百代（Pathé）新聞公司前來拉格比電台拍攝「世上最大電台」（The World's Greatest Radio Station）影片。片中有一景可以看到摩斯密碼機不斷的敲著，然後訊息就在紙捲上印出來，旁白說：

我們身在這裡的同時，這座傳訊機正把新聞送往世界七大洋上的遠洋郵輪。世上沒有GBR訊號到不了的地方。告訴影片前看不懂摩斯密碼的觀眾，現在這部機器打出的信號，意思是：郵政總局拉格比電台是世上最強的。

這場戲真正傳達的訊息，是大英帝國依然自栩為世上最強的國家。影片中的這部摩斯密碼發報機，其實是大英帝國的化身。這部影片的拍攝目的，就是在為全英人民加油打氣——但這舉動已稍嫌太遲。當第二次世界大戰結束後，英國被打得灰頭土臉，世界強權的地位被美國和蘇聯給取代，兩國接下去更各自提升國力，進入冷戰時期。然後，英國之前的附庸國，一個接一個切斷和英國宗主國的關係；印度在一九四七年獨立，更是讓大英帝國遭逢莫大打擊。帝國落下的長長陰影，至今英國人仍揮之不去。

拉格比電台用來對大英帝國各屬地報時的時間，是由一九二七年裝在格林威治天文台的時鐘送出的，這類型的鐘被稱為「自由擺」鐘（free pendulum），這類鐘包括兩個部分，一個是「主」鐘、一個是「奴」鐘。主鐘不用做什麼事，可以自由擺動鐘擺；奴鐘則要配合主鐘的節奏，並且要負責將時間播報給電台的多台發報機。奴鐘一詞，是一九〇四年由一名英

7 譯注：GBR是大不列顛的縮寫。

國政府派任的天文學家所定下的，但他並不是格林威治天文台的天文學家。他當時人在非洲好望角天文台，那是西方帝國主義爭相瓜分非洲土地和人民最劇烈的時候，這樣一名英國白人官員，坐在由被奴役的人民所建造的天文台中，奴役他人的行動竟然連一座鐘都不放過。一百年後的今天，在製鐘業和工程界，講到自由擺類型的鐘時，人們依然還是用主鐘、奴鐘這麼充滿種族歧視的字眼，對於這些字眼中所隱含帝國主義的粗暴過往，卻全然未察，它偏偏還是源自非洲。

一九四九年，在原來的拉格比GBR報時信號之外，又多了一種信號，名為MSF[8]。MSF信號到現在都還在持續播送，不過二〇〇七年以後，其無線電發報器已經不在拉格比，而是移往坎布利亞。我還在英國國家海事博物館（National Maritime Museum）任職時，曾經參與最後一座拉格比MSF時鐘的保存工作，之後發報器就被搬到坎布利亞了。這座鐘其實是一九九〇年代才造好不久的新鐘，上面有一整排的電子器材，大小差不多是四座衣櫥並排，裡頭一共有三座獨立運作的小時鐘，每一座各自使用不同的動力，並且分別與無線發報器連接：這三座鐘各自使用銫原子、銣原子及衛星定位系統來運作。三種獨立運作的系統，讓鐘的報時更為可靠，三座鐘的時間可以互相參照比較，精準度因此能提升。

三座鐘也分別有不同的標示，其中一座有一面牌子寫著「紅色驅動鏈」，另一座則寫著「白色驅動鏈」，第三座則標示「藍色驅動鏈」。白鐘另外還有一個標示指出它是「主鐘」。

出生於一九四九年的作家約翰・阿加德（John Agard），身在加勒比海一個當時名為英屬圭亞納（British Guiana）的國家。該國一直到一九六六年以前，都屬於大英帝國的屬地，之後則獨立更名為蓋亞那（Guyana）。阿加德在一九七〇年代移民到英國；二〇〇七年，他成為英國國家海事博物館的駐館作家，我曾經把剛拿到的拉格比MSF鐘給他看。數天後，他為這座鐘寫了一首詩，題為〈拉格比之鐘〉（*The Rugby Clock*）：

今天，要是可以，那我就要撲倒拉格比之鐘
抱歉了，英式橄欖球的球迷，震驚是正常的
我其實把鐘的術語和英式橄欖球並用
我保證不會提到紐西蘭國家隊黑衫軍

我只是要講比喻是如何傳遞
進入帝國生命有限的時計裡

8 譯注：有一個說法是指「標準調頻」（Modulated Standard Frequencies），但拉格比電台並未證實；亦有人認為是「主要標準頻率」（Master Standard Frequency）。

不列顛如何寄居在滴答的空間裡
無線電統治的時間在這裡治理膚色稍黑的族裔

容我用紅、白、藍開展
這普通的就像大黃燉湯
看紅色驅動鏈
白色驅動鏈
藍色驅動鏈
所有主鐘都不懈不怠、恰如其分
所有主鐘看起來都一樣
在宇宙沒有時限的跑道上

但既然有些主鐘比其他更一致
要是我可以借歐威爾的箴言一用
老老實實的說出來
注意哪條驅動線被冠上主鐘名稱

而其主要頻率如何控制監督者
那就是白色驅動鏈

我聽到你提問，黑色要如何安插進來
這時間宰制的連續性中？
我是否在為你搶球作準備？
黑色是時間之母是我的下一個命題
同時，時間責備其宿敵
我們不也手腕被鍊住嗎？

第七章

製造

歌革和馬各，倫敦，一八六五年

倫敦的威普塞街（Cheapside）一向車水馬龍、人潮擁擠，它是從聖保羅教堂直通英格蘭銀行（Bank of England）的主要大路，但是這陣子，在這條大街的第六十四和六十五號兩戶，整棟五層樓的建築外觀和屋頂卻忽然都被拆掉，準備改裝。足足一個多月，建築外立起讓人眼花撩亂的鷹架，讓路人看不到裡面賣什麼藥。

約翰．班奈特（John Bennett）正在這裡，為擴展自己的鐘錶事業大興土木。因為他很清楚，想要在這個行業存活下來，靠的就是創新，所以他要把這兩棟位於威普塞街的建築加以改裝，讓這裡成為觀光勝地，在裡頭擺滿最新的鐘錶科技，讓好奇的路人和顧客全都慕名而來。對負責修繕的包商而言，這個案子可是讓他賺得荷包滿滿。因為，很少個別店面的改裝會這麼大費周章，而且還這麼講究。

這天是一八六五年五月的禮拜五早晨，修繕工事已經只剩最後兩個禮拜了。許多工人登上建築最高處，幫忙工頭在屋頂扶牆後方安裝一座特別製作的器材。這個器材重量很重，安裝工程的難度也非常高，再加上所有人擠在鷹架最高階一小塊的地方，更是提高難度。當天倫敦天氣異常的暖和，讓眾人工作起來格外辛苦。所有人都累了，工作了一個禮拜，又熱又倦，這個關頭忽然無預警發生一件意外事故。

當時所有工人都擠在威普塞街這邊，下方繁忙的街道滿是行人穿梭，忽然工頭大驚失色的猛叫，原來，他所站立的、建築物最高處第五樓的鷹架踏板忽然鬆脫了。事情來得太突然，眾人全都來不及反應，只能驚恐不已、眼睜睜看著工頭就這樣倒栽蔥的朝地面墜落，眼看他就要難逃一死了。

但就在工頭跌落的過程中，他雙手不斷揮舞，眼前閃過一對彩色的巨人雕像，名為歌革和馬各（Gog and Magog），這兩位巨人是倫敦市自古以來的守護者。兩座雕像準備在一刻鐘時出來敲鐘，他們要敲的鐘，就擺在這棟重新裝潢的鐘錶店入口上方，前幾天也是這名工頭和工人們才安裝歌革和馬各的雕像上去的。

奇蹟出現了！千鈞一髮之際，冥冥之中工頭好像命不該絕，可能就是歌革和馬各這兩位守護者的庇佑吧？又或者純然是好運。工頭驚慌失措中，雙手在空中瘋狂亂抓，恰好抓中了較低處鷹架的竿子，順著下墜之勢用力一擺，把自己擺上了這個鷹架的厚木板平台上，雖然重重跌坐在上頭，卻是毫髮無傷。隔天報紙報導這「生死一瞬間」的驚險時刻，事後工頭仍驚魂未定，還曾跟其他工人說，他不敢相信自己竟然沒摔死，因為當時他也覺得自己必死無疑。但他福大命大，逃過了一劫。

這次意外發生時，約翰·班奈特的鐘錶事業正處於最高峰。當時的他，是英國最為人所知、也最一呼百應的鐘錶匠。這個時期，也正是製造業遭逢劇烈轉型的時期。這個行業，從生產者到受惠的對象，在當時全都起了巨變。如果覺得這個意外是上天的某種暗示，那或許，從這名工頭在倫敦鐘錶匠的店門口走過鬼門關，似乎就預示這個行業必將遭逢巨變。到了一八六〇年代，鐘錶業——原是英國最具歷史、也最受敬重的手工藝產業——像墜樓的工頭一樣，似乎就要一頭撞到地面，必死無疑了；班奈特就是正在作垂死掙扎，想要力挽狂瀾的那個人。

約翰．班奈特來自前兩代都是鐘錶匠的鐘錶世家，他出生於一八一四年格林威治村。父親過世後，他未滿十四歲就進入家族製錶事業擔任助手。他待在母親身邊幫忙，一旁還有一群為數不多的鐘錶匠員工一起工作，他跟著這些人學習修理鐘錶的手藝好幾年，這段期間他見識到客戶送來修理的各式鐘錶，裡面也包括附近格林威治天文台送來的鐘，那裡離班奈特的鐘錶店只有十分鐘的路程。因為這樣，他有機會認識英國頂尖的天文學家。能夠有幸生在格林威治村，還成為鐘錶匠，靠著修理鐘錶為生，這種運氣可不是人人都有的。但班奈特的好運不只如此。三十出頭，胸懷壯志又精力充沛的他開始想自己出去闖闖，所以在一八四六年時，他在倫敦的市中心、也是最繁忙的商店街戚普塞街上，開了屬於自己的店。他一手打造的鐘錶公司，在此經營數十年如一日，即使班奈特在一八八九年退休後，依然維持營運。

維多利亞時代的戚普塞街非常轟動。一八六五年一篇報紙所刊登的文章就寫：「紐約或許以百老匯知名，巴黎也有多條大道，但戚普塞街把它們全都打趴，因為它擁有造成轟動的必要元素：逛街人潮絡繹不絕、各式各樣的交通工具，從黎明到夜幕低垂，沒有一刻得閒。」班奈特的鐘錶公司後來也說，威普塞街是「我們這座偉大城市的交易中心，這麼說還小看了它，它應該是世界商務的樞紐」。

身為鐘錶匠，班奈特可不是尋常人物。這個行業的從業人員，多半性格自抑內斂，但這位立足於威普塞街的鐘錶匠卻跟他們都不一樣，他對於現代的宣傳、行銷和廣告技巧，毫不猶豫的給予熱情擁抱。一八五一年，當他的鐘錶生意剛起步時，班奈特就付出前所未聞的七五〇英磅巨額廣告費（折合今日幣值約為十萬英磅），買下萬國工業博覽會（Great Exhibition）目錄封底全版廣告，這次博覽會的舉辦地點是在倫敦海德公園巨大的水晶宮中。十一年後，他又付了一千英磅（折合今日幣值為十二萬五千英磅）買下一八六二年萬國博覽會（International Exhibition）目錄封面廣告。但這些廣告費日後他都加倍賺了回來。

班奈特在一八六五年重新整修這兩棟威普塞門市的店面，又讓眾人看到，他多麼懂得運用公關宣傳來提高能見度。此舉果然讓當時的媒體為之瘋狂：

不得了！該建築的維修工事拿掉鷹架圍幕後，威普塞街頓時一片轟動！公車駕駛全忘了開車，一向橫衝直撞的小型馬車也傻了，輕軌列車不動了，送電報的小僮爬上電線桿。人行道滿滿是人，擠得水洩不通，全都為了要一睹那兩尊新裝上的「拿槌子的巨人」。

文章中「拿槌子的巨人」，指的就是歌革和馬各。當班奈特店前的鷹架在一八六五年六月卸下後，店門口和新落成的櫥窗裡，五花八門的新潮鐘錶款式全都出現在遊客眼前。

更吸睛的是，就在大樓的最高處，當初差點害死工頭的罪魁禍首也現身了——一顆高達五英尺直徑的紅色報時球，聳立在二十英尺高的桅桿上，就像在全世界英國殖民地沿岸所立的無數報時球一樣，這些報時球都是仿自英國皇家天文學家約翰．龐德（John Pond）於一八三三年格林威治天文台所設的那顆。同年，在好望角天文台所裝設的基本款報時球也是其前身。小時候班奈特在格林威治認識龐德本人，所以應該把格林威治那顆報時球摸得很熟，不只是它的構造和原理，還包含其象徵的意義——聳立在泰晤士河上、對著河畔滿是停靠船隻的倫敦碼頭發號施令：這象徵了進步、現代化和未來。到了一八六五年時，報時球成為維多利亞時代重視高科技的有力象徵，也代表對電報和分秒必爭的計時科技的重視，約翰．班奈特在這裡安裝這顆報時球，每小時會準時依格林威治天文台的報時落下，是倫敦市中心第三顆設立的報時球，在遠近馳名的戚普塞街上，一整天都會看到這顆球升降。

在這顆報時球下方，建築物的三樓有一個很大的空間向內凹，這裡放了一座聲音很大的巨型時鐘，整間鐘錶店的鐘錶展示，全都是由敲響這座巨型塔鐘來主導。這座巨鐘則是由一旁手持沙漏、長了一對翅膀、真人大小的時間之父機械人偶來敲響。再往下一樓，又有一個內凹的空間，這裡面是兩尊巨大、顏色明亮的機械人偶，也就是倫敦的守護者歌革和馬各，

約翰・班奈特店面的歌革和馬各雕像，兩人前面有一座往外突出的鐘，
兩旁則有其他引人注目的時鐘，攝於 1891 年

兩人每隔十五分鐘就出現一次，敲響一刻鐘報時。在兩人前面的，則是一面往前突出到街道上方的大鐘，到了夜晚會有多彩的火燄噴出照明，打出「班奈特」的字樣，讓忙碌的大街上再遠都看得到。

店面更貼滿各種鑲金的招牌，告訴大家班奈特是「為女王製錶的人」、「皇家天文台的製鐘匠」。但其實，早在一八四九年，時任皇家天文學家的喬治．艾禮（George Airy）就已經要助手完全和班奈特斷絕關係，更生氣說「今後我和他再也沒有瓜葛」。不只如此，班奈特還臉不紅氣不喘的宣傳，說這間店面是「倫敦市天文台」，這番話肯定更讓一板一眼的皇家天文學家艾禮氣到牙癢癢。不過，班奈特和維多利亞女王、其幕僚的關係，倒是融洽得許多。

從街上看過去，除了兩尊華麗敲鐘的巨人與五光十色的噴燄外，還看得到琳瑯滿目的櫥窗展示，顯示班奈特有多麼懂得運用維多利亞時代講究精確的精神來作宣傳。這點早在他當學徒、為格林威治天文台工作時，就已經學到了。在他這間位於戚普塞街的鐘錶店中，有個作法倒和其他鐘錶店都一樣，那就是會放一座主鐘當作標準時間，他的這座主鐘品質非常精緻，其精準度和穩定度是足以充當天文觀測使用的。通常，這種擺在鐘錶店裡的標準鐘，精準度是一個禮拜誤差大約幾秒鐘。不過班奈特覺得這樣不夠，所以他讓每個鐘頭會啟動屋頂上報時球下降的電子報時信號，同樣也能傳進店裡的這座標準鐘，藉由「訊號」來報時，這樣就能讓這座標準鐘非常精確的報時。當時一篇新聞報導對其機械裝置有以下描述——不過這篇報導可能是班奈特自己寫的，只是假藉記者之名發表：

在這座標準鐘的運作機制中，也使用到「訊號」來報時。這個訊號呈三角楔形，會掉進一個圓形的凹槽裡，這個凹槽正中央有一根指針，會指向當時的秒數。因為這個機械構造設計得非常好，要是標準鐘有一點點誤差，就算只差百分之一秒，這個訊號的電流也會加以修正。

約翰．班奈特鐘錶店造成轟動，甚至因為太受遊客和民眾歡迎，導致戚普塞街老是被擠得水洩不通，總有人等著要看機械人偶在整刻鐘的時候出來敲鐘表演。當時，還被說是「世上僅次於史特拉斯堡雞啼鳴[9]聞名且受喜愛的賞鐘娛樂」。也因為街道被擠得水洩不通，該店隔壁的曼徹斯特保險公司（Manchester Insurance Company）把它告上法院，理由是班奈特店裡那些為了行銷的奇珍異物，害他保險生意都作不成了。雙方更接連好幾天在當地報紙

9 譯注：指的是史特拉斯堡聖母大教堂的天文鐘。

戚普塞街上約翰・班奈特鐘錶店外的人群，攝於 1904 年

上互相放話，指責對方。法官說班奈特店門口那些展示「完全是在耍猴戲」，班奈特則毫不客氣的回嗆這是「計時科學」。

儘管大家公然叫罵，互不相讓，但班奈特所要傳達的訊息，卻有其嚴肅而重要的一面：

人們對於任何產業和貿易、商業行為進步的漠視和看輕，其來有自，庭上也不是第一人。但是，庭上如果能夠讓每個人的創意充分展現在自己的職業上，那才算是真正發揮庭上存在的價值。如此一來這個世界才能夠不斷的進步。

班奈特這種自我行銷和現代化的宣傳手法，看在當時心態保守的社會菁英眼裡，如鯁在喉。他太愛出風頭、太勇於揮別昔日的傳統、太自以為了不起。但世道終究是在改變的。在維多利亞時代的製造業中，創新究竟扮演了什麼樣的角色呢？班奈特的這些新奇玩意和廣告口號，還有他不畏激怒保守傳統人士的勇氣，顯示這位走在時代尖端又愛現的生意人，其實放眼於未來。但這些事，還不是他被英國鐘錶業厭惡的唯一原因。

班奈特之所以有名，不僅僅是因為他懂得使用前衛的現代行銷手法、以及他對公關廣告的獨具慧眼。到了一八五〇年代時，他還因為對於英國鐘錶業不認同且毫不掩飾的看法，以及喜歡到英國各地舉辦公開講學、每每座無虛席而更加有名。不過，對有些人而言，這種名聲只是臭名遠播。後來，他的這間戚普塞店舖又加進了特別陳列，這個陳列在一八四〇年代出現在櫥窗中，讓人又見識到他那種超前衛、卻別具爭議性的鐘錶製造態度。

這個陳列其實只是班奈特的一個小設計，用來推銷從法國、瑞士和美國引進的鐘錶產品。但是這個小小設計卻惹惱英國本地的鐘錶業者。在十九世紀保守、島國心態又封閉的英國鐘錶業界眼中，販賣外國製的鐘錶，簡直就是甘冒大不韙的禁忌。約翰・班奈特這個最被大眾所知的鐘錶商，居然厚著臉皮公開展示這些外國產品。而且，這樣做傷害的不只是鐘錶業，因為如果鐘錶業有人這樣不愛國，那整個英國製造業也會群起效尤。

整個十八世紀，英國一直都是世上最大的鐘錶製造國。在十八世紀末，英國鐘錶業每年要生產一五〇萬只錶，這些錶中，有許多出口到海外，約占全球產量的一半。英國當時鐘錶業主要集中在倫敦、考文垂（Coventry）及利物浦，發展出一個組織非常精密的產業鏈，網羅了專精各個相關領域的達人前來，更有生意人與他們合作，共同打造品質精良、價格不斐的英國製鐘錶。這些鐘錶之所以價格高昂，是因為打造鐘錶的手藝得來不易，所有的技術和手作工具都是用老式同業公會那種師徒制、一代一代傳下來的。所以雖然售價昂貴，這些鐘錶還是大受歡迎。

也因為這個產業素以精工聞名，所以當一七六〇年代英國新興紡織業，像是李察・阿克萊特（Richard Arkwright）這類劃時代先驅想找有好手藝的工匠，來為大型工廠或紡織廠製造複雜的紡棉機器時，也找上了英國鐘錶製造業者。一七六八年，李察．阿克萊特和鐘錶匠約翰．凱伊（John Kay）合夥，製造出第一台紡紗機的樣品，兩人在隔年為它申請專利。這台機器的問世，從此改變全世界的製造業。這部劃時代先進紡織機的零件，是凱伊和另一名製作製錶工具的工匠合力完成的。阿克萊特在紡織機上的創新，在他為這台紡織機申請專利的兩年後大獲成功。阿克萊特因此再次刊登廣告，廣邀善於製造機器的專家前來德貝郡（Derbyshire）上他的新紡織工廠：「急徵兩名經驗豐富的製鐘高手，或者精通齒輪製造的工匠。」

不用多久，新型紡織業開始蓬勃發展，英國蘭開郡（Lancashire）一時紡織廠林立。就如紡織業的實業家約翰．甘迺迪（John Kennedy）在一八一五年所言，隨著紡織業成長，「等級更高的技工變得供不應求，像是鐘錶匠、拋光工、精密數學儀器製造商等」。也因為有這些英國各地的鐘錶匠投入這個全新產業，快速改變製造業的面貌，更連帶的改變近代世界的面貌。

受惠的不僅是紡織業。當時所有的實業家都來鐘錶界搶人。像製陶業的創業家約賽亞．魏吉伍（Josiah Wedgwood）在一七六七年成立新工廠，想要打造新工具機（即機床）時，他也來鐘錶界挖角。當改良蒸汽引擎的工程師兼製造商詹姆斯．瓦特（James Watt）在伯明罕市需要工具時，他求教的對象也是鐘錶匠。後來和瓦特合夥的製造商馬修・波頓（Matthew Boulton），在被問到誰最擅於機械製造時，他也推薦了蘭開郡的鐘錶匠。因為這樣，二十年後，土木工程師約翰・雷尼（John Rennie）還曾向波頓抱怨，棉花業搶走倫敦最好的鐘錶匠，導致倫敦面臨缺工危機。

「發條」（clockwork）這個字日後和工業機械成了同義字。但在當時，發條一字原本是指紡織機的機械構造，因為它上頭用的是當時最先進的器材，「其精密程度足與鐘錶相提並論」，以及「由發條所推動」、形成「要動用多名鐘錶匠合作，同時還是看起來讓人讚嘆的機械構造」。紡織廠設計者兼紡織機製造商彼德・艾瑟頓（Peter Atherton）在一七九九年過世時，他多間倉庫中的其中一間，就找到了滿滿的時鐘和製鐘工具。

但這些都是十八世紀時的事了。在當時，英國的鐘錶業沒有理由革新鐘錶製造的方式，因為鐘錶業的國內市場和外銷市場中，英國製鐘錶就已經非常受歡迎。就算有時候需求量少一些，技巧出色的鐘錶匠也不愁在蘭開郡的紡織廠、或是伯明罕的機械行裡找到需要他們的工作。但當時代慢慢從十八世紀走到十九世紀初，情況有了改變。約翰・班奈特就是當時最早嗅到這股變化的人。

時間來到一八五九年十二月，約翰・班奈特參加了英國鐘錶協會（British Horological Institute）會議，他在大會上大肆抨擊英國的教育體制。他說，在瑞士，每個學齡的小朋友，不分男女，不分遠近城鄉，都能夠得到最好的教育。這些小朋友在學校可以學到數學、語言、科學和機械；不只如此，班奈特說：「除此之外，學校更是注重培養小朋友的精緻品味，提升他們的品格，讓他們成為堂堂正正的公民。」學校還會教小朋友音樂、設計、繪畫和藝術。他說：「難怪，瑞士製的手錶不僅價格低廉，而且樣式美觀高雅，把英國的產品遠遠拋在後面。」

接著，他把矛頭指向在座克拉肯威爾（Clerkenwell）鎮的鐘錶匠。該鎮是倫敦製鐘界的重鎮所在：

現在正是克拉肯威爾向瑞士取經的時候。但唯有獲得鐘錶協會會員由衷的支持，鼓勵鐘錶業界不自欺欺人，勇於面對現實，承認英國已經落後瑞士，這樣英國鐘錶界才可能在未來擁有一席之地。

他發表一份義正詞嚴的英國鐘錶業振興計畫。「現在除了徹底改進體制，別無他法。要開始聘用女性鐘錶匠，並且給予下一代最好的養成教育。」

這番話他倒也不是第一次講，之前他就告訴過克拉肯威爾的鐘錶匠，英國鐘錶業正逐漸被時代淘汰。兩年前，在一次場面非常火爆的會議上，一名鐘錶匠就對班奈特的言論表示不滿，指責他「滿嘴謊言、瞧不起人、離經叛道」，說他是異端邪說。但是班奈特這番言論卻是其來有自。當時瑞士發展出來的製錶體系，其實是這個行業唯一可以永續發展的途徑。只有用他們的方式，鐘錶業才可能有未來。只要班奈特待在業界一天，就在力促英國鐘錶業採用他的五點計畫。

首先，要簡化錶內零件。第二，度量衡要標準化且採用十進位。第三，要使用機器來製造可以反覆使用且耐久的零件，揚棄過去使用手工工具，每個大小略有不同，還要敲敲打打才能安裝的方法。第四，要再進一步分工，並且引進大量女性工作人員。第五，大幅改革小學教育體制與專門技術學校的品質和規模，這將有助於降低英國鐘錶業的製造成本，並且維持高品質，才能追上瑞士的水平。

但這個戚普塞街上的邪魔歪道的建議，英國人完全聽不下去。其實，早在一八四二年，英國鐘錶業就有機會全面引進瑞士製錶手法，那時瑞士鐘錶界創業家皮耶・菲德利・殷果（Pierre Frédéric Ingold）就想過，要在倫敦蘇活區（Soho）設立鐘錶工廠，並引進各種不同專門製造零件的機器。該案在國會辯論時，英國首相大聲疾呼：「現在的機器，已經沒有它們辦不到的事了。只要看看蒸汽機多能幹，就不會有人再否認創造力可以解決所有的問題。」但是，這個提案，卻遭到英國本土鐘錶業者的強力反彈，最後只能無疾而終。不久，英國鐘錶業就走上窮途末路。一八七〇年時，全球手錶產值有三分之二來自瑞士，英國鐘錶業被徹底擊垮。

要說英國鐘錶業的頹勢究竟是誰的錯，事後諸葛當然很輕鬆省事。但是，激進改革會遭遇嚴重反抗，倒也沒什麼好意外的。只是，有問題就是有問題，並不是規避或無視，問題就會自動消失。縱觀十九世紀英國鐘錶業的發展，他們始終不願承認外國鐘錶製造商已經超越他們的事實，帶著這份偏見，眼睜睜看著英國鐘錶業走入垂死掙扎的階段。到了一八八九年，一名老派克拉肯威爾的鐘錶匠還嘴硬的辯解：「不論大家怎麼誇，我看不出來這些技術高明在哪裡。我始終認為，不能讓外國人進來。」總之，都是別人不對。

但是，兵臨英國克拉肯威爾鐘錶業城下的，可不只瑞士而已，還有另一名挑戰者，也在磨拳擦掌、蓄勢待發。因為，十九世紀以來，一直有一種全新的製造系統以緩慢的速度開發中，到了一八七〇年代，人們已經有辦法在工廠中專事生產個別零件的機器上，使用引擎來推動，由低技能勞工操作，也就是透過生產線的方式製造出廉價鐘錶了。這種生產線的技術，正是新製造系統的核心。

一家英國製錶雜誌也在一八七五年報導，過去傳統手工生產的方式逐漸勢微，「取而代之的，是工廠制度化的組織模式、年輕工人、自動化機械及蒸汽引擎！即使是瑞士也遭受這波勢如破竹的威脅衝擊。」文中所指的衝擊，就是當時美國的這套新生產系統，日後被稱為美式製造系統（American System of Manufactures）。雖然一開始，這套系統是用來生產手錶的，日後它卻徹徹底底永遠改變了全球的生產模式。

這故事要從一八〇二年說起。當時一位在美國康乃迪克州的木製時鐘生產者，他為自己的經營模式作了一個改變，從此，不僅改變自己的一生，也改變歷史的走向。這位名叫伊萊・泰瑞（Eli Terry）的鐘錶匠，想到一種新的生產模式，那就是在沒有接到訂單的情況下，一次就生產數百座鐘，並且由他自己負責後續的行銷工作。這種模式跟傳統上接到一批訂單後，再少量生產的模式完全不同。他成立一間小型的製鐘工廠，使用水動機械來製造鐘錶。沒想到，居然讓他一口氣把所有的鐘都賣光了。五年後，他再花一年的時間打造一間新工廠，並一口氣生產了四千座鐘，這批鐘又銷售一空。這樣一來，原本質疑這種生產模式、不認為大量生產的鐘賣得掉還能獲利的人，全都被打臉了。泰瑞見此舉奏效，再推進一步。他在一八一六年為自己想出的新製鐘方式申請專利，這個新方法是用機械大量生產鐘的零件，這些零件在每一座鐘裡都能通用，所以是一式同款、可以互換的——這種製鐘方式從來沒有人採用，一舉開啟了製造方式的革命。

時隔四年，泰瑞的工廠一年可以生產兩千五百個這種木製時鐘，而且只要聘用三十名工人即可完成。到了一八三〇年時，康乃迪克州就有二十三家製鐘工廠林立，全都採用泰瑞的模式運作，總年產量達到三萬八千座鐘。泰瑞的鐘本身並無特殊之處，但他的製鐘工坊卻是

泰瑞的木製時鐘內部構造，約製作於 1825 年

孕育創意的基地，而且，來他這裡學習生產技術的人，日後也都各自發想出不同的新式生產創意。

後來，泰瑞在一八一〇年把第一間工廠賣給自己的兩名徒弟——席拉斯·侯德利（Silas Hoadley）和賽斯·湯瑪斯（Seth Thomas）。湯瑪斯發展出一個系統，用這間工廠來生產工具機。泰瑞的另一名學徒尚西·傑洛米（Chauncey Jerome）開始生產高達四萬個時鐘零件，他使用銅做為材料，這樣能讓鐘的尺寸比泰瑞和湯瑪斯的木製時鐘更小、也更不會產生誤差，而且這種銅製時鐘在價錢上更低廉——一個鐘只賣一美元四角錢。傑洛米緊接著蓋了第二間工廠，靠這兩家工廠他一年可以產出二十八萬座低價的銅製時鐘。到了一八四〇年時，他已經把銷售足跡延伸到海外，打算鯨吞海外市場的需求量，並打算將一小部分鐘外銷到英國。沒多久，這些鐘就整船整船的戴往英國，價錢全都低於英國本土製的鐘，也很快的在英國鄉間大受歡迎。像在英國薩默塞特（Somerset）的農夫，就很樂於換掉家裡那些顯得寒酸的舊式英國老爺鐘，改成這種色彩繽紛又體積小很多的新式美製鐘；薪水微薄的農場工人，也有生以來第一次可以擁有自己的鐘，為此沾沾自喜。同時，這讓鄉下地區小型鐘錶店開始如雨後春筍般林立，在這些廉價的美製鐘來臨前，鄉下地方根本就沒有鐘錶買賣市場的需求。

既然開始大量生產，廣告就變得很重要，才能夠讓美國廠商的銷售達成預期。這一點，約翰・班奈特在威普塞街的鐘錶店比誰都了解得透澈。一些國際貿易和工業博覽會，像是一八五一年在倫敦舉辦的萬國工業博覽會，就讓製造商得以接觸到數百萬名潛在消費者，創造了前所未見的龐大商機。班奈特在一八五一年和一八六二年兩次大型國際博覽會型錄上花的巨額廣告費，比起一些具前瞻眼光的製造商，可以說是小巫見大巫。一些新興的美國鐘錶製造商，在這類大型博覽會的展示攤位爭奇鬥豔，一個比一個奢華，往往一個攤位就一次展出數千只錶，各種行銷花招層出不窮，只為爭取消費者上門。當班奈特在一八七八年巴黎的世界博覽會（Exposition Universelle）展出時，共同展出的還有電話、電燈及留聲機。在當時，未來不僅是創新，也包括賣給消費者一種現代感。現在的我們可能很難想像，當時的製造過程並不包含行銷在內，但行銷早就成為我們生活中不可或缺的一部分了。

這種美式製造系統至今仍被人稱作是美式入侵。在十九世紀後，一直到二十世紀，英國鐘錶的外銷生意逐漸不敵廉價鐘錶的競爭，在市場上慢慢退出了。到了它終於適應這套美國製造系統的思維時，早已錯過了時機。美製鐘錶打開市場後，緊接著，法國和德國鐘錶業也跟進，採用同樣的生產模式，最後終於徹徹底底把英國鐘錶業打得潰不成軍，就跟稍早瑞士鐘錶業讓英國鐘錶匠失業的情形一模一樣。

伊萊・泰瑞，以及當時包括康乃迪克州各地的大量生產先驅，他們在鐘錶製造上的革新，對於製造型態轉變的影響，遠及於鐘錶業之外的其他產業。日後廣為世人所知的「美式製造系統」，用了兩個概念：標準化和可替換零件，再加上專屬功能工具機，簡直可以取代專技工匠的存在，從此之後以同一生產模式量產複雜產品的大門被打開，從槍枝到縫衣機和打字機，全都可以依樣畫葫蘆的量產。

要讓大量生產這種模式茁壯之前，有一個先決條件，那就是必須擁有極為精密、高度特化的工具機。一八六〇和一八七〇年代這種適用於大規模生產高精密度、同款一式零件的美製工具機，其發展模式就跟一百年前帶動英國工業革命的工廠系統發展模式一模一樣，同樣的模式也出現在工業革命五十年後美國康乃迪克州伊萊・泰瑞想出的大量生產模式中。誰具有高精密度和新丈量技術、準確性的工藝？為了生產出能製造機械的機械，開發新工業模式的業者一再向鐘錶業請益。

比如，美國一家在一八五三年成立的工具機製造商布朗與夏普（Brown & Sharpe），一九〇〇年成為世界最大的工具機製造商。其創始人約瑟夫・布朗（Joseph R. Brown）在還未創立該公司之前，本身就是個鐘錶匠。一八七〇年代一位在該公司機械門市受訓的工程師就說：

現代機械操作的高效率，還有得以生產出一致性零件的作法，絕大部分都要歸功於布朗的研發……據我所知，美國生產一致性零件的水準之所以能這麼高，約瑟夫・布朗的貢獻超過任何人。

寫下這段文字的人，就是日後創立凱迪拉克（Cadillac）車廠的工程師亨利．李蘭（Henry Leland）。

隨著十九世紀末出現大量生產的模式，大量消費的模式也跟著到來，透過大規模營銷（mass marketing）將產品賣給更廣大的人口。創業家及那些能夠帶動全球市場的人，屬於懂得與時俱進的一群人，他們跟上了時代的腳步，得以不被淘汰而日益茁壯——約翰．班奈特完完全全屬於這類人。其他跟不上時代腳步的，像是英國鐘錶界的多數鐘錶商和匠人，最終難逃被淘汰的命運。

人就是這樣，當獲報的信息讓人不悅時，倒霉的是中間送信的使者，約翰．班奈特傳遞給英國鐘錶業者的提醒，聽在他們耳裡只是刺耳的批評、否定，所以大家都討厭他。

一八九七年，班奈特以八十三高齡過世時，那些生前看他不順眼的人，紛紛落井下石。當年的英國鐘錶業專業雜誌《時計期刊》（*Horological Journal*）八月號中，編輯就直言班奈特個性「特立獨行」「沒有禮貌又不莊重，一副自信滿滿、洋洋得意的樣子」。雖然很多倫敦鐘錶業者的股票他都有投資，「卻沒有受到這些人的愛戴」，而且「這些上市公司的高層也不當他一回事」。但是，民眾卻很喜歡他。一八七〇年代，只要他以倫敦市議員的身分參加市民典禮時，大家總是會高喊：「現在幾點？」

「全世界都是我的國家！」班奈特藉由這句一八八六年說過的話，道出他心目中「同胞」不只限於英國那麼狹隘的範圍，他更直說：「以最低廉的價格提供最好的鐘錶，才是我為英國大眾服務的職責所在……如果我在瑞士請工匠造出的手錶，能用更低的價錢、更好的品質販賣，為什麼我要在英國生產？別忘了，雖然此舉會讓英國本地小部分人受到傷害，但多數人卻可以因此得利。」

歷史學家大衛．蘭德斯（David Landes）曾稱，英國鐘錶業之所以被人超越，是因為「高成本、款式保守、過時的製造技術、自大的經營手法、抗拒革新堅持使用人力」。所以他的結語是：「製錶業的遭遇就是其他行業的警訊。」蘭德斯對於英國鐘錶業的批評，其實也是百年後英國汽車工業日薄西山的預言。提到汽車產業，可以再回頭提到本章一開始的歌革和馬各這兩尊巨人雕像。還記得他們裝在約翰．班奈特戚普塞街鐘錶店的門面，吸引眾人的目光焦點吧？這兩尊雕像在老闆約翰．班奈特於一八九七年過世後，依然矗立在那裡，即使一九二九年該公司戚普塞街原址的建物被拆除，建造保險公司的新大樓時，也依然得以倖存。

一九二八年早上八點多，美國汽車大亨亨利．福特來到倫敦科學博物館（Science

Museum），表明他想入內參觀。值班的接待員告訴他，博物館要晚點才開，不過，在聽到福特表明身分後，博物館工程館藏部門的負責人亨利．迪肯森（Henry Dickinson）接了緊急通知，在資深館員陪同下趕忙跑來，恭迎這位知名的美國汽車大亨。

其實亨利．迪肯森跟我負責一樣的工作，只是早了我幾十年。在我當博物館策展員的那十五年間，後期我升任為部門的策展主管，同樣也在科學博物館的工程館藏部門，也同樣好幾次接到同事從接待櫃台來電，要我下去接待特別訪客，因為對方有關於我負責的部門收藏品的問題，這類事情都不是隨便打發就可以的雜事。我一向喜歡跟同樣對科技有興趣的人交流，談談這方面的歷史。在大型博物館坐辦公室的人，很容易會不接地氣，忽略大眾的想法，但這些人反而才是最重要的。偶爾，要是電話打來時剛好我在忙，或是正要去開會，那就不方便前往。但是，只要能夠前去接待，我總能從這些不期而遇的對談中，接收到新知和看法。

我總想，當亨利．迪肯森走過我非常熟悉的這條博物館東廳通道，見到福特時，應該也跟我一樣懷著那份期待。這座東廳裡，擺滿十八和十九世紀以來的各式蒸汽引擎，其製作者分別是湯瑪斯．紐康門（Thomas Newcomen）、李察．崔維席克（Richard Trevithick）和詹姆斯．瓦特（James Watt）。經過這座東廳後，必須上樓，來到博物館入口大廳，訪客會在這裡等候。一九二八年這天早上，迪肯森引領這位汽車大亨穿過好幾道門，一一欣賞館內的大批收藏。他問福特的問題，肯定比他回答對方的多。之後，他帶福特來到館內的工程收藏部門，這裡擺放了世界最古老的火車頭「冒煙比利」（Puffing Billy，或譯普芬比利），還有羅伯特・史提芬森的「火箭號」（Rocket）火車——這是世界上第一部奔馳在現代鐵軌、從利物浦到曼徹斯特的火車。福特大概被這些館藏震撼不已——我並不意外，因為每當我有機會親自為訪客介紹這些館藏時，也都還是深受震撼。

福特當時正在密西根州的迪爾本（Dearborn）鎮建造一座博物館，一九二八年的倫敦之旅，就是為了蒐購工程類的古董館藏而來，他相中的收藏可是件件大手筆，跟他的出手一樣闊氣。參觀過程中，他好幾次出價想要收購幾樣具有歷史意義的館藏，包括上述的火箭號，不過，他的提議全都被科學博物館客氣的婉拒了。

那時福特也在自己的博物館旁邊興建一座歷史村，他有意在此重建美國具歷史性的傳奇建物，像是歐維爾（Orville）和萊特兄弟（Wilbur Wright）的自行車店、亨利・海恩茲（Henry J. Heinz）的家、以及亞伯拉罕・林肯執業律師時待過的法院等。這座歷史村在一九三三年開幕，至今依然是美國很受歡迎的旅遊勝地。但特別的是，在這座歷史村中，有一棟建築跟美國創新史毫無關係，而是來自福特一九二八年的這趟倫敦行，因為出價要買科學博物館所有館藏失利後的意外收穫。

那天福特出了博物館後，搭車經過戚普塞街。很快的，車子來到知名歌革和馬各雕像所在的班奈特鐘錶店門口。這兩尊當初差點害工頭從屋頂報時球上跌落喪命，但事發當時福特還不滿兩歲，顯然班奈特製造的創業理念和革新精神，跟福特相當接近，所以當他看到門口的這座大時鐘，立刻就決定要將整座門面買下，包括時鐘、歌革和馬各雕像等。店家初聞他的購買意願時，百般不願意，但是在他的堅持不輟下，隔年終於願意出售。

不過，班奈特這套時鐘門面設計，可沒有那麼容易就棄守讓倫敦市民仰望的位置。距離當初工人千辛萬苦把它們安裝上去的六十年後，福特請來的包工，也足足花了好幾個禮拜才把它們拆卸下來，原因是下方街道太過狹窄，平日又擠得水洩不通，所以當局只允許他們在週日施工。最後，歌革和馬各兩座雕像終於百般不情願的下來，不再對著倫敦張望，跟著店門口的大時鐘一起裝箱，運往迪爾本，從此在美國定居。

其實，亨利．福特本人就是鐘錶匠出身，而不是汽車工人。至少關於福特的生平，福特汽車公司所描述的美化版本是這麼說的：

在亨利．福特小時候，修手錶就已經是家常便飯的事了。他十四歲修了第一支手錶（現存於密西根州迪爾本鎮的私人收藏中），只靠一根鐵釘、女性緊身內衣上鐵絲作成的鑷子、外加兩根毛線棒就完成了……多年後，亨利．福特將這些他在冬夜裡學會的修錶技術和精密

1929 年，亨利・福特聘請的工人將班奈特店門口的歌革和馬各雕像卸下的情景

態度，運用在製造三千輛汽車和卡車的生產上。更重要的是，福特先生從製錶的經驗中，想出了使用裝配線生產汽車的作業方式。

福特在一九二二年出版的自傳中，提到自己十多歲的時候，在密西根州航海工程工廠裡當學徒，然後晚上還會在底特律市的羅伯特・馬吉爾（Robert Magill）珠寶店兼差，幫人家修手錶。那是一八八〇年代的事了：

> 剛當學徒的時候，有一段期間，我可能有做出三百支手錶。因為當時我一度在盤算，自己可以用一支三十分的價錢，造出堪用的手錶，我還差點就這樣投入這個行業。但後來我沒有這樣做，因為我轉念一想，手錶這種東西，沒有那麼廣泛的用途，也不是每個人都會花錢去買。但我為什麼會有此結論，我現在也說不明白。

結果，他轉向汽車製造業發展——真是好大的轉變。福特的汽車公司領先時代，採用被稱為「福特制」（Fordism）的生產型態，這樣用機械生產一致性零件的大量生產模式效率被發揮到極致；還有他想出來的裝配線作業模式，可以讓工人在原地等產品和零件送到眼前，再加以組裝。

但是，製造業其實花了很長的時間，才終於進步到二十世紀初的這個程度，讓福特得以推出T型車（Model T），提供大眾擁有個人的交通工具。早在一七六〇年代，蘇格蘭歷史學家兼哲學家亞當．費格森（Adam Ferguson）曾經撰文寫下：「製造、生產最成功的情況，應該是生產者不動用腦力，作坊也完全不動用到人類的想像力，就好像是引擎一樣。」研究汽車史的史學家安德魯．納胡姆（Andrew Nahum）也認為此說法是對福特車廠「最完美的描述」。這中間要不是經歷了十八和十九世紀製造業的陣痛期，一再受到鐘錶製造文化的衝擊和洗禮，以及約翰．班納特之流的業者鼓吹，是不可能讓福特生產線的一貫作業美夢成真的。這點福特了然於胸。

班奈特和福特兩人都在十多歲時就進入鐘錶維修業，之後更在傳統製造產業不願改變的抗拒中，徹底改變了製造業。約翰．班奈特在一八九七年過世時，雖然窮途潦倒，無人聞問，可能只有克拉肯威爾製錶業的工匠恨他恨得牙癢癢，但他卻在歷史洪流中留下了他的腳印。在他的幫助下，以及歌革和馬各在密西根的守望下，鐘錶業使得亨利．福特成為當時地球上最富有的人之一。

第八章

規範

電氣報時系統，一九〇三～一九〇六年

這天對安泰爾（Antel）家而言，是值得驕傲的一天。他們來到布爾諾城（Brno）古老的中世紀教堂——聖詹姆士教堂相聚。布爾諾是摩拉維亞（Moravian）地方的歷史古城，位於今日捷克共和國境內；布爾諾城中的聖詹姆士教堂，則是該城在中世紀興建的第二座教堂。

聖誕節過後三天，安泰爾家的妻子盧蜜拉（Ludmilla）產下女兒伊蒂絲（Edith），這是安泰爾夫婦婚後的第一個孩子，所以一九〇七年剛開始後不久，全家人一起來到教堂，給女兒伊蒂絲行浸禮。因為正值隆冬，所有與會的親友都穿著厚重衣服，簇擁在一起取暖，一邊等候其他家人、朋友的到來。

教堂大門外，可以聽到城市電車發出的哼聲和機械撞擊聲，在街上呼嘯而過。這樣的景象對布爾諾當地居民而言，其實算是相當新奇的現代產物，也都還在適應階段。因為當地電車是在一九〇〇年才完成的，在這之前，當地人的主要交通工具還是仰賴吵雜、緩慢的馬車，以及較晚引進的蒸汽小火車——這種小火車當時在布爾諾大概運行了幾十年的時間。就在教堂幾步外，是布爾諾的中央廣場，這裡夜晚已經有電燈照明了，所以在冬日夜晚不會顯得那麼陰沉黯淡。同樣享有電力照明的，是在更遠處的布爾諾火車站主站。當時布爾諾已經推動現代化好幾年了，但這些公共照明的設置，仍算是非常晚近的科技產物。這座城正不斷在進步之中。

布爾諾聖詹姆士教堂和中央廣場鐘樓，攝於20世紀初

等安泰爾家族的所有親人、朋友齊聚教堂後，就要開始進行伊蒂絲的洗禮儀式了。在此同時，高懸在聖詹姆士教堂鐘樓上的大型時鐘，忽然開始慢慢的敲動其沉重的鳴鐘，好像是要幫這個喜氣的場合慶祝一樣。同一時間，不遠處的布爾諾市廣場上，市政廳的大鐘也不約而同的響了起來。這時，攘來攘往於布爾諾火車站的乘客，當他們不經意的抬頭仰望高掛在車站兩座塔樓上的大鐘，也許會發現，時鐘上的時間，就與教堂和市政廳鐘塔的報時完全同步，既不快，也不慢。

其實，布爾諾市整套連接火車站、市政廳和聖詹姆士教堂的電子報時系統，當時才剛完成不到幾個月。在那個年代，這可是領先時代的尖端科技。那些傳統鐘塔的老爺鐘紛紛都被汰換掉，這些老鐘，過去仰賴沉重大石做為砝碼來推動，也因為這樣，每一座鐘的時間快慢都不一樣，要將它們上緊發條、校準和維修，皆是非常辛苦又危險的高難度工作。新換的鐘，則仰賴一套複雜的現代機械網路來運作，動力來自強大的電子馬達，不會受天候影響，無論寒冬、大雨或是下雪，都不會影響其運作。換作是過去那些脆弱的手動發調老鐘，遇到這些狀況肯定都紛紛罷工了。電路系統也讓這些高掛在塔樓上的大鐘機件可以透過電線獲得時間校準，接收來自遠處其他更高精密度的鐘對時。當時這些高精密度的鐘，雖然也採用鐘擺為動力，但是因為刻意存放在乾燥、溫暖的地方，每天定時接受工作人員的維修，所以準確性更高。布爾諾城中各處的公共時鐘，靠著埋在地下的纜線以光速傳遞報時訊息，送往各個鐘塔頂端的時鐘，所以能同步將標準時間報告給全城居民。

布爾諾城是很早就接受現代化的城市。現在，熱愛近代建築的旅客，會前來布爾諾朝聖，探訪那些在一九二〇和一九三〇年代建造、由知名建築師如路德維希・密斯・范・德・羅（Ludwig Mies van der Rohe）所設計的建築。范・德・羅設計的屠根哈特別莊（Tugendhat Villa）就座落於布魯諾中心萬紫千紅的花園中，因為是非常具代表性的近代建築，所以在二〇〇一年時，被聯合國教科文組織指定為世界文化遺產。但，這些近代建築的出現，標示的其實並非布爾諾時代的來臨，而是屬於布爾諾時代的結束。

布爾諾市在一八八二年開始電氣化，當時是官方為了興建德語市立劇場（German City Theatre），邀請當時電氣先驅湯瑪斯・愛迪生（Thomas Edison）來打造劇場內的電氣化燈光系統，以取代當時較常見的舊式瓦斯照明設備。會有這樣的創舉，是因為就在前一年，尼斯、布拉格、維也納等地的劇場，全都因為瓦斯燈光設備異常而付之一炬，損失慘重，還害死數百條的觀眾性命。在維也納，瓦斯設備異常導致爆炸，延燒到戲院內的布景懸吊系統，接著又燒到觀眾席，偏偏劇院內的緊急照明系統失常，再加上緊急出口的大門設計成只能向內開，讓所有的觀眾就這樣葬身火海。這場大火也導致該劇院的經理入獄。布爾諾劇院因此決定改採先進的電力燈光系統，成為全世界首座使用電力照明的公共建築。很快的，整座布爾諾城就欲罷不能了。

電力報時系統緊接著在一九〇三年到一九〇六年間，開始於布爾諾城進行鋪設。當時正逢標準化時間的浪潮襲捲全球各先進城市，每座城市都積極擁抱電氣化，電力報時系統因此就跟電車、電燈設施一樣，改變了當時現代化城市居民的生活。但，電力報時鐘不比電車和照明設備，對於日常生活的影響並沒有那麼明顯。對於許多到教堂禮拜的信眾而言，聖詹姆士教堂的新式電力時鐘敲起來跟往日一樣熟悉，因此它的出現也就沒有遭到抵抗，其存在也很快的就被人們忽略。在一九〇七年初這個冬日裡，當教堂報時的鐘聲響起，盧蜜拉和先生約翰・安泰爾感到分外悅耳，不自覺的抬起頭來，仰望鐘塔，然後再彼此對視，最後看著懷裡的伊蒂絲，滿臉的微笑，盡是初為人父母的驕傲。

約翰．安泰爾本人就是布爾諾城最創新的現代鐘錶匠，該城想在最醒目的公共建築上安裝採用最新科技的電力報時系統時，便登門找上他。安泰爾可說是引領布爾諾城走向未來的那雙推手。

即使是二十一世紀的現在，我們依然視電氣為未來的象徵。像電動汽車、電動火車、屋頂上的太陽能板、風力發電渦輪、口袋裡的行動電話等，這些都成為更進步、更乾淨、更快速、更安全、與未來更緊密連結的象徵。電力以光速穿梭在廣大的世界，藉電線和乙太傳遞網絡訊號。電力已經定義了現代：電氣就是現代。

電力時鐘，就像這座布爾諾的時鐘，以及世界其他城市無數的鐘一樣，只是日常生活中實用性的科技產物，目的在幫助人們更有效率的運用時間。那些在辦公場所、火車站、其他公共場所牆上懸掛的鐘也一樣，都融入被人們忽略的背景之中，多數人經過時幾乎不會看第二眼。但是，這點也正好證明，時鐘已經多成功的改變了人類的行為規範，自從電力時鐘在十九世紀下半葉被開發出來以後，那些人類社會賴以運作的最基本規則就徹底的被改寫了。因此，這些時鐘，並非不值一提的小事，相反的，甚至是最崇高的美德的參考指標。過去一五〇年來，時鐘成為將大眾行為標準化的基本工具，約束大眾從事符合當權者認可的行為。

原因正是電氣化報時系統，讓時間得以標準化。

前面提過格林威治標準時間。對格林威治市而言，這個標準時間就是當地時間，但對遠在西邊一一〇英里外的布里斯托（Bristol）市而言，就不算當地時間了。若是依照太陽對時，布里斯托的時間應該要晚格林威治十分鐘，我們要是回到一六七五年，當時每一座城市都可以照當地的時間來運作。不過，現在我們的時代，布里斯托和英國其他地方都要按照格林威治時間來運作，這是因為在十九世紀時，全世界決定要將時間標準化。

標準時間這套系統，是指在同一座城、同一個地區、國家、甚至是整個大陸，裡頭的每一個人都同意將自己的時鐘調成跟某特定地區一樣的時間，比如英國，就使用格林威治標準時間。雖然，對於住在該標準時間以東、或是以西地方的人來說，依據太陽計算的時間，可能會不同於標準時間，但基於規範、原則的要求，大家決定捨棄這些當地時間上的差異，奉行單一標準時間。

要是問英國人，為什麼英國會開始採用標準化時間，可能會不約而同的回答是因為鐵路建造。按照這個說法，英國最早的載人火車，是在一八三〇和一八四〇年代建造的，整個鐵路網奉行同一套標準化的時間從此變得很重要。要不然，怎麼管理東西向的火車，像是大西部鐵路（Great Western Railway）從布里斯托到倫敦的這一段？總不能每過一站就要調整一次手錶。而且如果旅客想要一份易懂的火車時刻表，鐵路系統的安全性取決於將共用鐵軌的列車妥善分開，因此商定單一的時間表不僅方便，甚至可以挽救生命。所以，在一八四〇年時，大西部鐵路上每一站都放棄了自己的當地時間，改成採用鐵路公司的時間，鐵路公司則採用倫敦所使用的時間，又因為當時倫敦唯一能得到正確時間的地方，就是格林威治，所以格林威治時間變成了標準時間。之後，又因為另一條基礎設施網路——電報系統沿著火車軌道建設，電報系統除了可用來傳送摩斯密碼，又可用來報時，而讓鐵路沿線各站的時區得以統一。前幾章我們提過，全球各地沿岸的報時系統透過鄰近天文台所提供的電力報時，讓海上帝國的遠洋船隻可以為導航用的經線儀對時。同樣的原理，也成為鐵路系統蓬勃發展的推手。

光靠在格林威治的一座時鐘，只要使用電脈衝，就可以自動將上午十點的整點報時，傳送到數百英里外的地方。同樣的電力報時訊號，鐵路沿線的每一站都可以接收到；到了各站後，再經過一些裝置安排，就可以將這個報時訊號傳送到更遠的支線網路去。這樣一來，每一座車站上的時鐘，都可以依格林威治標準時間來對時，車站每一名員工的手錶，又可以將格林威治標準時間帶到路上去。就這樣，只靠單一的中央標準時鐘，讓整個鐵路網的時間全都單一化。到了一八五〇年代，全英國上下每一條鐵路所用的時間標準，就都奉行同一個格林威治標準時間了。

格林威治天文台報時控制檯旁邊的助手，攝於 1897 年左右

這說法聽起來既合理又美好。但多半科技史講到這裡時，還會進一步延伸。有人主張，到一八五五年時，不僅僅是全英的鐵路網，包括全英國的法定標準時間（civil time）——也就是日常生活的時間——都已經奉行格林威治標準時間，至此，全英國人都放棄了當地時間的多元生活面相。這種說法基本上是認為，日常生活的時間，最早只是被運用在單一方面，像是被鐵路公司採用，繼而很快的影響到日常生活——但這個假設卻是錯的。

其實，要採用兩套不同的時間制來過日子，並不是辦不到的事。火車時間和當地時間並不一定要合一，大家可以隨時變來變去，也不妨礙。乍聽之下兩套時間制很不方便，但現代人不也很習慣兩套時間制（二十四小時制和十二小時制）？雖然，對有些人而言需要動點腦筋才能轉換過來。另外，現代人也常使用兩套不同的度量衡系統丈量（像是英制和公制），溫度系統也有兩套（攝氏和華氏）。沒錯，雖然有些人認為這樣的雙軌制早就該廢除，但重點在於我們生活中的確可以接受多種度量衡制度同時並行。既然如此，當地時間和標準時間也可以採用雙軌制，如果認為鐵路標準時間影響了當地時間，這種說法是誤以為在那之後就沒有時間雙軌制了。然而，事實上，之後還持續在使用當地時直到一八八〇年代才被廢除，這已是鐵路系統運行了半世紀以後的事。的確，將標準化時間普及到日常生活，鐵路扮演其中推波助瀾的角色，但是真正最大的原因並不在此，而在於維多利亞時代的道德理念和電氣化時鐘。

二〇〇七年時，我和詹姆斯·奈伊（James Nye）合作，他是鑽研電氣化計時器的史學家，我們研究的對象是標準時間公司（Standard Time Company）。該公司成立於一八七六年，營業項目是以電力系統將自動化報時網路擴展到倫敦各處。在我們的研究過程中，詹姆斯發現一份該公司一八八六年使用的訂戶名單，還有一份手繪的全市線路配置圖，標明倫敦各地的報時線路。我們一看到這份名單和線路圖，就知道挖到寶了。因為這份資料，讓我們對電氣化和時間標準化的過程全面改觀，同時對維多利亞時代有了不同的認識，也更了解其道德理念和追求現代化的不懈精神。

我們瀏覽整份訂戶名單和線路圖，閱讀維多利亞時代倫敦舊地圖上的種種細節，將地圖上的老街道平面圖和現代地圖一一比對，再查詢許多街道登錄系統，以便確定標準時間公司的管線真正經過的路徑。接著，我們到這些街道實際查訪，了解當時該公司的市場有多大，以此推測該公司在一八八六年時的規模，以及其設備有多現代化。在經過幾個禮拜的調查和研究後，我們慢慢明白是怎麼一回事了。

原來，在一八八六年，標準時間公司在倫敦共有三百名訂戶，分別座落於市內三三六個不同的地方，這些地方都和該公司的電氣報時網路相連，每小時會有固定的電流自動流入這些訂戶的時鐘，將它們一一校準成標準時間。這數千座掛在不同建築物牆上的時鐘，就這樣調校成跟標準時間相差不到一秒的誤差值；標準時間公司的電氣同步報時訊號，由該公司位於倫敦市控制中心的主鐘送出來，透過電報網路，每小時送抵這些外部時鐘。在當時，倫敦有數萬人仰賴標準時間公司的報時，藉此協調國政、財金和商務等各方面的事務。

有很多標準時間公司的訂戶，像是銀行、證券交易所和票據交換所，都需要知道正確時間，這很容易理解。但是，有將近四分之一的訂戶，並不屬於這類型的業務範圍，比如當時倫敦市內總數達八十多家的酒吧、咖啡館和餐廳，他們也找上標準時間公司要求提供正確的電氣報時。我和詹姆斯一開始不懂為什麼時間對這些店家來說這麼重要，為了要一探究竟，我們依名單去查訪，看有哪些店家現在還在營業。為此我們走了很多路，一旦找到，難免要跟著喝上許多酒。可惜的是，我們並沒有機會多喝幾杯，因為訂戶名單上的酒吧很多老早就已經歇業，或者在兩次世界大戰期間被夷為平地，標準時間公司自己也在證券市場上被多次整併，更多酒吧則是在戰後重建過程中灰飛湮滅。另外，走訪酒吧的時間，只限於它們開店的時間，也就是中午到晚上十一點之間。

維多利亞時代的酒精飲料銷售規定，是英國禁制法案中最具爭議的一條。專研禁酒史的史學家安東尼．丁格爾（Anthony Dingle）曾寫：「維多利亞時代的人貪杯成性。當時的知識分子和達官顯要，對於飲酒的社會地位爭論不休，其嚴重程度，非今人所能想像。」一八七二年，英國頒發的《許可法》（*Licensing Act*），是英國第一部針對全國性公開販售酒精飲料時限所頒布的法令，全國上下為了這部法令爭吵，前後花了好多時間、什麼難聽話都說出口——但這還不是英國唯一一部類似的法律，前後還有很多，只是因為這部法案牽涉到太多的問題，包括階級、自由、公共衛生和國家權威，這也最能彰顯出維多利亞時代的道德價值觀，以及那個時代使用時鐘來約束人們行為的作法。維多利亞時代的英國，人們從時鐘體會到人生的無常，再從無常中體悟出行為必須有所節制，就像透過法案頒布允許飲酒的時間，將人民可以飲酒的時間都交到政府的手上去約束。

什麼時間允許飲酒呢？一八七〇年代，雖然已經有了火車奉行的標準時間，但是英國各地其實還是照自己的當地時間在運作。在一八五八年的判例「寇帝斯訴馬奇」（Curtis v. March）中就宣判，英國各地法庭所根據判案的時間，是當地時間，而非格林威治標準時間。但這樣的時間制遇上強調凡事應節制的立法者而言，卻出現很多問題。因為，既然要定下販售酒精飲料的時間，那有兩件事要先確定：首先，各酒吧應該遵循的是標準時間還是當地時間？其次，每個人，不論酒客或是酒吧，都能夠取得正確的時間。這樣一來，要是你想告發酒店老闆超時售酒，你舉證的時間就要先沒有可議之處才能成立，不是嗎？

於是，一八七四年英國國會針對這項一八七二年的《許可法》執法成效進行討論，其中，時間制這個讓人頭痛的問題就成為焦點。一名國會議員提議，所有酒吧的時鐘都應該和皇家天文台連線，這樣他們就沒有理由說自己不知道時間。剛好，兩年後標準時間公司成立了——這也正好讓我們了解到，為什麼會有那麼多酒吧因為想取得報時服務，而成為該公司的訂戶。

不過，牽涉到的第二個問題比較難解決。那就是，當時英國法律所許可的各地酒吧營業時間，究竟是根據當地時間，還是格林威治標準時間？一名國會議員就主張，「對於法案的施行，講求一致性才能獲得成效。」他更認為，應該增修條文，載明官方的許可時間，「是依據格林威治皇家天文台而定」。此事就這樣被擱置了六年，直到一八八〇年八月，英國通過一條法案，規定格林威治標準時間為所有英國法條執法時所依據的官方時間標準，而愛爾蘭法律則依據都柏林標準時間。

由此可知，在英國，當地時間之所以會走入歷史，倒不是因為鐵路時間引發各地群起效尤，而是因為一八七〇年代的禁酒社會改革，讓國會議員希望藉由時鐘來推動道德的聖戰。而且，在當時，還不只有這些議員想要這麼做而已。

一九〇二年，英國社會主義改革派議員席尼．韋布（Sidney Webb）更主張：

> 十九世紀，在英國所有關於社會組織的創制中，「工廠法立法」（Factory Legislation）的影響最為深遠。到了二十世紀初，這部法案所管束的範圍之廣，遠比公立圖書館、或是儲蓄銀行分布的範圍還要廣。其影響力可以說無遠弗屆，就算不能說是無處不在，但至少要比公立小學或是警察，更普遍可見。

韋布這段話提到的，就是英國於一八〇二年通過的第一部《工廠法》（*Factory Act*），這部法案當初是為了保護曼徹斯特棉花紡織廠的童工而推動的，也是第一部以立法方式限制工作時數的法案。在這之後，英國在十九世紀初的幾十個年頭裡接連又推動許多部法案，這些法案之間都有一個共同點，那就是——都沒有把時間制考慮進去，反而是任由工廠負責人和管理階層自行操作時鐘，決定上班工時。可想而知，這樣一定會讓有心人有漏洞可鑽。

英國在一八四四年再次推動的《工廠法》，則是第一部針對時間的標準化有明確定義的法案，其目的是在規定工作時數。「兒童和青少年的工作時數……應受到公立時鐘的規範，或者是其他擺在公開地點的時鐘。」而且法案也規定，地方工廠所使用的時鐘必須獲得巡官認可。這意味著工廠再也不能使用自己的時鐘，因為那種靠水車轉動機械來驅動的時鐘，往往會走得比標準時鐘慢，藉此工廠讓員工變相加班。然而，即使頒布工廠的時間標準，依然存在著漏洞。

所以到了一八八〇年時，英國再次立法，規定格林威治標準時間是全英國的官方標準時間，從此以後，《工廠法》中的工時規定才有了準則。但這樣的狀況，一出大城市就不管用了，很多地方依然拖了很久才肯接受新的規範。因此，我們可以看到，一九〇一年再次推出的《工廠法》，顯示自從一八四四年以來，很多方面都未真正落實：

一旦巡官指定一座公用時鐘、或是其他擺在公開地點的時鐘，做為規範一座工廠或工坊的工作時數，並將之載入文字，則此後該工廠或工坊之工作時數和用餐時間，即須依據該座時鐘為準。

一直到十九、二十世紀之交，一些曼徹斯特和英國西北方的工廠和紡織廠，都還是任由廠商自定時間制，但這種作法，還不只是讓工廠工人感覺自己無能為力。當時，許多工廠常因為公立時鐘所報的時間不同，造成巡官認定該工廠違法超時工作，導致其工廠管理人員被起訴。所以到了一九一三年，英國奧爾丹棉花紡織業主協會（Oldham Master Cotton Spinners' Association）看到協會中的成員一再被起訴後，終於按捺不住，登高一呼，認為這些人是「遭到不公平待遇的受害者」。此舉雖然並未為紡織業者博得同情，但卻足以讓該協會想出對策。這個對策，從倫敦到布爾諾等各大歐洲先進城市，正巧都在如火如荼的展開：要求建設一套電力時鐘的網絡，橫布整個蘭開郡，讓郡內所有時鐘都依據該協會總辦公室的主鐘時間報時；總辦公室時鐘的時間，則由電氣報時系統連線到皇家天文台，與格林威治標準時間同步。

所以，公立時鐘所顯示的標準時間，基本上就是道德規訓的工具，而其功能與電力則有著密不可分的關連，因為若沒有電氣化，報時信號就無法即時傳送到所有地點；若沒有電氣設施，遠在蘭開郡的棉花紡織廠，離它最近的電話交換站或是郵局都在好幾英里外，就算當時英國鐵路化已經讓鐵路沿線的時間都依格林威治標準時間統一了，這些綿花紡織廠依舊好幾十年都奉行自己的一套時間。即使在倫敦市內，酒吧業者也是自行其道，有他們自己的營業時間，一直到英國國會和電力工程界發展到一定程度，禁酒的倡議人士才真的有可用的工具，對於酒精飲料的銷售時間加以限制。

那些高掛在半空的電線，還不只是讓全英酒吧的營業時間標準化而已，它同時也讓那些奉行自己時間的時間孤島、那些標準時間的化外之民，不管是遠在奧爾丹或是老街，都落入道德規範改革派和其時鐘的操控中。一旦在英國和全球各地的現代化城市驗證這套標準時間系統後，道德規範的發動機就沒有做不到的事了。

當我和詹姆斯·奈伊還在倫敦摸索那些具歷史性的酒吧時，二〇〇七年這一年，我花了很長一段時間在找尋威廉·魏勒（William Willett）的足跡。他是出生在一八五六年的地產開發商，負責在倫敦和布萊頓（Brighton）等地經手大型房地產的買賣。魏勒本人對於日光情有獨鍾，在二十歲出頭時，他就投入父親的建設公司，之後的二十五年時間裡，兩人合力建造許多高檔的建案，至今還被評論者津津樂道。這些建案都經過精心設計，好讓自然光線可以穿過大面積又大量的窗戶照進屋內。

但魏勒對於日光的痴迷，並不只在工作上：他認為，日光本身具有道德價值的含意，能夠符合他對於社會改革所抱持的熱忱，也導致他日後的志向轉變。這個轉變讓他投入後半生的志業，也讓他因而享譽至今。他的女兒葛楚（Gertrude）清楚記得當年的情形：「每日清晨早餐前，他會騎馬穿過佩茲森林（Petts Wood）……那裡有很多騎馬小徑，在整片松林間來來去去，就是在這裡，讓他想到了日光節約時間這件事。」這件事出現在一九〇六年前後，魏勒從此將自己的人生全數投入在推動一項法案，希望能夠讓英國每年春、秋兩季全面調整時鐘和手錶，以便所有人都能在夏天好好利用日光。

「日光節約時間」在英國又被稱為「英國夏令時間」（British Summer Time），作法是每年夏天將所有鐘錶都調快一小時，所以原本是早上九點的時間，變成早上十點；如果一天工時是九小時，就要提早一個小時去上班，就這麼簡單。其實這樣做，並沒有多爭取到一點日光（想也知道），只是在夏天早一個小時起床，早一個小時睡覺而已，這樣夏天黃昏就會變得比較想睡（因為上床的時間提早了）。現代人之所以會這樣做，就是因為威廉・魏勒認為這對大家都有好處。

當魏勒在一九〇七年開始倡導這個想法時，當時的衛道人士紛紛站出來聲援魏勒。亞瑟・柯南・道爾（Arthur Conan Doyle）對這個提議更是讚不絕口，他說：「每個人在夏天時都能提早下班，回家照顧一下家裡的小花園、或是從事自己的興趣、嗜好，那真是件好事。」約翰・魯伯克（John Lubbock）、艾夫伯里爵士（Lord Avebury）——也就是提出公休日想法的人，也都支持魏勒的想法，可以讓倫敦的許多庶務專員「提早下班，還有時間打場板球，或是從事一些健康的戶外活動，我相信這是對這些人莫大的恩賜。」一九一一年，時任英國內政部長的溫斯頓・邱吉爾（Winston Churchill）更主張「將來，滿懷感激的英國人後代、會因為生活更為明亮、健康，而為魏勒先生立像紀念，並在每年最長的一天裡，在雕像前擺上鮮花。」

可惜的是，魏勒來不及見到自己推廣的計畫實現，壯志未酬，在一九一五年過世。生前他始終在各地大聲疾呼日光節約時間，最後更讓英國國會為此案籌組了兩個特別委員會，但其實英國是到了一九一六年，與德國在第一次世界大戰交手時，眼睜睜看德軍先想到可以採用日光節約時間的方法，以節省夜晚照亮彈藥庫的燃料，而且在德軍試行後，又陸續在奧匈帝國、荷蘭、比利時、丹麥和瑞典奏效，才在數週後姍姍來遲，從此日光節約時間也進入英國。

從實施日光節約時間初期，大家就已經知道，一切是這位戚索赫斯特營建商道德規範的詭計。打從一九一六年英國實施夏日節約時間實驗的第一天，報紙記者就發現，在靠近黑衣修士（Blackfriars）車站的人行道上，有人用粉筆塗鴉，語帶諷刺的寫下：「愚人節，五月二十一日，早起一小時，還要假裝沒這回事。」儘管如此，大家還是只能按表操課，因為這個計畫背後有一群有權有勢的支持者。

對於使用電氣化時間的行業而言，打從施行日光節約時間，他們就嗅到了商機，把威廉·魏勒這個道德規範的計畫視為特洛伊木馬，這樣可以把他們的科技悄悄帶進都會生活，深植於官方規定的種種活動之中。果然，日光節約時間的施行，就讓一九〇八年英國國會為此成立的特別委員會舉辦了一場公聽會，認真考慮要將電氣化商機帶進日光節約時間的施行中。

想像一下，在一九〇八年五月二十六日星期二這天，委員會由海斯（Hythe）鎮的議員艾德華・賽松（Edward Sassoon）擔任召集人，他娶了當時對海外電氣化電報網路收歸國有非常關注的銀行世家羅斯柴爾德（Rothschild）的女兒。召開委員會的這一天，他對面坐著標準時間公司的董事長聖安德魯・聖約翰・文恩（St Andrew St John Winne），當時該公司依然負責將格林威治的報時銷售給各酒吧、辦公室和銀行（包括羅斯柴爾家族的銀行）。文恩向賽松說明，魏勒的日光節約時間，只要採用敝公司的電氣化同步器材，就很容易施行。他還特別帶來器材，在委員會桌上當眾示範其運作方式。下一位受邀前來公聽會報告的證人，則是法蘭克・荷普—瓊斯，他是經線儀公司的創辦人，他所建造的電氣化報時系統，跟數年前在捷克布爾諾是完全一樣的系統，也是五年後，奧爾丹棉花紡織業主協會想在蘭開郡全郡採用的同一套系統。荷普—瓊斯向委員熱切的說明，電氣化報時系統的新科技為「更合理的報時方式」，他也提出他的不安，指出英國所採用的標準時間方法「遠遠落後於其他文明國家」。

威廉・魏勒當然不是第一個對於勞工階級虛耗時間感到不滿的人，他也不是第一位想藉時間來矯正這個問題的人。他的態度，多少可以說是累積數百年來人類文明主張用時鐘做為紀律基準的想法產物，差別只是，有些人是用來達成宗教的目的，有些人則是用來達成工業產能的目的。因為有了電力，時鐘獲得新的能力，可以擴展得更廣，社會的道德層次也因此提升。

電力就代表現代化。十九世紀過去，隨之而來的二十世紀中，電力開始改變日常生活的每一個面相：從人們的溝通方式、移動方式，到健康、生活品質等，無一不被電氣化進程所觸及。電氣化也改變了當時人們眼中的世界、以及對自己的觀點。一個電氣化的未來，充斥在當時的小說和雜誌文章中，同時也在藝術作品和廣告裡被生動描繪。對當時的人們而言，電氣化象徵了浪漫、興奮、甚至是震懾感。電氣化發展對當代人類生活所引發的強烈震撼，要說有多誇張就有多誇張，當時許多人習以為常的老技術，像是製鐘等，運用電氣化改良後，也帶來同樣的效果。一些較晚近的技術，也在當時獲得電氣化的改進。更因為這一股新的現代動力，讓整個西方社會的道德架構都徹底翻新。

一九〇八年，英國國會的特別委員會針對日光節約時間召開公聽會，會議中，倡議電力時鐘人士所要鼓吹的，正是這樣的現代化進程，也是他們長久以來努力的方向。當時，距離奧伯特·愛因斯坦發表狹義相對論才不到三年的時間，這個誰也沒想到、想破頭也很難理解的理論，主張光速雖然是絕對的，但時間卻依個人觀點不同而有相對性。標準時間公司、經線儀公司和遠在捷克布爾諾的約翰·安泰爾，三者都同樣以光速提供用戶標準時間，但這個時間，卻依據當時不同的掌權者，其道德立場和觀點有所不同，從酒精飲料到童工、到工人怠惰浪費工時，各有不同的時間標準。但不管時間所要解決的規範災難是什麼，只要有電力和時鐘，一切就可以解決。

只要能讓時間標準化，當權者在這個標準時區內，就能控制所有人的行動，早上幾點該起床、晚上幾點該上床、什麼時間允許買酒、什麼時間不准買、一天在工廠或店鋪上班的時間多長、夏天日照時間較長所以能享受多少的日照、前往其他地方旅行能多便捷……都在其控制之中。當權者也可藉此判定哪些行為是端正的？哪些又是不檢的？哪些符合道德標準？哪些又不道德？

下次，當你一早和睡意搏鬥，搭乘擁擠的公車上班，或者尖峰時段被困在車水馬龍之中，別忘了，其實你是在遵循電子鐘的命令。說得更確實點，你是在奉行政府的命令，只是它透過時間來告訴你該如何表現。數百年來，時間一直被用來規範民眾，有了新的電氣系統後，道德控制就能以光速施行了。我們也總是唯命是從。應該是吧？你說呢？

第九章

反抗

天文望遠鏡轉儀鐘，愛丁堡，一九一三年

一九一三年五月十六日星期五這天，當地居民一等愛丁堡地方晚報送到書報攤，談論的焦點都落在當天早上所發生的恐怖事件。這起事件是由女性參政權倡議者所犯下的，她們早上在鄰近達爾基斯（Dalkeith）鎮的教堂鍋爐室放置炸彈，這座教堂的所有人是布克魯克公爵（Duke Buccleuch）。炸彈在未引爆前，就被一名工人發現，要是引爆成功，在上方教堂作禮拜的信眾肯定要全數罹難了。報導中同時提到，教堂裡還有布克魯克家族的墓室，更讓讀者對這起事件感到可怕，這表示犯罪者還有意褻瀆先人的遺體。所以有些人說，希望軍方進駐，以保護地方產業；還說倫敦警察廳辦事不力，因為他們畏懼當時正橫掃全英的女性參政權倡議者的淫威。如果連教堂聖地都可以容許暴力，還有什麼地方是安全的？

當晚，就在愛丁堡市中心西南方外、座落於布雷克佛丘（Blackford Hill）上的皇家天文台，助理約翰・史托利（John Storey）發現可疑身影在天文台外徘徊留連。他向主管機關通報，他的主管雷夫・山普森（Ralph Sampson）是愛丁堡當地人，奉派為蘇格蘭皇家天文學家，偏偏，他和這些婦運團體結怨甚深，特別擔心她們會對他不利。山普森所管轄的皇家天文台內，滿是貴重又精密的天文儀器，這些儀器有些是觀星用的，有些則是報時用的，只有山普森和兩名助理可以取用。山普森很清楚這些儀器如果遭遇恐攻，絕對不堪一擊。所以，隔天他立刻寫信給愛丁堡市警局的局長，請求他加派警力保護天文台。然而，局長的回覆卻是：警力的開銷要由天文台的人事經費支付，否則警方恕難從命。山普森為此擔心了好幾天，但他的擔心並不是毫無來由的。因為，就在他還沒想出防範之道時，他所擔心的事就發生了——一顆炸彈在皇家天文台爆炸。

五月二十一日星期三這天，愛丁堡狂風暴雨，特別潮溼。一早，睡夢中的山普森就被巨響吵醒，他原以為只是撞門的聲音，所以又回頭繼續睡。但其實，有人在天文台西側天文望遠鏡觀測台的中層擺放了土製炸彈，這個炸彈就放在鐵製樓梯旁，上頭連有三十尺長的引信，一路沿著樓梯拉到下層的房間，這個房間是用來擺放天文觀測時的望遠鏡計時器。結果，等到山普森的佣人進望遠鏡觀測台後，才發現現場被炸得一片狼藉。

這場爆炸所造成的破壞力非常大，觀測台的門窗都被炸飛，天花板上的灰泥也被炸爛了，有些樓梯的台階被炸空，觀測台門窗的玻璃碎片噴飛一百英尺外。炸彈放置處的上方是天文望遠鏡室，因為地板特別厚重，所以下方設計有梁托來支撐重量，但因為受到爆炸的直接衝擊，梁托嚴重損壞，所幸樓地板沒垮，勉力撐住觀測台那兩部極其脆弱的天文望遠鏡。但，用來讓望遠鏡在地球自轉時依然能固定指向同一顆星的轉儀鐘（driving-clock）則沒能逃過一劫，損壞得相當嚴重。所幸，後來得以修復。

炸彈到底是誰安置的，不用想也知道。雖然真正下手的人始終沒有被找到，但在爆炸現場卻留有兩張字條，一張寫著：「自開天闢地以來，人類進步的過程每一階段都是靠著絞刑台和火刑樁，一台接一台、一樁接一樁打造出來的。」另一張則寫：「在冥頑不靈者面前，

1913 年，警方來到愛丁堡天文台調查爆炸案所造成的傷害

再多的訴求也是枉然。女人要投票權。」媒體將這顆引爆天文台的炸彈描述為「暴行」、「駭人聽聞」，並直指是女性參政權運動者幹的好事。

一開始，女性投票權倡議運動是反對暴力行為的，但到了一九一〇年代，該運動的倡議者卻以暴力抗議惡名昭彰，她們鎖定賽馬場、公園、觀光勝地及男性運動俱樂部下手。另外，交通運輸系統也是她們攻擊的目標，她們會用酸性液體倒進這些地方的郵筒裡，或是放火攻擊火車的車廂，也會剪斷人家的電話線，或是火災警報器的線路。

為什麼會想鎖定天文觀測台做為安置炸彈的目標呢？這裡就只有確定時間的天文望遠鏡和時鐘而已啊。答案再一次與時間標準化有關。標準化，在當時就象徵了權力和控制。科學本身，或者說是科學活動本身，很多地方其實就是權力的展現。全球運輸交通系統因為紛紛採用標準時間，也給了權力往全世界流動的機會。

這個進程，打從一八三〇年開始，其規模和效力就已經逐漸在擴大。當鐵路和電氣電報開始出現，讓一個大範圍的地區定出單一標準時間有其必要，同時也讓報時得以在這麼大的範圍中同步進行。但是，原本只是為了方便單一行業使用的協調技術，卻成為一套巨大、完整的系統，標準時間推廣到整個維多利亞時代和愛德華時代，深植於人們生活的各面相之中。隨著標準時間襲捲全球，時鐘也結合了火車和電報，投入由商業、貿易、帝國所交織成的龐大跨國體系，追根究柢，就是一個權力體系。而且，這些權力，全都操持在男性手上。從全球化中獲益的是男性；以科學方式將時間標準化，也是在男人所把持的世界中進行。

因此也難怪雷夫．山普森會為自己所管理的科學化天文台的安危感到憂心忡忡。他的時鐘和望遠鏡正是這些女性參政權運動者最想要攻擊的目標，她們認為整個體制就是刻意設計成處處對女性不利。在這些女性眼中，山普森的這些儀器，宛如暴君的化身一般。

加拿大作家喬治．伍考克（George Woodcock）是位無政府主義者，他同時也主張基於宗教理由不願服役，在二戰期間，他主要是在英國艾塞克斯郡（Essex）的農場作工。一九四四年，他寫了一篇文章名為〈時鐘的暴政〉（*The Tyranny of the Clock*），文中他主張「時鐘代表了現代人生活中機械化暴政的一環，其影響力遠勝於實質的暴君或是其他機械。」從此，時鐘是暴君的這個想法，常留在世人腦海中。因為，時鐘就是由這些暴君所製作出來的，使用前文提到的各種方法，遂行他的控制和脅迫。

既然是暴君，人們就想起而反抗。反抗的方式有時是透過單一引人注意的暴力行為——像是暗殺、或是血腥起義；有些反抗則是進行無數微小、安靜的行動，經過長時間的累積，成為強大甚至難以扼止的力量。這些反抗，多半時候是徒勞無功，尤其是就短期而言；更何況，暴君的定義因人而異，你眼中的暴君，在他眼中可能是自由鬥士。但誠如歷史一再證明的，暴政必遭反抗。如果想要了解人類文明，以及人們對於暴政的反抗，就可以看看人們是多麼視時鐘為無物。不管在哪裡，絕對可以找到，有人起而反抗時鐘的奴役。

一九六七年，嬉皮運動「愛之夏日」（Summer of Love）在舊金山達到最高潮，連帶的讓倫敦的嬉皮們也都群起效尤，向美國嬉皮運動者跟進。馬克思歷史學家兼社會運動者湯普森（E. P. Thompson）將當時盛行的退學風（dropout culture）作了一個比喻，就像歷史上人們對於時鐘和時間紀律的反抗。他指出，「西方工業資本主義下，一再出現的反抗型式，不管是藉十九世紀的波西米亞式生活（bohemian）或是披頭族（beatnik），都是以一種對眾所重視的時間加以輕蔑的態度來展現。」

研究時間的歷史學家對於他的論點一直有爭議。支持湯普森的一派主要認為，打從十八世紀以來，工業化的崛起在勞動階級人口之間，形塑一種新型態的時間紀律，慢慢的，越來越多勞動人口是按鐘點收費，而非按件計酬。但也有很多人（至今應該是大多數）不贊成他的說法，並不是工業資本主義崛起後，才迫使勞工接受這種由時鐘所決定的新奴役型態，反倒是早在工業資本主義崛起前，人們早就已經被時鐘以各種方式訓練成那樣，久遠到難以追溯，而且被波及的地區也遠在英國或任何西方的工業化國家之外。

但不論原因為何、何處開始、或是起於何時，使用時鐘來控制勞動力和百姓，其影響是極其深遠的，所以，難免也就會引起反抗。在勞工的時間管理上，英國工業時代的工廠和紡織廠當然有其問題存在：這些工廠中，時鐘是其勞工規範的一部分，但形成一個可以讓權力者上下其手的漏洞。至少十九世紀時，蘇格蘭丹第（Dundee）一家紡織廠的工人，就已經指證歷歷：

這幾家工廠裡的時鐘，早上都調得比較快，晚上則又調回來，所以這些時鐘，與其說是測量時間的工具，還不如說是廠方剝削勞力、壓榨勞工的障眼法……任何工人要是對於鐘錶科技稍微有點認識，往往難逃被解雇的命運。

紡織界不過是這類用時鐘來壓榨勞工、規範工人的企業之一，這個行業的雇主和管理階層明目張膽的在時間上動手腳，謀取非份之財。「知即權力」，早期工廠和紡織廠的工人不被允許配戴手錶進廠，就是怕他們得知自己被人誆騙免費加班。當時的工廠，整天都在對工廠的時鐘動手腳。

有些工廠的管理階層，動手腳的功夫還更上一層樓，他們直接找上鐘錶匠，請他們打造更別出心裁的機件，透過一些技術上的調整，能夠讓工人完全不知道自己上了多少小時的班，無意間工作時數就增加了。一八三二年，英國國會為了改革紡織工廠，擬定了「十小時工時法」（Ten Hours Bill），議員們為此在國會爭論不休。代表紐沃克（Newark）選區的議員麥可．湯瑪士．塞德勒（Michael Thomas Sadler）屬社會改革派，也是該法案的主要推動人，他的這番話，震驚在座的所有國會議員：

> 眾所周知，在某些紡織廠和工廠中有一種陋習，他們會使用兩部或多部不同的時鐘或計時設備，其中一部是正常報時，或稱打卡鐘（Time Clock）；另一部則是由蒸汽引擎或其他機械控制轉速，一般稱為「變速鐘」（Speed Clock），這是用來管理每日工時的。名義上應該每天限制固定工時，但工廠通常會想辦法讓這個限定時間增加。

這類的變速鐘或是引擎鐘，有些還保存到現在，光從其數量，就可以知道當時這種作法肯定在紡織界非常普遍。其中有一座鐘是一八一〇年製造的，位於柴郡麥克斯菲爾德鎮（Macclesfield）格林公園（Park Green）的絲綢紡織廠。這座鐘的鐘面和分針、時針分別用把手和皮帶，連接到做為紡織廠動力的水車上，只要河水流得慢，工人那天的工時就變長。另一座鐘是北約克郡史克普頓（Skipton）的約翰・巴瑞特（John Barrett）所製作，這座鐘依該工廠的輪班制而特別設計，因此不是以二十四小時為一輪。鐘上有個鈴，會每隔半小時報時一次，但卻是由「引擎」來控制的。

另一座更早期的老鐘，由知名鐘錶匠兼科學家約翰・懷赫斯特（John Whitehurst）設計，鐘是在一七七〇年左右特別為約塞亞・魏吉伍德（Josiah Wedgwood）的製陶廠所打造的，工廠位於斯塔福郡（Staffordshire）的斯多克特倫鎮（Stoke-on-Trent）。這座鐘更為聲名狼籍，因為懷赫斯特和魏吉伍德都是班哲明・富蘭克林的朋友——大家都知道這位美國的革命先烈，在一七四八年有句名言是「時間就是金錢」。既然牽涉到金錢，對於時間就不能不計較。但，時鐘這個角色，究竟是壓迫者，還是被壓迫者的救贖，那就要看時鐘報的時間控制在誰的手裡。

既然在工業革命年代，鐘錶成了工廠和紡織廠經營者剝削勞工的武器，那就一定會有人起而反抗。多半的反抗形式，就是刻意曠職，但有時候，會採用更激烈的方法。當時「盧德分子」（Luddite）一詞因此流傳下來，就是因為在十九世紀初，有一群人特別以破壞紡織機和蒸汽引擎為目標。盧德派成員的暴行，出現在一八一一到一八一三年間，日後遭到司法機關非常嚴厲的制裁，有許多成員因此被判死刑。但是反抗機器暴政的情況，卻還是常常突然出現，由此可見當時人們視科技如仇的程度。

一八二六年，數千名武裝示威群眾，闖入蘭開郡生產棉花的艾克林頓鎮（Accrington），他們直接衝進賽克斯紡織廠（Sykes mill）。一名目擊者就說：「一進來，就有一名女性率先將走道上的時鐘砸爛，接著他們用鐵撬和大鎚連續破壞了多部紡織機。」遲至一八七八年，蘭開郡的紡織業重鎮布雷克本（Blackburn）還是被人闖進多座紡織廠中，破壞或是偷走工廠裡的時鐘。這些在紡織廠的工人，都覺得自己宛如工廠上班下班鈴聲的奴隸一樣。

在美國南北戰爭時代，南方以產棉、煙草和稻米為主的大型農場主人，對於工業化的英國和美國北方的種種變化，全部看在眼裡。他們發現用時鐘規範時間，可以帶來嚴明的紀律，在紡織廠和工廠裡發揮神效，他們也不想落於人後，想要躋身這個資本主義的進步行列之中，所以紛紛將時鐘引進美國南方的農場裡。歷史學家馬克．史密斯（Mark Smith）就曾指出：「比起鞭子，時鐘所統管的紀律，更具有重要性。」

但是，想在終生為奴的工人之間引進工業時代的時間紀律，其實並沒有那麼容易，但不管怎樣，時鐘（以及由時鐘延伸往農田發號施令的工具，像是手錶、鈴聲和號角聲）終究還是得以控制這些被奴役的工人們。就跟在英國蘭開郡的紡織廠工人一樣，美國南方農場上的奴工也對時鐘起了反抗之心。一八三〇年代，一名南卡羅萊納州的農場主人就說：「大家都知道，依時薪聘雇的工人，上起班來手腳變慢許多。」十年後，另一名在密西西比州的農場主人也抱怨，他農場裡的奴工，在進餐時拒絕跟白人工人一樣快。在農場工作的佣人，負責早上叫客人起床的時間有時過早、有時過晚，上餐時間也常搞錯（要看屋裡時鐘的狀況而定）。

在南非，也出現這類的反抗。凱列索．艾金斯（Keletso Atkins）指出，南非的黑人工人在白人歐洲主管控制下，常會在上班時直接採取對抗時間控制的手段。一直到十九世紀末、二十世紀初，那段時間德爾班（Durban）碼頭的上數百名勞工，因為沒有領到加班費而進行罷工，最後成功拿到加班費。如果說，當地白人以為可以靠一而再再而三的方式，讓時間紀律深植於黑人生活中；那麼，黑人採行違反時鐘約束的反抗行為，可以說也同樣具有激烈且反覆的效果。

到了一八七〇年代，各地職場的時鐘，開始慢慢統一採用由各地天文台以科學方式所制定的時間，藉此進行標準化和中央化的報時。同時，也因為新的政治勢力崛起，對於西方國家的時間架構採取了不同的批判角度。俄國革命家兼無政府主義者，也是俄國無政府主義的創始人米凱爾．巴庫寧（Michail Bakunin），在一八七〇年代時就主張，雖然科學當道，卻不見得可以用來規範所有的事。在抽象概念以外，科學無以為繼。科學無法通透生命各種實際的面相。巴庫寧因此對他的信徒耳提面命「要以生命反抗科學，或者反抗科學的統治」。

巴庫寧在一八七一年的一篇文章中，描寫一群科學家所統治的學院。在這座他虛構出來的科學學院中，可以想像成其中的成員就是在愛丁堡或格林威治天文台工作的科學家。巴庫寧告訴我們，如果，社會是由這樣的學院來統治：

那將會是極其恐怖的下場……原因有二：首先，人類科學再怎麼樣都不可能臻至完美……再者：如果一個社會所遵循的法律，是由科學學院所頒布……這種社會下的成員，就不是人，而是野獸……到時候，這個社會就會以瞬雷不及掩耳的速度，沉淪到極度無知的地步。

他進一步說明，他拒絕接受世界只奉行單一且一致的權威體系：

要是讓這樣的一致性落到某個人身上，而他又剛好想要藉此圖利，將其權威強加在我等身上，這就足以成為將他驅離社會的理由，因為他的權威終將讓其他人淪為奴役和弱智。

巴庫寧這段話中，「一致性」及怪物般的科學家「將其權威強加在我等身上」，在一八七〇年代的時空脈絡下，因為全世界時間被一致化，時間標準化進行得如火如荼，可以說是形容得格外貼切。這股浪潮，更在一八八四年隨著政治發展達到最高峰。這年的十一月間，國際子午線會議（Meridian Conference）在美國首府華盛頓閉幕，決議將格林威治村劃定為全球的「本初子午線」，從此以後，地球上所有的時間和空間，都由位於格林威治天文台上那座巨大的中天望遠鏡（transit telescope）來定義。巴庫寧理論中所說的科學家，為全世界帶來統一、單一化時間，不正是如此？

如我們所見，天文觀測台，從來就不是抽象科學的聖堂，反而自始至終都是高度政治化的領域。時間和空間的標準化，攸關的其實是維護秩序和掌控行為、謀利、獲取政治權力、建立帝國和發動戰爭這些事情。女性參政權倡議者在愛丁堡裝設炸彈，其實並非皇家天文台這類地方第一次成為暴力攻擊的目標。一八九四年在格林威治村，就已經有無政府主義者首開先例。

十九世紀的最後二十年間，有一系列受無政府主義者鼓動的恐怖攻擊，陸續出現在歐洲各國。其中最早、也最大型的，當屬一八八一年針對俄國沙皇亞歷山大二世的炸彈暗殺行動。這起攻擊事件激勵後續無政府主義者前仆後繼，接連對各國統治者和貴族發動多起類似攻擊。同一時間，愛爾蘭的民族主義者也起而反抗大英帝國的殖民統治，在英國本土發動炸彈攻擊行動。

一八八五年一月間，離華盛頓舉行的子午線會議落幕不到幾週，格林威治皇家天文台因此成為焦點，坐鎮在此的天文學家威廉．克利斯帝（William Christie）寫了一封信給英國政府，表示他擔心天文台有遭受恐攻之虞。他指出，「已經有好幾起嘗試使用火藥炸毀公共建築的情事發生」，「因為天文台外頭是大眾經常造訪的格林威治公園，所以天文台可能遭人從外面攻擊，造成嚴重破壞，這並非不可能。」但他提出的安全防護建議卻始終沒如願，上級打官腔的予以回絕了，克利斯帝也就絕口不再提起；但無政府主義者的攻擊，在歐洲始終沒有停歇。

事隔不到三週的時間，倫敦的情勢越來越緊張。當局收到一封恐嚇信，威脅說要在聖保羅教堂放置炸彈，這讓當局擔心有人針對時鐘進行象徵性的暴力行動，下令關閉教堂西南角的鐘樓專用房。這導致該房間從此多年謝絕外界參訪。

到了一八九三年下半年，無政府主義恐怖分子在法國特別猖獗，更在十二月時，在巴黎眾議院（Chamber of Deputies）引爆炸彈，成為恐怖活動的最高潮。一八九四年一月四日，格林威治皇家天文台的天文學家向當局呈報，指該台南方正在進行工事的建築群遭到侵入。隔天，威廉．克利斯帝再次去函，指出「天文台這一區……每年這個時節就很容易被一些心懷不軌或是有意搞鬼的人攻擊……我建議應立即採取行動，在現有的安排之外，增派適當的警力保護。」信中他提到，因為一旁的公園在傍晚六點閉園以後，就沒有警力和公園管理員巡邏駐守，更讓他擔心的是在即將閉園前的那段時間。但當局收到他的報告後，卻只是回覆「閱」，之後再無下文。

三週後，也就是一八九四年二月十二日星期一這天，一名無政府主義恐怖分子在巴黎聖拉撒路街（Rue Saint-Lazare）、大型火車站旁的終點站大飯店（Grand Hotel Terminus）高朋滿座的咖啡廳中投擲一顆炸彈。當時，咖啡廳擠滿客人，正在聽樂團演奏，恐怖分子丟進的炸彈外表看起來是個沙丁魚盒，但裡面裝了爆裂物和鉛。爆炸造成二十人受傷，其中一人後來傷重不治。案發後炸彈客逃逸，但遭到目擊民眾尾隨，逃亡過程中他拿出預藏的手槍開了五槍，並持刀刺傷追捕者，造成更多人受傷，最後遭緝捕歸案。這名炸彈客在案發前一直住在倫敦，案發後他說攻擊的目的是要「給中產階級的政府發出警訊，因為他對於窮苦人家不夠寬容。」但後來警方卻發現，炸彈客真正想要下手的目標，其實是附近的法蘭西喜劇院（Comédie-Française）——也就是法國國家劇院。當時劇院正在上演一齣大型的新劇，席間觀眾都是巴黎社交界的名流菁英，但因為劇院的人多到水洩不通，炸彈客擠不進去，所以他改將炸彈放在一旁的咖啡座。要是真讓他擠進了法蘭西喜劇院，造成的傷亡就不是言語可以形容的了。

就在巴黎爆炸案發生三天後，遠在英倫海峽另一邊——英國格林威治村緊接著也傳來爆炸聲。格林威治皇家天文台大門的守衛和另外兩名天文學家聽到爆炸聲後，衝到天文台外面，就看到一條小徑上冒著黑煙。這時，公園管理人派崔克．沙利文（Patrick Sullivan）、還有兩名當地的小學生已經先到場。乍看之下，爆炸處似乎沒有什麼異狀。但在現場還有一名男性，事後被指認身分為馬歇爾．布爾當（Martial Bourdin），他跪在欄杆旁，低著頭，一動也不動，瞬即倒地不起。沙利文見狀將他扶起，問他：「發生什麼事了？」但布爾當沒有回答，圍觀群眾才發現布爾當的傷勢極慘：他的左手從肩膀以下都被炸斷了，只剩下血淋淋的肌腱垂在外面；他的肩胛骨則是往後倒插，從背上穿出來，爆炸的威力把他的內臟都炸飛了。眾人將他緊急送往附近醫院，但他在二十五分鐘後就不治身亡，也來不及敘述究竟發生了什麼事。

倫敦當局很快就派員前往爆炸現場調查，只發現小徑上死者布爾當的血、肉和骨頭四處噴濺。除此之外，天文台本身只有一塊磚的磚面損壞，整體而言毫髮無傷。

在皇家天文台發生的恐怖攻擊，弄得場面血腥，眾人圍觀，讓這次的事件注定成為接下來好幾天新聞的頭條。布爾當的傷勢細節很快的就被對外公布，許多旅客因此群聚格林威治公園，想要一睹案發現場，也在草地上看到釘有許多白木樁——那是用來標記死者被炸飛的手臂尋獲的位置。一名公園管理員說，格林威治公園從來沒見過那麼多的訪客。

二〇〇八年，我在擔任皇家天文台時計策展員時，研讀了關於該爆炸案的史料，也讀了之後幾年政治研究者對於此事的分析。然而，老是覺得有個地方兜不起來。所有我讀到的描述中，都對於布爾當自述的犯案動機感到懷疑。有人說他只是路過格林威治公園，目的地是更熱鬧的地方；或者他是要前往多佛（Dover）海邊，要從那裡偷渡，以躲避警方日益加強的搜查。有人則認為，他當時應該是在尋找隱密地點，好放置炸彈——但我覺得這些解釋都說不過去。理論上，這些解釋看似合理，但是，格林威治公園是確實存在的地方，不是虛構的地點。這裡有山丘和低窪，有樹木也有灌木叢，小徑和景物，多年來這樣特殊的地貌幾乎都被忽略。所以，為了重新審視爆炸案這天的經過，我回溯馬歇爾．布爾當人生最後的旅程，試圖摸索他想要擺放炸彈的地點。

我找到一八九〇年代格林威治公園的陸地測量圖，果然發現當年布爾當是如何在其中迂迴著來到天文台。因為天文台座落在公園小丘的高處，一定要穿過公園才能抵達。我也看過政府版本的公園藍圖及照片，還有當時媒體的版畫，當中可以看到有座很陡的山腰，上面零星長著幾棵樹，山腰上有條小徑朝向天文台主建築的西北方角樓而去。

今天山腰上已經沒有這條小徑了，這個地區全長滿了樹木和灌木叢，外面還圍了籬笆不讓遊客進入。不過我和天文台的同事強納森．貝茲（Jonathan Betts）則獲得公園管理單位特許進入。現在遊客到天文台走的是另一條新闢的路，在天文台後方則有一條路通往布萊克

1894 年倫敦警方針對格林威治天文台爆炸案現場所繪的素描

希斯（Blackheath）。後來提到布爾當的目的地時，很多人都認為他打算要走這條路。但是，當我們親自去森林的灌木叢中走一圈，就會發現，他真正的目的地應該是格林威治天文台。即使對當地再怎麼不熟，選這條路絕對不會只是要路過公園。而且，當年這條小徑並不隱蔽，只要爬上這條路，周遭的人肯定看得一清二楚，所以並不是藏炸彈的好地方。

這樣一路往上爬，我們來到當年布爾當身受重傷的地方。他手中握著炸彈，裝好火藥，準備要引爆了，但他並不是自殺炸彈客，可能只是因為地上有樹根或是地面不平整，絆倒了他，他一個踉蹌，往前一跌，導致手上的炸彈意外引爆。接著，我們接續他沒走完的路，看他打算走到哪裡。他沒有別條路可以走，就這樣一路往上爬到山坡頂端，來到一條圍著天文台建築群的路，往左，山勢陡然而下，往右則是圍住天文台的高聳磚牆。布爾當手上那樣的小型炸彈，對這座牆是起不了太大作用的，所以我想這應該不是他的目標。

這樣一路跟著小徑繞行天文台建築群，就來到天文台大門口，迎面而來的是天文台前偌大的庭院。在大門旁，立著天文台的公共時鐘，在透明玻璃下展現它巨大、圓形的白色鐘面，掛在約一個人高度的牆上。這座官方時鐘，自從十九世紀以來，就負責展示大英帝國的中央標準時間。一八八四年，西方世界各國政府的代表逕自決議，從今以後，地球上所有人都要遵照這座時鐘的時間運行。這座時鐘，確確實實是現實生活中像布爾當這類無政府主義者想要起而反抗的象徵，在他們眼中，這座時鐘就是一頭怪獸。到這裡，我知道自己已經替

格林威治天文台員工在門口大鐘的留影，約攝於 1925 年間

布爾當走完他原本預計要走的旅程。他的目標就在這裡。馬歇爾・布爾當不慎爆炸身亡的地點，就離格林威治標準時間咫尺之遙。

一八八四年子午線大會選定格林威治做為全球本初子午線，也成為法國人心中永遠的痛。會議當天，法國與會代表竭力想要扭轉這個決定，知道結果無法改變後，更直接拒絕接受這個共識。法國輿情一致認為，這是大英聯合王國的帝國主義從中作梗。且不論當年之所以選定格林威治的原因為何，對於行船而言，這的確方便不少，畢竟在當時，全世界大部分的船隻所採用的航海圖，都是以格林威治子午線為出發點繪成的。但對部分人而言，這還真的很像是英國人刻意要逼全世界接受他們的標準，給人一種殖民主義、針對性的感受。

不過，一八八四年的子午線會議雖然達成決議，卻沒有立刻付諸實行。一直等到一八九〇年代初期，大部分國家才逐漸接納格林威治子午線為本初子午線的計時系統，但這樣一來，就意味著這件事會不斷登上媒體，一點一滴的刺激著法國人滿腔的怒火。也因為這樣，到了一八九三年年底，經過一系列完整的調查後，世人了解到真正根據格林威治標準時間計時的國家有多少，讓這個現象再次成為報紙的熱門話題，重新燃起各國對於格林威治標準時間的戰火。

也因為這樣，到了一八九四年年初，這件事不但沒有因為距離子午線會議已經十年之久而為人淡忘，反而持續占據新聞頭條，不斷引起人們的爭論。因此，當一八九四年皇家天文台爆炸事件躍上英國全國媒體後，眾人立刻聯想到格林威治天文台和法國人自尊心受傷之間的關聯。《泰晤士報》（*the Times*）就指出「格林威治天文台聞名全球，加上法國人對此又心生抗拒，或許在某位深知此事的法國人士心裡留下了相當深刻的影響。」

艾彌爾・翁希（Émile Henry），也就是那位早在布爾當身亡前三天、一八九四年二月朝終點站大飯店投擲炸彈的無政府主義者，他後來在判決庭上說：

在芝加哥，你們把我們送上絞刑台；在德國，你們把我們砍頭；在黑瑞斯（Xerez），將我們絞殺；在巴塞隆納，將我們槍殺；在蒙布里森（Montbrison）和巴黎，將我們送上斷頭台。但不管怎樣，你們永遠殺不死無政府狀態。無政府主義太根深蒂固了，它仰賴有毒而分崩離析的社會孕育而生，無政府主義是對於建制秩序的暴力反動。

翁希和布爾當相當熟，因此他這段法庭上的供詞，顯得別具深意。所謂「建制秩序」代表政治上的機構和框架，但也指涉科學家所建構出來的度量衡。這些度量衡本身就是建制秩序。當時和現在一樣，科學研究和社會脈動之間是無法真正斷乾淨的，也不可能將任何建制單純視為與政治和整體文化沒有關連的科學建制。

格林威治天文台在子午線會議上的角色，以及格林威治標準時間成為全世界的標準時間，這兩件事讓無政府主義者非常憂慮，尤其是法國的無政府主義者。所以，如果能夠在格林威治天文台製造爆炸事件，就可以給本初子午線和格林威治標準時間致命一擊，也是對於國家資助科學從事帝國擴張霸業的當頭棒喝。無政府主義者相信，權威是所有剝削的開端，只有反對權威、去中央化的社會，才能夠確保人類的自由。

而且，一八九〇年代法國的無政府主義者，也不是以攻擊帝國時鐘來抗議英國殖民主義的唯一組織。

一八九八年，距格林威治爆炸事件四年後，在印度的孟買城，當地的印度教徒和穆斯林信徒發生衝突，更引發大規模的示威行動。他們反對當地英國政府所實施的嚴格公共衛生制度，這讓他們感到被迫害。

在孟買地理、社會和政策的中心位置，座落著英國人建造的建築物和克勞佛市場（Crawford Market）的攤位，在這座市場兩邊，明顯區隔出歐洲區和本地人區。市場高處有一座鐘樓，俯看著車水馬龍的十字路口，正對面則是孟買市警察局。一八九八年三月十一日

20 世紀初，明信片中孟買的克勞佛市場和鐘樓

星期五這天黃昏，反殖民暴動在全市蔓延開來，當地印度人持來福槍對著這座市場大鐘開槍，將具有明亮燈光的鐘面射了個半毀。

孟買當地人對於時鐘的不滿其來有自。早在一八八〇年代，就因為時間標準化的問題始終爭論不休。對該城的人們而言，公共時鐘特別具有不同的象徵意義：英國強逼孟買接受標準時間（Madras Time，其實是指印度馬德拉斯時間）。當時的人們曾經抗爭過，雖然後來慢慢平息，但對於那時的爭議，這起一八九八年孟買城大鐘遇襲的事件又再度喚醒人們的記憶。時隔七年的一九〇五年，當地人對於標準時間的不滿再度浮現，這次是因為英國政府想讓印度標準時間統一放入單一時區之下，比格林威治標準時間早五個半小時。

但這次，英國殖民主義在印度遭遇更緊張的政治氛圍，所以孟買在標準時間的施行上，也感受到更強烈的象徵意義。對他們而言，整座孟買城公共時鐘上的時間，也就是所謂的孟買當地時間（或稱為馬德拉斯時間，或新印度標準時間），正是做為被殖民者效忠或反抗的展現。因此短短幾週的時間，不滿的聲浪越來越高，印度人民開始視新標準時間為歐洲殖民統治者強逼孟買人接受的制度，原本只是私下議論紛紛，這下全都毫不隱藏的炸開了。

到了一九〇五年十二月間，終於爆發了集體公開示威遊行，其中最大型的一場活動更吸引一萬五千名的示威群眾。隔月，孟買最大的紡織工廠在沒有告知全廠四千五百名員工的情形下，自行將時鐘改成依照新印度標準時間運行。當天一早，工人上工值勤時，才發現時間已經不一樣了，工人立刻罷工，還用石頭丟工廠鐘樓上的時鐘。

人們對於孟買時間的不滿，其實是印度本地人對於英國殖民統治者不滿情緒的展現。時鐘的議題，很容易被有心的當地政治人物當作攻擊的工具，藉此帶動民意風向，以便影響更大的政治議題。時鐘本身是控制、權力和統治中央化的化身，很容易成為人們洩憤和不滿的對象，也因此引來抵抗、乃至升高為暴力攻擊。

權威就會帶來反抗，標準化就會惹來異議。自古以來，人類一直在抗拒時鐘。我們這麼做，其實真正想要對抗的是彼此，因為我們都在時鐘上，投射了自己的認同。

第十章

認同

金聽筒，倫敦，一九三五年

以前，當瑪麗．迪克森（Mary Dixon）每天出門上班時，她會從自己住的雅羅鎮（Jarrow）朝鄰鎮南希爾茲（South Shields）出發。位於泰因河（River Tyne）河口的南希爾茲鎮，再過去就是冷冰冰灰濛濛的北海了。迪克森在南希爾茲鎮擔任電信局的主管，主要工作是管理局裡的電話接線生，接線生負責轉接電話和報時服務，這樣的報時詢問電話在倫敦一個月就高達十萬次之多。不過，這天，迪克森出門後，卻沒有朝南希爾茲鎮出發，今天她要去更遠處的新堡（Newcastle）市中心，她先搭火車到中央車站，出站後，再搭上另一列快速的蒸汽火車，花五小時前往倫敦。進首都讓她心情上頗為興奮又帶點緊張，今天可不是一般的上班日，明天過後，她可能會一夕成名，變成英國家喻戶曉的知名人物了。不過，在夢想成真之前，她要先憑自己的嗓音擊敗其他八位參賽者——一九三五年六月，瑪麗．迪克森去倫敦，是為了參加電話報時的聲音決賽。

這場「金嗓女郎」（Girl with the Golden Voice）大賽，是由英國郵政總局（General Post Office）所舉辦的，英國電話網也是由該單位管理。賽事從四月開辦以來，原本總參賽人數有一萬五千名接線生，經過各地的初賽，一路淘汰到現在只剩下最後的九位，準備到倫敦參加決賽。在此之前，瑪麗．迪克森已經在新堡和里茲（Leeds）兩地的比賽中擊敗眾多對手。她是否能夠再次獲勝呢？

這次的決賽地點選在郵政總局大樓，就在聖保羅教堂附近，對於九位參加決賽的選手而言，這次的經驗真的讓人繃緊神經，因為她們要輪流進去一間被隔離的房間，站在麥克風前，她們說話的聲音會傳送到評審團的金電話聽筒，評審們就坐在總局大樓的大廳裡，金電話擺在他們眼前的大桌上。參賽者有些是倫敦當地人，其中四位都在倫敦電信局工作，還有一位則是附近吉爾福鎮（Guildford）人。其他四位則跟迪克森一樣，來自比較遠的地方，分別代表伯明罕市（Birmingham）、艾賽特市（Exeter）、以及迪克森代表的南希爾茲鎮。

迪克森是所有決賽入圍者中年紀最長的一位。電話接線生通常一結婚就會離開崗位，所以大部分接線生的年紀都在十多歲到二十多歲間。但因為迪克森終生未嫁，所以一路從接線生的職位往上升，先是資深接線生，之後升為主管。到金嗓大賽舉辦時，她已經四十二歲了。

這場比賽攸關很多方面的勝負。首先是地方的榮譽，另外也攸關個人升遷機會和收入。獲邀前來為這次比賽擔任評審的，都是英國演藝圈、文學界和商業界的翹楚：西伯．松戴克（Sybil Thorndike）是舉世知名的莎士比亞演員，由他擔任召集人；英國廣播公司的首席播音員史都華．希伯德（Stuart Hibberd）負責為參賽者的咬字發音評分；英國新聞業巨頭蘭頓．伊利夫（Langton Iliffe）代表商業界列席；遠從西約克郡前來的莉塔．艾金森（Rita Atkinson）則從另一場名為尋找「完美電話用戶」的比賽中獲勝，因此被請來擔任評審。

最後一位評審是英國的桂冠詩人約翰．梅斯菲爾德（John Masefield），他負責為比賽的朗讀測驗出考題。他主張，勝出的聲音應該不帶個人特色。對於這個條件，他是這麼說明的：「要有著黃鶯出谷般的音色，但不能帶有一絲過度的個人特質或是辨識度。」不論任何角度都要美。「但如果帶有一絲演出的成分，則令人完全無法接受。」梅斯菲爾德原本想給決賽者的朗讀清單，包括聖經以西結書及希臘《伊索寓言》英譯版，但後來改選十七世紀詩人約翰・彌爾頓（John Milton）的韻文《快樂頌》（*L'Allegro*），以及羅伯特・路易斯・史蒂文森（Robert Louis Stevenson）小說《金銀島》（*Treasure Island*）中的段落，外加一些散文中的句子。當九位參賽者在小房間中對著麥克風朗讀時，幾位評審則拿起金聽筒側耳傾聽，一邊在特製的記分表寫下各類別的評分，包括音色的純正度、清晰度、正確度、「悅耳的抑揚頓挫」及「不帶任地方腔調或是特異的音色」。最後，比賽由在倫敦維多利亞電話接線站擔任接線生的參賽者艾索・肯恩勝出。

當比賽結果決定後，約翰・梅斯菲爾德雀躍的走向在大廳一旁等候的新聞記者，向他們宣布自己對比賽結果感到非常滿意。他眼中滿是光采的說：「肯恩小姐擁有我畢生聽過最美的聲音，而且在那副美麗嗓音的背後，你還會發現其智慧。我們想找到一位如黃鶯出谷般又不具個人特色的參賽者。這個任務應該算成功了。」

艾索・肯恩既然是獲獎者，那就表示瑪麗・迪克森未能如願獲獎。梅斯菲爾德對每位參賽者都一一加以評論：「所有參賽者中，只有一位我們察覺她具有地方腔調，帶點英國北方

艾索・肯恩（Ethel Cain）在贏得比賽後拍攝的照片，1935 年

腔。」也就是說，迪克森因為是英格蘭北方出身，讓她失去成為明星的機會。她敗興而歸，回到雅羅鎮，接受家中姐妹的安慰後，返回南希爾茲的工作崗位，繼續在電話局服務。

在當年，語音報時台的啟動儀式是個盛大的場面。一九三六年七月二十四日這天，地點在倫敦霍爾本電話局（Holborn Telephone Exchange）的招待室裡。受邀前來的，都是鐘錶界、通信界及當地政界的菁英和要人。艾索・肯恩和莉塔・艾金森也到場，後者要扮演的是完美電話用戶的角色。郵政總局局長喬治・特萊昂（George Tryon）首先上台發表致詞：

自古以來，人類就靠容器的水流、沙漏的沙子、或是日晷來判定時間。現在的我們，則有時鐘可以用聲音來報時，還有鬧鐘及自鳴鐘（striking clock）。這裡我們所展示的，是最新、最先進的時鐘。這個鐘，只有當你問它時間，它才會報時，其準確度達到十分之一秒，還會由『金嗓』悅耳的嗓音播報。」

緊接著上台的則是皇家天文學家赫洛德・史賓賽・瓊斯（Harold Spencer Jones），他致詞的內容則是有關格林威治皇家天文台如何為國家從事計時服務，並且將之提供給新的電話報時台使用。他致詞結束後，由貝特朗・柯恩（Bertram Cohen）接續，他是負責設計這個電話報時服務的工程師，在他的示範下，眾人了解如何進行電話報時服務。

最後則是展示成品的時候。史賓賽．瓊斯將一台電話的話筒拿起，並在上頭撥出「TIM」三個英文字母——這就是新式電話報時台的第一個正式號碼。會場上有一具喇叭，將報時台報時的聲音擴大播放給群眾。接著，霍爾本女市長凱瑟琳．蘭登（Katherine Langdon）也撥出TIM三個號碼。啟動典禮結束後，主辦單位招待用茶，來賓到總局地下室，親眼目睹報時用的時鐘。這些鐘上面都有一個玻璃圓盤，裡頭錄有艾索．肯恩的聲音，慢慢的在鐘的玻璃櫃中旋轉著，一等鐘響三下，就報出格林威治標準時間，分秒不差。

這天，是英國時鐘界和配音界的大日子，但也是我們家族悲傷的一天。

我本人不巧是瑪麗．迪克森的遠房親戚，非常遠的親戚。但是我媽媽和她很熟。迪克森人很好，很有幽默感，所以在家族中很討人喜愛，但據說不認識的人會覺得她有點嚴肅。一張家傳照片中，就可以看到她的這一面。

這可是一九三〇年代最多英國人聽到的聲音！家族裡竟然有人差一點點就可以成為那個聲音，這件事真的讓我頗興奮。這也促成我想探知這次比賽內幕的原因之一：迪克森和艾索．肯恩當年在金嗓大賽的過程中，究竟發生了什麼事，讓後者贏得大賽並且聲名大噪？

即使是現在，電話語音報時依然是英國大眾熟知的事物。每年還是有上百萬通電話撥往報時台查詢時間，儘管現在有很多方式可以得知當下的時間。這個在話筒另一端的聲音，至

瑪麗・迪克森（右）與兩位姐姐安妮（中）、瑪格莉特（左）合照。
背景是她們位於雅羅鎮的家，攝於 1930 年代

今依然占據我們生活的一部分。我想要了解，為什麼這個聲音會讓我們覺得這麼親近，跟其他預錄的聲音感受不一樣。我想要探討為什麼是艾索・肯恩贏得這次比賽，又為什麼瑪麗・迪克森和其他參賽者落敗？沒想到，我找到的答案大大出乎意料之外。

當然，比賽結果照理來說應該都取決於嗓音。評審之一的桂冠詩人約翰・梅斯菲爾德也說得很明白，迪克森說話帶著一點的北方腔，讓他覺得不適合。但我還是有些不解，因為我讀一九三五年的新聞報導存檔中，竟一再出現對於獲勝者艾索・肯恩外表的描述。當時

全英各地不管是全國性或地方性的報紙，對於比賽過程都是鋪天蓋地的報導，所以肯恩獲勝的消息幾乎全英國無人不知無人不曉。也因此，讓我從中找到了一個共通點。

從這些報導中，我隨意挑選了三份節錄。《克洛頓廣告客戶報》（*Croydon Advertiser*）的報導是：「她年方二十六，纖瘦、金髮、迷人。」《晚間新聞報》（*Evening News*）形容肯恩是：「二十六歲，深色金髮、纖瘦、有自信。」《克洛頓時報》（*Croydon Times*）則稱她「二十六歲、纖瘦、金髮」——幾乎隨便選一份一九三五年六月的新聞報導，敘述都不外乎如此，每一家報社都用這種方式來形容肯恩，似乎她的外貌重於她的嗓音。這讓我不禁好奇，該不會有別的原因，導致當時高齡四十二、外貌嚴厲的瑪麗・迪克森輸掉了比賽，而讓二十六歲、笑容迷人又熱情的艾索・肯恩贏得比賽吧？

當初，會想到舉辦像現在電視選秀節目《X音素》（*X Factor*）這類的比賽，來甄選電話語音報時的聲音，是來自史提芬・泰倫茲（Stephen Tallents）這位公關界先鋒的點子，他可說是近代紀錄片風潮的創始人，也是將公關（PR，俗話說是「包裝」）手法引介到政府運作核心體系的第一人。泰倫茲當時的工作是在英國廣播公司的萊特爵士（Lord Reith）底下服務，對日後成立的英國「中央新聞局」（Central Office of Information）所轄事務有很大的影響。在一九五一年舉辦「不列顛節」這個英國政府為了讓人民在二戰後重振士氣的宣傳活動中，他就扮演了關鍵的幕後角色。

不過，其實，在更早之前，泰倫茲就受雇於英國郵政總局，在這裡他的職務是負責為該局的電話服務宣導，讓英國人民成為該局電信業務的訂戶。對現代人而言，可能會覺得這有什麼難的，生活中沒有電話的日子實在太難以想像了。不過，對一九三〇年代初的人們而言，可不是這麼回事，當時只有商業界才會大量採用電信服務。至於其他的家庭用戶，對於電信服務的接受度並沒有那麼高，所以泰倫茲知道，要吸引家庭用戶成為訂戶，光靠行銷是不夠的，還要更加碼。他要做的是改變大眾和電話的全面關係，不僅要讓人們在情感上和價值觀上認為家中擺設電話是正確的事，還要讓電話與居家生活需求聯想在一起。

其實，英國並不是第一個開發電話報時服務的國家。第一個想到這個方法的是法國。早在一九三三年，巴黎天文台就裝了一個機器，一天可以回覆一萬兩千通的報時電話，該報時站的聲音，是巴黎廣播界名人馬叟．拉波特（Marcel Laporte）。一九三四年，荷蘭教師柯尼利亞．胡根丹姆（Cornelia Hoogendam）為海牙市荷蘭報時台提供他的聲音。一九三六年，知名舞台劇兼電影演員莉迪亞．維索茲卡（Lidia Wysocka）則為波蘭報時台提供自己的聲音。

英國郵政總局的工程師在構思英國版的報時台時，因為已經聽過巴黎版的報時，所以一開始也是想用男性聲音來錄製，但是泰倫茲的這項計畫還找到另一個公關宣傳的契機，可以藉此一鳴驚人——方法就是找女性來錄音，並且把她塑造成名人。泰倫茲在比賽過程中始終堅持聲音才是焦點，他說：「這場比賽唯一的目的，就是要選出最好的嗓音，沒有其他方面的考量。」但既然如此，為什麼泰倫茲的助理又在舉辦倫敦總決賽前，去函要求九位參賽者寄近照給主辦單位？是啊，都說相貌不重要了，又為什麼倫敦接線局的經理會在四名屬於該區的參賽者照片中，特別用紙條標記其中一張，上面寫著：「這位是肯恩小姐，我認為你會喜歡。」而其他幾位參賽者則沒有被他特別標記。

到這裡，已經有相當充足證據顯示，這比賽有些古怪了。比如說，有一份報紙特別指出，評審中扮演完美電話訂戶的人應該要由女性出任，該報認為原因在於「如果是男性為了女性接線生而成為訂戶，會讓人認為他不單純是為了聽報時，而是別有所圖。」另外，我也找到一份郵政總局中負責開發報時台工程師的談話，他特別說明「有鑑於部分民眾可能會因為愛慕報時小姐，而流連忘返不肯掛電話，所以特別設置了一個自動斷線裝置，每通電話最多只會持續播報三分鐘。」

之後，我又找到其他線索，是我認為值得追蹤下去的。在幾份關於倫敦金嗓大賽決賽的新聞報導中都記載，賽後，艾索．肯恩曾獲邀前往附近的威爾斯王子劇院，請她為「在場的觀眾致詞」。我都可以想像她會說什麼了，她會帶著開朗的笑容，對觀眾說：「以後想要知道現在幾點，不必再問警察了，只要撥通電話給我。」因為這番話就是她一次公開露面時，由百代公司錄下的新聞短片中所講的話。我無從得知在劇院中聽她說話的是哪些人，所以我請「維多利亞與亞伯特博物館」（V&A Museum）的劇場收藏檔案管理員，幫我調出當晚在威爾斯王子劇院的節目單，希望從中找到一些蛛絲馬跡。果然，這份資料沒讓我失望。

原來，在一九三五年六月二十一日晚上，這座號稱是巴黎「女神遊樂廳」（Folies Bergère）倫敦版本的劇院，正在上映《豪華詼諧大劇》（*La Revue Splendide*），此劇標榜是「英語發音的法式諷刺劇，隨時可進場」。劇中，那些衣不蔽體的歌舞女郎，會表演一套歌舞組曲，其中有一首標題是〈露個兩點或三點讓你瞧瞧〉（*We'll Show You a Thing or Two*），另一首標題則是〈我們到小帳蓬去組個小家庭〉（*Let's Start Life in a Tiny Tent*）。進場的觀眾可以跟服務生租借觀劇用的望遠鏡，劇院的節目單還特別強調：「為了各位觀眾的健康，劇院都用『臭水消毒液』（Jeyes' Fluid）特別消毒過。」

這類無中場休息的諷刺喜劇在一九三〇年代襲捲各地劇院，威爾斯王子劇院會為這類劇碼配上「想來就來，愛走就走！但出去之後就不能再回來！」的標語。一名評論者稱會來看這種戲的觀眾是：「下班後還有體力的生意人，想要葷素不忌的開懷大笑，順便欣賞女性體態之美。」史提芬・泰倫茲在艾索・肯恩贏得金嗓大賽後請她前去致詞，對象竟然是這樣的觀眾——我覺得我已經搜集到充足的間接證據，足以證實自己的猜測：艾索・肯恩其實是被英國郵政總局的公關部門利用，用來當作滿足男性性幻想的對象。後來，又有人給我看一部一九三九年郵政總局的廣告影片。

這支名為《第三響》（*At the* 3rd *Stroke*）的影片中，劇情描述一對夫妻的爭吵——到現在我還是覺得其劇情讓人很不舒服，因為劇中描述的夫妻關係非常不睦，而且呈現方式也對女性非常的不尊重。但看過此劇後，更進一步證明，郵政總局宣傳部門有心要讓它們的報時台在一九三〇年代的家庭生活中建立起一種形象，一種身分認同，這個形象足以打動其主要客群的心。

在此讓我簡單的講述一下這段廣告的劇情。片中男主人在凌晨四點喝得醉醺醺的回家，女主人為此大發雷霆，但男主人只覺得老婆很囉唆，回了她幾句後，兩人大吵一架。女主人賞了老公一巴掌，大罵：「你知道現在幾點了嗎？」他口齒不清的回答：「要知道幾點，我打電話去問知道的人。」所以他就撥給艾索・肯恩報時台。一聽到報時台的聲音，他臉上露出笑容，如痴如醉的說：「多迷人悅耳的聲音！永遠樂於服務，永遠歡歡喜喜，永遠的絕妙金嗓。半夜打給她也不會抱怨。都不會。」接著他又打了一遍，一邊跟老婆說：「我要邀她出來約會。」他對話筒說：「四點十分嗎？好，那約好了。可以再讓我聽一遍妳的聲音嗎？」接著他倒頭大睡，心滿意足的沉浸在話筒的女聲中。

這段宣傳影片想要傳達什麼，不必分析就可以了解。影片中郵政總局對於主要為男性的電話訂戶所傳達的訊息是：如果你想短暫逃離惱人的喧囂，感受一點……異國風情的話，我們剛好有。打給艾索．肯恩。你知道她有多迷人的嗓音，你也知道她長得多迷人。她才二十六歲、纖細、金髮、迷人外表，而且她總是樂於服務。

開台第一年，打著艾索．肯恩聲音招牌的報時台共接到兩千萬通電話，這可不單單只是英國郵政總局將電話報時服務情色化那麼簡單。因為，只是為了行銷的話，它大可用其他型式的電話服務就可以達成。這裡面很特別、也很重要的一個點在於，它是以時鐘的一種型式來表現。

行文至此，正好可以問一個問題，好讓我們從本書那麼多故事裡找到一個清楚的方向。那就是，時鐘是什麼？

讀者讀到這裡，或許可以自行體會出一些眉目。其實，時鐘就是我們自己，或者說，是我們的代理人、替身，我們將自己的認同投射在時鐘上。英國郵政總局在一九三五年所設立的電話報時台，在用戶眼裡它不是一部機器，而是艾索．肯恩。只要撥對號碼，就可以和她說話，就能和她發展一段關係。

在我們的時代，世界上最大的鐘錶商叫做蘋果，它製造的產品不僅是我們的手錶，還能知道我們日常生活與身體最貼身的祕密：健康、體能、經期。蘋果手錶就是一個「人」，還有名字，叫做 Siri。我們常跟她聊天，常叫她：「嘿，Siri！」慢慢的，Siri 還會摸清楚我

鐘錶職人丹妮葉拉・湯姆斯（Daniela Toms）正在調整一支查爾斯・福洛山公司的腕錶，攝於 2020 年

們的個性和需求，迎合我們的需要。Siri 成了家人，有點像是爸媽一樣的角色。

當代其他鐘錶公司也有不同款式的錶種，但在親暱程度上絕對贏不了 Siri。查爾斯・福洛山公司（Charles Frodsham and Co.）這家備受尊崇的鐘錶公司，過去是專為英國海軍製作經線儀的頂尖製造商，但現在轉型為精緻手工鐘錶生產商，專門製作手工機械腕錶。該公司的腕錶，全部出產自位於薩西克斯的一家小工作坊。

配戴福洛山腕錶，宛如將那群精工鐘錶職人的身分穿戴上去似的，這些職人，很多都是年輕人，但身上傳承了好幾代鐘錶職人的技藝。我常向該公司的總監李察．史丹寧（Richard Stenning）請益，想知道該公司的鐘錶職人如何學習一身的好技藝，雖然我想也知道這些精緻手錶從開始到完成中間要經歷哪些過程，但他總是笑著回答我，靠的是對未來不動搖的遠見、決心，以及紮實的苦工共同完成的。這樣的人，就是我想要與之為伍的人，所以每次我戴上福洛山的手錶，聽到清脆的滴答聲時，就會想到他們認真工作的身影，他們化身為這支手錶。靠著他們的精工細作，才讓這堆金屬、藍寶石、瓷器和玻璃組成手錶得以擁有生命。這支手錶發出的滴答聲，是參與製造的匠人們共同的心跳。

一八六五年創作出《愛麗絲夢遊仙境》（*Alice's Adventures in Wonderland*）的路易斯．卡洛（Lewis Carroll），他很了解人和鐘錶報時之間的關係。書中，愛麗絲和瘋帽客在喝下午茶，兩人不斷聊著關於時間的話題。愛麗絲說她擔心這樣子是浪費時間，瘋帽客聽了就很不愉快。

瘋帽客說：「要是妳跟我一樣，跟時間交情那麼好，就不會說是浪費『它』，而是『他』才對。」

愛麗絲答：「我不懂這句話是什麼意思。」

瘋帽客頭往後一仰，很不屑的說：「妳當然不懂，我敢說妳肯定沒跟時間說過話！」

愛麗絲很謹慎的回答：「可能吧，但我學琴時都會打『它』數拍子。」

瘋帽客接著說：「啊！這就難怪了。不能打他，但要是你好好待他，你要時鐘怎麼走，他都會幫你辦到。比如說，現在是早上九點，要上課了；但妳只要對時間輕聲指示，時鐘就會瞬間快轉，變成下午一點半的午餐時間！」

這樣的橋段好像沒什麼值得注意的，但我倒是覺得，它點出人們對於時鐘的態度，那就是：時鐘是人的分身。像倫敦報時台，它可以扮演密友或是情人的角色；愛德華時代的電子報時系統，不管是在布爾諾或是其他地方，扮演的角色分別是家長、社區領導人或是道德上的導師，在我們犯錯時訓斥我們，或是鼓勵我們要更努力；有時，時鐘又扮演工廠經理、或是紡織廠老闆、或是上流社會的地主、或是殖民地地主；有時，它更扮演的是排除女性共治、想獨力統治全世界的男性。因為時鐘對於人們這樣的控制，讓人們產生抗拒的心態，因此起而反抗，但對於時鐘這個角色種種的反抗行動，其實人們真正所反抗的，是時鐘所代理的那些人。為了反抗，有些人不惜殺人，也不惜一死。

一六一一年，阿姆斯特丹證券交易所鐘塔上的時鐘，它所扮演的角色是市場的監督者；在現代「哈姆雷特塔倫敦自治市」（Tower Hamlets）數據中心的時鐘，每秒鐘可以為一百萬筆金融交易進行時間戳記，它扮演的仍是監督者的角色。又或者，這些時鐘扮演的角色，是懷疑金融交易者就是不會乖乖守法的人。這樣的角色，通常是由監管機關來負責，但這名稱本身卻很諷刺，因為英文的監管機關（regulator）一詞，同時也是一種時鐘的名稱[10]，是天文觀測時用來測量天體移動時間的高度精確時鐘，而這正是人類定義時間的源頭。

當年在印度齋浦爾天文台的日晷，它所扮演的角色，是受國王倚重、信賴、忠誠又有智慧的顧問，靠著其踏遍三江四海的閱歷和豐富遼闊的人脈，受到重用。英國、葡萄牙、法國等帝國在非洲沿海殖民地所建造的精密報時系統，實質上是他們做為白人工頭的替身，只要有人不按表操課，就準備要賞他一頓鞭子，讓那些當地黑人乖乖聽話。這些各式各樣的時鐘、哨響、報時球、還有槍響報時，全都是做為帝國主義者的暴力化身，強硬的逼迫非洲、亞洲、澳洲和美洲各地人民接受，凡是中意的就拿走、不中意的就燒掉。

自古以來，在印度阿傑梅爾、希臘雅典、中國北京、日本京都、澳洲墨爾本和羅馬等地，有權力將時鐘安放在柱子上、塔樓上的，就只有皇室。印度阿傑梅爾的時鐘上，甚至刻了英國女皇維多利亞的皇冠，因為她同時也是印度女皇。在巴格達、大馬士革、迪亞巴克爾、呂貝克、布拉格和史特拉斯堡等地，都有繁複精密的自動化天文鐘，這些鐘同樣都是做為上帝統治宇宙的複製替身。在這樣的宇宙觀中，凡人，就如同鐘裡最小的那些齒輪，必須要所有齒輪都一起動起來，才能夠創造出巨大的力量。所有人也和齒輪一樣，必須臣服於時鐘之下，為時鐘效力。歌革和馬各的雕像，不管擺在倫敦或是美國密西根州，所代表的都是渴望推動改變的人，為了改變，他們甚至不惜樹敵。而一再出現的沙漏，無論在義大利錫耶納，以及後來出現在世界頂尖藝廊牆上的畫作，或是刻在飽經風霜的名人墓園雕刻上，則代表的是生命、生命結束後的死亡。不管是生命還是死亡，都是我們將情感投射在上面的。

有時候，時鐘甚至可以化身國家民族，這也是為什麼國族主義者總愛談論時鐘。美國牧師兼演說家湯瑪斯・史塔爾・金恩（Thomas Starr King），在一八六〇年代美國南北戰爭期間曾舉辦了一系列演說，激勵美國人支持亞伯拉罕・林肯的北方各州聯盟。他的演說中，就拉近了時鐘與美國國家認同之間的關係。以金恩在一八六〇年七月四日舊金山主日學校的演說為例，他用非常振奮人心的發言，讓大家了解十八世紀美國獨立戰爭中，美國做為一個國家的特質：

世界史上每個重要的時刻，上帝那只巨大時鐘的刻度上就會加以標記。應該說，每個國家，都有自己專屬的鐘面刻度，在這鐘面背後的，則是機件，在下方的，則是鐘擺。偶爾，鐘的指針會指到新的時刻——美國獨立戰爭就是這樣的時刻……雖然，老時鐘自顧自的、滴

10 譯注：是一種校正錶或校正鐘。

滴答答的往前走，那些齒輪也照常靜靜的轉動，但到一七七五年的這一天，鐘匣內突然出現了騷動和雜音，人們再也受不了了，就這樣分針走到了第六十分鐘，突然間，時鐘敲響了新的時刻。

若美國就像金恩講的那樣，是一座鐘，那麼之後誕生的新美國，肯定會請鐘錶職人來製作具有紀念性的巨型時鐘，讓這些時鐘用發條來講述美國的故事。

從一八六〇年代到一八九〇年代，有二十多座巨型時鐘造來慶祝美國的歷史，這些鐘不僅在國內巡迴展出，也到海外展覽。其中一座鐘約造於一八九〇年，是由波士頓市的一位鐘錶匠所製作。為什麼打造這座鐘現在已經無從得知，只知道它曾加入班特與貝契德的盎格魯美國黑臉滑稽歌舞團（Bent and Bachelder's Anglo American Christy's Minstrels），於澳洲、紐西蘭及美國各地巡迴演出。二十世紀，這座鐘被搬到新罕布夏一位收藏家的穀倉中，後來在一九八〇年代初期被卡琳．史提芬斯（Carlene Stephens）發現。卡琳當時任職於華盛頓特區的美國國家歷史博物館（National Museum of American History），負責時鐘館藏的策展工作。

這座鐘後來被收入美國國家歷史博物館，做為展現美國民主史的重要展品。我在二〇一八年到華盛頓觀光時，見過這座高四公尺、被稱為「美國偉大歷史時鐘」（Great Historical

Clock of America）的傑作。當時，這座鐘被一群興奮的遊客包圍，大家都被其華麗精緻的自動裝置和人偶吸引。在這座鐘附近，還擺著其他珍貴的歷史文物，像是湯瑪斯．傑佛遜（Thomas Jefferson）於一七七六年撰寫《獨立宣言》（*Declaration of Independence*）的桌子，還有班傑明．富蘭克林生前持有的報紙印刷機、女權運動者使用的馬車等。和這些撼動人心、具美國認同的紀念物擺在一起，這座歷史大鐘獨領風騷，占據眾人的目光，它用非常精緻而細膩的方式，講述美國歷史上重要的一頁，那是被一八六〇年代在美國興起的各項運動所激勵的一段歷史。在這些運動中，時間和美國獨立戰爭緊緊的被繫在一起。

這座鐘的發條機械裝置中，可以看到全世界第一艘成功商業生產的蒸汽驅動船的模型，這是由美國工程師羅伯特．傅爾東（Robert Fulton）所製作，在自動裝置下，船隻模型航行於河道，還會穿越尼加拉瀑布（Niagara Falls）。鐘面左右是美國的重要象徵：自由女神像和將士國家紀念碑；在兩者中間的，則是報時的鐘面和天體鐘。另外，鐘上的自動裝置，還會推出美國建國以來的各個代表人物，像是哥倫布（Christopher Columbus）、威廉．潘恩（William Penn）和寶嘉康蒂（Pocahontas）等。整座鐘在最高點的部位，可以看到一組自動跑出來的人偶，這些人偶則是美國歷代元首，從喬治．華盛頓開始，一直展示到班傑明．哈里森（Benjamin Harrison）。在鐘的底座出現的，是美國國旗，上面以金色字體刻著美國國箴「合眾為一」（e pluribus unum）。我想像自己是一八九〇年代造訪此鐘的美國人，在滿

美國偉大歷史時鐘

懷愛國情操之下，一八六〇年代南北戰爭的痛苦情景依然揮之不去，我會興起什麼樣的情緒呢？肯定從中感受到，美國是世上最偉大國家吧！

在南北戰爭之前，美國並沒有想過著墨在它的過去，去歌頌它，一心只想著現在和未來。對於美國而言，過去和歐洲舊大陸，以及在那邊所受到的迫害、腐敗、墮落和沒落無法分割，新世界卻是一片欣欣向榮。但經歷了血腥的南北戰爭，再加上全球的政治與社會變遷，美國人民過去的自信不再，這讓他們開始懷念過去——雖然這樣的過去，多半是理想化、美化後的結果。「美國偉大歷史時鐘」及同類的時鐘，上面的那些自動機械裝置，描繪著殖民時期和革命時期的種種史蹟，讓歷代的美國人重建國家認同。這些時鐘共同完成了一個任務，那就是美化美國的過往，同時讓敘述的主體從舊世界換成新世界。

在華盛頓美國國家歷史博物館的這座鐘，就跟其他同類時鐘一樣，都是以史特拉斯堡教堂那座十四世紀的時鐘為範本打造。但，這座美國鐘的製鐘匠師們，卻在製造過程中想出一個方法，好讓他們在打造時鐘時，不僅能夠塑造美國的新認同，還在其中對歐洲加以批判。

史特拉斯堡那座時鐘上面有一隻鐵公雞，時間到了就會揮翅；在「美國偉大歷史時鐘」上的則是一隻白頭鷹，是美國的國鳥。為底特律打造了同類型鐘的製鐘師就曾誇下豪語說：「那些跋山涉水去史特拉斯堡教堂朝聖的人，在那座曾是眾鐘之王的前面看傻了眼。但如今，他們都異口同聲大讚，與之相較，美國天文鐘遠遠超過歐洲那座了不起的時鐘。」一位俄亥俄州珠寶商在一八八三年製造的時鐘，還刻意鐘裡有鐘，在大鐘裡再擺一座史特拉斯堡時鐘的縮小版。依卡琳・史提芬斯和史學家麥可・歐馬利（Michael O'Malley）所言，這位製造商之所以如此做，「言下之意是，歐洲已經被摸透了、掌握了，也被超越了。他的鐘裡呈現史特拉斯堡鐘的複製版，就像是擄獲的戰利品一樣。」

製造出這麼多精密又劃時代的大鐘後，新世界覺得自己像是動手出擊，不只是朝過去殖民時代的自己出擊，也朝它最近才經歷的那些困境出擊。美國偉大歷史時鐘至今仍擺放在首都華盛頓中心的博物館裡，我們或許可以說，這座鐘至今還在發揮著同樣的功能。

時鐘就像國旗和國歌一樣，在領導人和政府的精心運用下，能夠讓世人知道視誰為友、視誰為敵。這些象徵性的事物，能夠讓人們同仇敵愾、團結一心，也能夠排擠外人。比如，二〇一五年時，北韓就刻意將其標準時區調快三十分鐘，變得比原本同一時區的南韓和日本還要快。北韓的新聞聲稱這是因為：「邪惡的日本帝國主義者，當年竟然犯下如此不可原諒的重罪，連朝鮮的標準時間都奪走。」這無疑是非常具有政治象徵意味的聲明，企圖黨同伐異，團結民心。但，三年後，當南北韓關係在高峰會後冰釋，北韓領導人金正恩又同意將該國時區改成與南韓一致。這次他的說法則是：「在大廳裡，看到牆上掛著兩座鐘，分指平壤和首爾時間，真是讓人心如刀割。」於是，再一次，北韓人民又要把鐘錶的時間全部重調一遍了。

利用時鐘來展現其政治意圖和團結民心，北韓可不是唯一這麼做的國家。二〇〇七年，委內瑞拉總統雨果・夏維茲（Hugo Chávez）也同樣將該國的標準時間作了更動，但他是調慢了半小時，讓委內瑞拉和鄰國有不同時區。他自稱這麼做是為了讓小朋友在早上可以利用到更多的日光，但有兩位政治分析家道格拉斯・匈恩（Douglas Schoen）和邁可・勞文（Michael Rowan）則認為此舉另有目的，是夏維茲為了打造新國家認同的舉動：

他說他兩千年的參選是一場革命，藉此他獲得人民的授權，得以改變委內瑞拉的一切，包括憲法、時區、幣值、國徽、國定假日、軍禮（變成「若無祖國、社會主義，毋寧死」），就連國名都可改，而且是從此沿用下去。

九年後，繼任的尼可拉斯・馬杜洛（Nicolas Maduro）一上台，又把時間改了回來。他的說法是，因為委內瑞拉經濟觸底，這樣可以省電。

其實金正恩和雨果・夏維茲兩人只是最近的例子，像這樣用時鐘來建立個人權威，並且為處境堪慮的國家建立認同感的例子，歷史上多不勝數。一九四九年，當毛澤東推翻國民政府，以北京為新國都，建立中華人民共和國後，他立刻將全國時區標準化為北京時間，而且這是他上任後第一刻的動作。此舉完全無視中國大陸一共涵蓋了五個不同時區，鄰近時區各差一小時，而且北京是五個時區中最東邊的一個。毛澤東的說法是：「中國一定要有一個中國標準時間。」這麼一來，他可以大玩政治認同中央化的把戲，讓時鐘成為國家的化身。

就這樣，遵守北京標準時間成為中國人愛國的表現。余云寫於一九七四年的短篇故事《北京時間》，就完成於文化大革命期間。故事中，毛澤東所成立的紅衛兵，高喊這樣的口號：「北京時間是毛主席指揮全國凱旋前進的節拍！」二〇〇一年，中國官方贊助的兒童雜誌發表一首歌，同樣也以「北京時間」為標題，歌曲中要讀者看著「當朝霞映紅了大地的笑臉，晨風傳來了北京時間。」統一的時區，象徵統一的國家，至於現實情況為何，則是後話。

在二〇一〇年到二〇一二年間，英國國會曾經為了是否要改變全國時區而爭論不休，當時討論的議題是，是否要將格林威治標準時間往前挪一小時，以利和歐洲中部標準時間（Central European Time）同步，後者是法國、德國、波蘭、阿爾巴尼亞還有其他將近二十多個歐洲國家所共同採用的時區。但是，當時英國國會為這個方案所提的名稱，卻頗有巧妙之處，它稱之為「單／雙夏令時間」（Single/Double Summer Time），至於原本的夏季節約時間，將變快兩個小時，改稱為「雙英國夏令時間」（Double British Summer Time）。他們可能覺得藉此可以讓英國更有英國特色，不過，這個提案後來被撤下了。但並不表示事情到此為止，這其實只是牛刀小試，之後英國政治圈為了時鐘的事吵得更兇。

二〇二〇年一月三十一日，英國脫歐。那是一段政治紛擾非常嚴重的時期，為了英國的國家認同問題，媒體上、國會裡，乃至街頭，人人為此互不相讓。對於研究歷史的史學家而言，或許可以找到許多不同個案，做為襲捲英國上下國家認同危機的代表，但是，當時有一個事件，可以說最能做為當時脫歐兩極化的爭論縮影。在這個事件中，想當然爾，時鐘也插了一角。

這件事發生在英國的大笨鐘，也就是高懸在西敏寺的大鐘。當時，大笨鐘和鐘樓因為需要整修，從二〇一七年起就沒有響過了。隨著英國脫歐日期一天一天、一分一分的接近，一群支持脫歐的國會議員倡議，應該讓大笨鐘再次響起，藉此彰顯英國關鍵的一刻和脫歐的決心。保守派的國會議員馬克．法蘭梭（Mark Francois）於是在重量級政界人士包括伊恩．鄧肯．史密斯（Iain Duncan Smith）、約翰．瑞伍德（John Redwood）、奈傑爾．法拉吉（Nigel Farrage）、馬修．漢考克（Matthew Hancock）、雅各．黎斯—莫格（Jacob Rees-Mogg），乃至首相本人波里斯．強森（Boris Johnson）的支持下，發起了這個活動。

二〇二〇年一月九日，法蘭梭在國會下議院慷慨激昂的說：

我們在一月三十一日、格林威治標準時間下午十一點，就要脫離歐盟。既然挑選在特定的時間脫歐，屆時勢必有人會想看著時鐘慶祝這個時刻。對我和眾多議員同事而言，都覺得這實在難以想像，到時候宣告這個時刻到來的，竟然不是大笨鐘這個具有象徵意義的時鐘。

這段話最後以「大笨鐘應為脫歐隆隆作響」作結。之後數日，英國媒體掀起了正反兩面的討論熱潮。沒有人能不表態或中立：要不支持大笨鐘再響、要不反對。認為這個提案很荒謬或兩邊都不贊成的人，則成了最無聲的一群人。

後來，因為成本和募款的問題，這個讓大笨鐘在脫歐那一刻鳴鐘的活動無疾而終。到了一月三十日晚上脫歐的這一刻，大笨鐘依然沉默如昔，靜靜的持續整修。支持脫歐的人士對此非常憤怒，直指這是「留歐派的陰謀」，並找了其他方式來慶祝英國脫歐成功。首相強森則自行在唐寧街官邸內，用一個小鑼敲了敲充數。記者伊恩．鄧特（Ian Dunt）回想當時：「他們花了一整個禮拜吵著要敲響大笨鐘，荒謬的程度實在讓人難以理解。在過程中即時目睹那些事，可說就像是看到馬戲團一整車小丑跑出來製造笑料一樣。」

但，大笨鐘被視為英國象徵，這件事本身倒沒什麼不可思議之處。大笨鐘真的就代表英國，或者說至少在英國有一些人真的這麼相信。對於民族主義者，像是時鐘、時區，這些國家象徵都很重要、都是神聖的，地位等同於國旗和國歌。攻擊象徵國家的時鐘（支持大笨鐘為脫歐響起的人就是這麼形容的），有如攻擊英國的國家認同，也是對英國人民的攻擊，以及對於何謂英國的攻擊。整體來說，就是對英國本色的攻擊。

第十一章

戰爭

微型原子鐘，慕尼黑，一九七二年

事情要從阿波羅十七的登月計畫說起。當時打算在太空船上搭載一顆小型時鐘，觀察它往返月球後的情形。會這麼做，是因為當時科學界和天文界都亟欲驗證愛因斯坦的相對論，因為相對論認為，時間在不同的重力場下，如果以不同的速度移動，應該會導致時間變快或變慢。一位鐘錶匠在一九七二年時就曾說：「事實上，大家普遍覺得，這可能會是太空旅遊史上最讓人興奮的科學實驗。」然而，時間的差異變化實在太細微了，如果真的要能顯現出來，上太空所使用的時鐘必須非常精密才行。

那次阿波羅登月計畫中，科學家所遭遇的問題在於，當時最精密的時鐘——也就是原子鐘——可運用原子的特性來計時，但本身非常笨重、脆弱，而且很耗電。另一方面，體積小又重量輕到足以放進太空船的石英鐘，卻又不夠精確，在太空旅行中會受到干擾。還好，在德國慕尼黑有兩位科學家恩斯特．耶哈特（Ernst Jechart）和蓋哈特．胡布納（Gerhard Hübner），他們在耶哈特家的地下室想出一個解決之道。這兩位德國科學家在一九七一年成立一家名為艾夫拉原子（Efratom）的公司，在此打造了微型原子鐘，大小只有十立方公分，重量只有一．三公斤，而且幾乎不需要電力運作。他們在一九七二年推出這款微型原子鐘，成為史上最小的原子鐘，充分符合可以在外太空實驗室中驗證愛因斯坦相對論的條件。這麼一來，想把超精密的時鐘送上太空的任務，似乎完成了。

於是，阿波羅十七太空船搭載時鐘登月的計畫似乎已經就緒，只等升空，沒想到一九七

艾夫拉原子公司的微型原子鐘。圖片為當初 NTS 一號衛星上兩顆原子鐘的備分鐘，約製於 1972 年

二年十二月，就離它在佛羅里達州發射台發射前八週時，美國太空總署卻臨時終止了時鐘登月的實驗——真讓所有人失望。不過，不到幾個禮拜的時間，耶哈特和胡布納公司又出現意外的訪客帶來好消息。

兩位訪客是遠從美國麻州來的鐘錶商羅伯・肯恩（Robert Kern）和亞瑟・麥科布里（Arthur McCoubrey），他們和美國海軍研究室合作製造軍事衛星NTS一號，預計要在一九七四年升空。他們此行是為了找兩顆微型原子鐘，體積要小到可以裝進有限的衛星載物艙，因為時間緊迫，他們來不及自己研發了，剛好聽說阿波羅十七號登月計畫原本打算採用艾夫拉原子公司的德製時鐘，這正好是他們在找的東西。肯恩和麥科布里因此不辭千里往返美歐，在很短的時間內就買到這些鐘，將之帶回美國，加以改裝並放進衛星。一九七四年七月，ＮＴＳ一號衛星被送上地球軌道，上面就搭載了艾夫拉原子鐘。這次航程成為美國導航星全球定位系統（Navstar Global Positioning System）——即ＧＰＳ的初期試航。這兩座在慕尼黑郊區製成的微型時鐘，成為史上首度登上太空的原子鐘。

早從一七五〇年代起，時鐘就成為導航的核心工具。約翰．哈里森的經線儀首次證明，只要善用計時技術加上天文觀測，就能在航程中使軍事和商業艦隊得到辨知自己位置的方式，儘管大海再浩瀚無際，也能夠自由航行。相隔兩百年後，同樣的問題再次浮現，只是這次稍有不同。一九五〇年代，美國海軍正在建造彈道飛彈系統，以做為對抗蘇聯的軍事防禦武器。這套系統一旦完成，就可以極度精確的命中任何目標，但它有一個障礙需要克服，那就是——這些飛彈都是從北極星飛彈潛艇（Polaris）上發射出來的，飛彈的命中率仰賴發射潛艇能夠得知自身的位置。但是，當時潛艇本身的導航系統卻還不夠精準，再加上潛在水底，也不可能靠天體如太陽、星星、月亮來輔助定位，所以迫切需要發展一套系統，可以讓潛艇一浮出水面，立刻獲得定位。

一九五七年，當蘇聯發射了全球第一顆人造衛星史普尼克號後，這個問題迎刃而解。因為，當美國科學家使用無線電波追蹤這顆蘇聯人造衛星時，他們發現，如果把同樣的系統反轉過來，就可以解決定位問題，也就是說，要是能夠知道人造衛星在太空的確切位置，那就可以得知自己在地球上的位置。到了一九六〇年代，美國海軍所屬人造衛星導航系統「中天」（Transit）和「時儀」（Timation）就依此理論成功運作，同時空軍也擁有另一套六二一B的定位計畫。

就這樣，美國國防部慢慢將這些實驗性計畫運用到國防戰略上，並且也發現，這可能在科技和政治兩方面都具有更多樣和龐大的運用。當年主導全球定位系統計畫的布萊佛．帕金森（Bradford Parkinson）說明：「到了一九七二年，有幾位國防部的高層官員就意識到，新的衛星導航系統可能會成為多種軍事運用上的重要資產。當時，美國國防部必須仰賴上百種的定位和導航系統來作戰，這些系統維護和升級都非常花錢。」一九七三年九月勞動節那個週末，五角大廈舉辦了三天的工作坊座談，他們設想即將成形的GPS種種細節，讓它可以結合海軍和空軍所有定位系統的優點，並確立新式全球定位系統的主要運作原則。同年十二月，美國國防部放行全球定位系統的籌建工作。

整個定位系統成功的關鍵，就是把這些小型、耐得住太空環境的原子鐘，送上許多人造衛星組成的太空艦隊。每一座全球定位系統人造衛星都裝載數顆這種原子鐘，這些時鐘以光速將高度精確的報時信號傳回地球。在地球這端的全球定位系統接收器，會搜尋四座不同的人造衛星所發射的報時信號。每一座人造衛星都位於太空不同的位置，其與全球定位系統接收器的距離也各自不同，所以每一座接收器所接收到的報時信號都會出現細微的差異，就是靠著這極其細微的時差，這些接收器就可以使用三邊測量法（trilateration）計算自己在地球上的定位。全球衛定位系統接收器這端所使用的時鐘，並不需要太精密，因為它所有報時資訊都由衛星信號提供，這表示接收器的生產成本和難度都得以降低。但絕對不能缺少的，就是由人造衛星所搭載的原子鐘一定要準確無比才行。

在一九六〇年代和一九七〇年代初期，幾次人造衛星導航系統的測試中，初期使用的都是石英鐘，但石英鐘無法達到軍事用途所需要的準確度。一當恩斯特・耶哈特和蓋哈特・胡布納所研發的微型原子鐘在一九七二年派上用場後，這個精確度的問題似乎也被解決了。緊接著，一九七四年NTS一號衛星搭載微型原子鐘的測試結果，也相當令人滿意。但是，航太工程師很清楚，要用在全球定位系統的人造衛星上，原子鐘的強韌度還要再更高，因為它必須要在人造衛星環繞地球軌道經年累月的過程中，沒有絲毫差錯。這就像是再次重演十八世紀解決經度問題的情形。當初，約翰・哈里斯也好不容易才設計出一款經線儀，既能夠體積小於當時的時計科技產品，又能夠在精確度及長期運作的可靠度上都獲得強化。另外，這些新的海上時計也要更強韌，才能面對長途海上航程中的種種惡劣環境，像是狂風巨浪下的晃動，或溫度的驟變等。同樣的，送上太空的時鐘，必須能夠承受幅射線的洗禮、真空環境、重力變化等。

一九七三年，NTS一號衛星還沒升空進行測試之前，耶哈特和胡布納的艾夫拉原子公司在加州另一家名為洛克威爾（Rockwell）的公司旁設廠，洛克威爾公司在一九七四年收到國防部合約，要為全球定位系統的衛星艦隊製造原子鐘。靠著這兩家公司的合作，將艾夫拉原子公司劃時代的微型原子鐘改造成足以肩負全球定位系統重任的強韌度。之後，從一九七八年開始，搭載著這種新型堅韌原子鐘的人造衛星，就被一一送上太空，這些衛星都是靠改良過的美國老式洲際彈道飛彈推進太空。到了一九九五年，在這十七年的時間裡，美國總共送了十三部全球定位系統人造衛星進入地球軌道，至此這個定位系統的第一階段任務終於達成，全球定位系統得以全面運作。因為這些原子鐘，戰爭和日常生活的樣態全改變了，雖然過去歷代的新式時鐘也曾經締造歷史，但這次改變的程度之大，至今我們都還無法完全掌握。

時鐘助長了戰爭，戰爭則反過來形塑我們使用時鐘的方式。拿一個過去的歷史事件來說吧，現代軍事飛彈和火箭的成功，主要都要歸功於威廉·康格里夫（William Congreve）的發明。他是火箭工程學的前驅，在一八〇八年時，他設計了一款新式時鐘，可以計算火箭飛

特威茲＆里德仿製的康格里夫鐘，約造於 1972 年

行的時間。康格里夫在時鐘裡擺放了一個小型的金屬球，讓球在傾斜的金屬盤上，沿著之字形的彎道曲折前進，當球來到金屬盤另一頭時，就會觸動彈簧，藉此讓金屬盤向另一頭傾斜，這樣球又滾回另一邊。這個發明本身對於提升時鐘的精確性的確有其建樹，但在實際工程上卻有很多瑕疵，導致它在當時無法創造出色的時計儀器。但隨著日後在軍事彈道、炸彈投遞與時計相關方面技術的創新，這套技術得以逐漸完善。一九七〇年代，英國鐘錶製造公司特威茲&里德為康格里夫鐘製造了很多複製品，是許多博物館館藏中相當吸睛的古代鐘錶。這些千奇百怪的時鐘所展現的，其實是人類殘酷的戰爭史。

或者，我們也可以看看像湯瑪斯．莫瑟（Thomas Mercer）這類公司的產品。莫瑟是專事生產航海經線儀的公司，這些經線儀過去幫助過各國海軍征戰各大洋，建立起帝國的海外殖民地，不過，一等冷戰時代有了無線電波導航，經線儀被取代後，這些公司的生意就一落千丈了。莫瑟公司只能與時俱進。英國北極星號飛彈上所搭載的核彈頭，希望設計成在還沒擊中目標前就由計時器引爆，以發揮最大的殺傷力。但在空襲現場，會有其他飛彈同時引爆，其產生的電磁波脈衝，會破壞一般的電子計時器。莫瑟於一九八二年製造一款強化式作戰用機械計時器，這成了該公司在核子時代的新商機。這類計時器，現在也有展示在博物館，只是因為外觀不甚起眼，所以常被忽視。其實我們可以看得更仔細點。

一九四七年，瑪朵．蘭斯朵夫（Martyl Langsdorf）設計了「末日之鐘」（The Clock of

世界末日時鐘調整到將近午夜，攝於 2020 年 1 月

Doom），發表在《原子科學家公報》（*Bulletin of the Atomic Scientists*）上，以此表達她對於核子問題的焦慮。這只鐘的時間設在午夜前七分鐘，意指時日無多。之後，鐘上的指針經常有不同的變動，以反映全世界人們對於西方國家大災難迫近或強或弱的擔憂之情。二〇二〇年一月二十三日，該公報的顧問團將末日之鐘的指針調到午夜前一百秒，這也是這座鐘問世以來離末日最近的一次。時鐘之所以被用來揭示核子世界末日，這是因為它會督促我們去思考，當末日來臨時，會有什麼下場。

除了為戰爭特製的鐘以外，我們也可以看看一整代的時計，如何因應戰爭需要而改變功能，進而影響到我們的生活。許多現代人每日不離身的手錶，其實和戰爭也有很大的關係。一八九九到一九二〇年的南非戰爭，及一九一四到一九一八年間的第一次世界大戰，這兩次戰爭中，士兵開始將懷錶改戴到手腕上，這樣才能夠依手錶計時，確定大家同時發動攻擊，同時還有另一隻手可以使用武器。其實，在這之前，手錶就已經存在了，但功能僅是女性首飾，或是女性騎單車、騎馬時配戴的。戰爭的需求讓原本女性專用的手錶成為男女皆可使用的道具，也讓市場需求翻倍，懷錶的市場快速走入黃昏。現在產值高達數百億的手錶市場，竟然是靠著兩次殘酷戰爭打開的。

放眼整體人類，甚至還能看到，所有人的生活作息，竟然也都直接受到戰爭需求所影響。本書稍早提到過日光節約時間，在夏季把時鐘調快一個鐘頭，以求早點起床——正是因為戰爭，讓這個原本只是老百姓自行發想的小眾念頭，成為軍隊求之不得的聖品，因為在兩次世界大戰期間，當時生產軍火的工廠產能全開，但供給照明和電力的燃料卻極為短缺，在這種情形下產生這個需求。這個例子，讓我們看到時鐘如何廣泛的助長戰時生產力，但連戰後承平時期的生活模式也跟著被改變。

以上不過只是少數，還有很多類似的例子，這些在在顯示，科技的發展，往往是因為戰爭的需要而出現、加速或是加以改變，時鐘就是這些戰爭科技發展中最核心的一環。時鐘就跟子彈、炸彈一樣，一直是戰爭武器中不可或缺的一環。但同為時鐘，全球定位系統讓時鐘武器化的程度，卻是全球軍事史上前所未見的。因此，我覺得應該可以對人造衛星所用的時計製造業多做介紹。

NTS一號人造衛星所搭載的艾夫拉原子公司的時鐘，大部分都是在慕尼黑製造的，至於之後第一批送上全球定位系統人造衛星上的原子鐘，是由位於加州厄文（Irvine）的洛克威爾公司和艾夫拉原子公司所共同研發。後期全球定位系統人造衛星上的原子鐘，則分別由幾家不同的美國公司所製造。不過，在地球上空繞行的人造導航衛星艦隊，可不是只有全球定位系統而已。俄羅斯也有他自己的導航系統，名為「全球軌道導航衛星系統」（GLONASS），這個系統所使用的時鐘，是由在聖彼得堡的涅瓦河（Neva River）企業所打造。歐洲也有自行研發的導航網路，名為「伽利略」（Galileo），其人造衛星上所搭載的時鐘，是由位於納沙泰爾（Neuchâtel）和羅馬的公司所製作。中國也有自行打造的定位系統，名為「北斗」（BeiDou），該定位系統之時鐘原採購自一家瑞士的製造商，但之後則改由中國航天科工集團（China Aerospace Science and Industry Corporation）製造。

另外，全球還有兩套較小型、區域性的導航系統。印度有「印度區域導航衛星系統」（IRNSS），它使用的衛星時鐘是德國製，但之後則跟中國一樣，改採自家研發，製造商是位於阿默達巴德（Ahmedabad）的印度太空研究組織（Indian Space Research Organization）。日本的區域定位網路「準天頂衛星系統」（QZSS），所採用的時鐘則生產於美國麻州。

為了全球層出不窮的導航衛星，也出現了全球化的製鐘網路。算一算，大概有超過一百座人造衛星，目前就在我們頭頂上的軌道運行，它們搭載約三百部、製造於全球各地工廠的微型原子鐘，不斷傳送著精確的報時訊號到地表來。這些原子鐘不僅負責告知地面衛星導航接收器其精確定位，同時也用來讓地球上無數的時鐘校正時間。這些原子鐘成了全世界的報時系統。三百多座原子鐘所報的時間，提供的總人口數之多，要比歷史上任何時鐘都還要多。因此，我們有必要對這些時鐘多加了解。倒不是要了解運作原理，而是了解其影響力。因為這些時鐘，都是在二十世紀冷戰時期發想出來的產物，是當時人們依照自己對於二十一世紀戰爭型態的想像所打造的——也就是說，因為這些時鐘的出現，戰爭的型式也會跟著不一樣。

二十一世紀的武裝衝突，並不像二十世紀的戰爭那樣，不論是冷戰或是實際戰爭都不再相同。在過去，戰爭界線是很明確的，意即敵我明確，一個國家或一群國家結盟，與另一國或另一群國家對抗。生死界線也很明確，那時候的戰爭是生死存亡之戰，也就是說，一國之存廢，繫於戰爭之勝負。戰與不戰的界線也很明確，開戰或停火，都由人去宣告。而且戰爭都有名字。但是，二十一世紀的後現代戰事，卻不再那麼明確了。可能分不清楚敵人是一個國家、或是一個政府，甚至可能是完全無法加以定義的一群人。

比如，在反恐戰爭中，敵人究竟是誰？又是誰和誰在對抗？反恐戰爭何時結束，也沒有人知道，也不知道是否會真正結束。不只是國界消失而已，二十一世紀的戰事，交戰的雙方甚至不是政府或集團所聘用的武裝部隊。當代戰爭較常用「代理」的字眼含混帶過，研究國防方面的學者如安德利亞斯・克里格（Andreas Krieg）和尚─馬克・瑞克里（Jean-Marc Rickli）將之形容為「恐怖分子組織、叛亂集團、跨國運動、傭兵或私人軍隊或保全公司」，軍隊與在地的合夥人結盟，但雙方的合作關係非常薄弱，只建立在一紙合約之上，把實際的戰鬥轉嫁給代理人去進行。

當代的戰場也不再那麼能明確定義。發生戰爭的場域在哪裡呢？已經不再局限於交戰國家的領土之內，更何況現代國家的領土本身就很難定義。比如，因為有了行動、導航和無線通訊等電子科技，導彈、無人機、機器人、人造衛星、行動電話、網際網路、社群媒體等，都讓戰爭發生的場域一再推陳出新。在高海拔的空域、只靠無人機作戰的地方；或是外太空，這種只有人造衛星到得了的地方；甚至網際網路都是。網際空間尤其是代理戰爭最好發的地方，因為背後指使和發動的人幾乎無法被揪出來。

戰爭的實際情況又是如何呢？美國在九一一恐怖攻擊事件之後所發動的反恐戰爭，一般認為敵人應該是阿富汗和伊拉克，但其實美軍從二〇〇一年以後的十年間，活動範圍涵蓋了伊朗、利比亞、巴基斯坦、索馬利亞、葉門和墨西哥等地。而且，這些戰鬥都發生在市中心，以攻擊單次城市的方式，搭配網際空間模糊地帶的攻擊。也就是說，這依然是地理學家德瑞克．葛雷戈里所謂的「無處不戰」（everywhere war）。

近年來，美國的反恐戰爭也涵蓋了對抗伊斯蘭國（Islamic State, Isis）。二〇一四年，美國開始對敘利亞北部地區進行高科技空襲，隔年更開始支持敘利亞反政府民兵組團，協助他們進行軍事訓練，並提供裝備和顧問。這些行動全在沒有宣戰的情形下進行，美軍真正進入敘利亞的人數更只有一、兩千人，主要戰鬥都是由美軍在當地的合作夥伴進行。這讓美國在戰場涉入的人力和財力都可以大幅縮減。但是，這場反恐戰爭並不光是用飛彈和炸彈來打就夠了，伊斯蘭國那邊現在對於使用影片、網路和社群媒體已經非常熟練，他們精於編造自己的說法，再搭配讓人害怕的影片，以現場直播的方式，對全世界播送，藉此形塑他們單方面的說法。

這種戰事操作的方式之所以改變，最主要的一個目標，就是希望能夠儘量減少士兵上戰場的機會，打一場不見血的戰爭。另一個目的，是這樣可以讓發動戰爭的政府，不會因為發動戰爭惹來非議，降低其在國內的政治風險。當然，既然是戰爭，總是免不了有人命損傷，採取新戰爭型態的一個後果就是，現在衝突已經無處不在，就在我們身邊。有些是發生在真實環境中，有些則是在數位空間裡。這樣的改變和全球化脫不了關係，因為全球社會和政治彼此之間有越來越多的牽連。二十一世紀的現在，「國家」的概念在很多方面已經開始崩解，取而代之的則是「跨國」的現實狀態。

一九九六年，在全球定位系統正式宣布運作一年後，美國國家安全會議發布一篇新聞稿，指出全球定位系統「現在已經完整運用在國防軍事運作的每一個環節之中」。但其實，早在該系統的人造衛星群全面升空以前，這套系統對美國軍事方面的貢獻早已展露無遺。

早在一九八七年時，美國海軍就已經運用全球定位系統，在波斯灣的航道上搜尋水雷。空軍一九八九年入侵巴拿馬時，在「正義之師行動」（Operation Just Cause）中運用人造衛星上的時鐘。一九九〇到一九九一年的波灣戰爭「沙漠風暴行動」（Operation Desert Storm）中，全球定位系統更是扮演了關鍵的角色，可以說是美軍致勝的主因。另外，在一九九三年的「恢復希望活動」（Operation Restore Hope）中，全球定位系統更被用來在索馬利亞境內進行食物和補給的空投任務；隔年，美軍部隊在入侵海地的「捍衛民主行動」（Operation Uphold Democracy）中，使用全球定位系統。

在全球定位系統正式運行的頭幾年間，所有美軍使用的火箭和炸彈，全都改為由全球定位系統導航，同時也開始朝縮小火箭和榴彈尺寸的方向進行研發，以利從船上甲板發射，並且都可以用全球定位系統信號來精準的擊中目標。同樣的，因為有了全球定位系統的導航，在交戰地區空投軍備和空降軍人也更有效率。而且，也因為有了全球定位系統，催生了新一代的武器系統：自動化和遙控機器人，包含無人飛行器、無人水下掃雷機、可以在戰場上救回受傷軍人的機器人救援載具等。在二十世紀的戰爭中，戰場上的友軍誤傷事件曾經導致二十五萬美軍士兵死亡或受傷，現在有了全球定位系統，這數字也得以大幅下降。

但一開始，在美軍部隊內的全球定位系統推廣業務卻處處碰壁——美軍將領一開始怎樣也搞不懂，這套系統能怎麼幫到他們。一位全球定位系統計畫中負責研發強韌原子鐘的工程師就回憶：「當時對於在戰場上如何運用這套系統有很多的爭議，因為政府裡還是聘用老式轟炸機的飛行員，這些人最熱衷的就是投擲炸彈。我就遇過一位四星將領問我：『哪用得著這種東西，炸彈做大顆一點就好了。』」這位四星將領，日後卻成為負責帶領美軍在波灣戰爭中使用全球定位系統進行空戰的指揮官，但是他一開始竟對負責設計這套太空系統的團隊頗不屑：「國家花錢請你們來做夢，國家可是花錢請我們來殺敵的。」

但一等這套系統開始發揮成效後，不用多少時間，再鐵齒的軍方將領都紛紛明白，以後無論是要轟炸或殺敵，不可能不藉助全球定位系統的那些時鐘了。有了全球定位系統導航的武器，現代戰爭的型態也從過去使用大型炸彈、無差別的全面殺戮，轉型為如手術般精確的針對式出擊。

二〇〇四年，在全球定位系統全面宣告啟用九年後，該計畫的負責人布萊佛·帕金森回憶：

看看美軍在科索沃、伊拉克先後幾次戰爭，就會發現今日的武器系統，基本上都必須要仰賴全球定位系統。這樣的武器裝備，我稱之為「人道主義轟炸系統」。因為有全球定位系統的導引，想要擊中的目標就一定能命中，不會有失誤的問題。甚至可以將目標定在地面部隊附近，卻不必擔心會誤傷他們，或者是誤擊清真寺或是醫院。

他日後又回憶：

我很在乎我們所做的這些研發，能夠讓戰場上的士兵們有感。我們所打造的這套系統，能夠強化並改革未來的作戰方式。過去我們「把五顆炸彈全扔到同一個洞裡」的作戰模式，正好提醒我們，過程不重要，結果才是重點。

現今最好的全球定位系統接收器可以計算所在位置到十公厘以內的誤差，這差不多就是小指指甲的長度而已。但這樣的演變，不單單只牽涉到全球定位系統導航的飛彈而已。全球定位系統既是無所不在，那就表示戰爭也跟著無所不在了。全球化創造出一個讓各個國家、各個機構、私人企業和個人互相串連在一起的網路。任何陷入與他國交戰的國家，也不可避免的會面臨傷人自傷的風險，連帶的自身的利益也會受到波及。全球定位系統之所以全球化，是因為現在和美國作戰的國家，對上的不只是單一美國軍力，交戰雙方的國家利益和商業利益全都糾結在一起。

一九八三年蘇聯將韓航〇〇七號班機擊落後，雷根總統宣布要讓全球定位系統提供民航機使用，他從中獲得的政治資產，其實是來自一九七〇年代初期就決定要進行全球定位系統研發的遺蔭。一開始全球定位系統的設計，就沒有打算只供美國軍方使用，如今這套系統更是將服務提供給全世界。然而，這也成了這套系統的包袱。

到二〇二〇年為止，美國總共發射了七十四座人造衛星供全球定位系統使用，每一座人造衛星上都搭載三到四個原子鐘。這些全球定位系統的時鐘，再加上俄羅斯、中國、以及歐洲各國所使用的定位系統，全年無休的為我們滴答轉動。現在，全世界各地的交通網路、電線、通訊和探勘，乃至農業、銀行、氣象和緊急救援服務等所需要的時間、定位和導航資訊，都仰賴這些衛星上的時鐘。此刻在我們頭頂上翱翔的飛機，也在使用太空中的那些原子鐘來導航。五大洋中航行的每艘船，也都在使用衛星導航。你在家中苦苦等候亞馬遜網購送貨，從送出到抵達，全程都由全球定位系統緊盯不放。夜晚的路燈會亮，也是因為太空中的這些原子鐘。我現在打字時所用的電腦，就擺在離本初子午線幾百公里外的住家，它的電力全仰賴全球定位系統將全英電力網同步起來；電腦得以和網路連線，當然也拜全球定位系統所賜，因為有其信號，才得以讓網路同步。全球的銀行系統，也要透過人造衛星上原子鐘的協調。同樣的，電視和廣播也是如此。

就目前來說，專家估計，全球有80％成年人可以透過智慧型手機使用全球定位系統、或是類似的全球系統。而且到二〇二二年時，預估全球將會有超過七兆個全球定位系統接收器——這個數目等於是那時候全球的人口總數。現在，幾乎所有必需仰賴時間運作的科技系統所使用的時鐘，都接收來自太空衛星信號的報時校正。在英國，英國廣播公司從一九二四年開始採用的嗶嗶連六響報時信號，過去十五年來也已經與時俱進，採用全球定位系統的時間了。同樣的，現在電話報時台的時間，也是接收全球定位系統的信號。大部分行動電話上的時間、筆電上的時間，還有火車站的列車出發時間告示板，也都是從這些環繞地球人造衛星上的原子鐘取得報時信號。國際避險基金投資客和高頻交易客，他們進出金融交易市場獲利，同樣要仰賴全球定位系統。就算這些人選擇多付一些費用，取得英國國家物理實驗室所提供的用戶專屬光纖連線，這些連線也同樣來自全球定位系統——因為這些連線深處，還是靠全球定位系統在維持報時的信號。就連英國國家物理實驗室本身，在比對其內部與他國時間，靠的也是導航人造衛星。

全球定位系統或其他衛星導航系統的接收器，差不多每支行動電話、飛機、船隻、變電所、電視台、數據中心和抽水、供水站都會配備。電腦網路和行動電話的數據傳輸速度越快，其時間同步能力就要越精確。所有數位化的系統，以及所有由電腦控制的基礎設施，都仰賴時鐘來協調其網路所通過的數據資料。目前，這些系統所使用的時鐘，就是人造衛星上的原子鐘。舉凡想像得到的現代設施，裡頭幾乎都內建有衛星導航接收器，鎖定太空中那些微型原子鐘的信號。靠這套網路和系統，現代人才得以過活，從盤子中到頭頂的……無不仰賴它。不誇張，要不是有這些系統，現代世界早就全面停擺了。

既然知道報時信號這麼不可或缺，大家可能想到，家裡電視訊號在天候惡劣時會不穩定；手機的網路訊號，在離路由器太遠、或是被牆阻隔時，也會收訊不良；如果你是司機，也會發現行車經過隧道時，車內的無線電訊號會有雜訊。以上顯示，無線訊號其實很脆弱，很容易被阻斷。既然如此，從那麼遠的人造衛星上頭傳送這麼微弱的報時訊號電波，萬一被阻斷、或是被干擾了怎麼辦？有這層擔心是對的，因為許多政府機關、商業鉅子、軍隊領導人，也都曾為此徹夜難眠。

人造衛星導航信號在四種情形下特別脆弱。首先，因為人造衛星所用原子鐘的系統非常複雜，一旦這部分出現錯誤，就會造成訊號中斷的問題。二〇一六年，就因為全球定位系統的信號出現一千四百萬分之一秒的誤差，導致英國大型電信公司斷訊四天，連帶也影響了美國和西班牙等地重要的基礎設施——這個錯誤只是肇因於日常維修的人為失誤。只是一千四百萬分之一秒的誤差，也就是十四微秒，這樣就吃不完兜著走了。

無線通訊信號的第二個弱點在於會受自然因素的影響而斷訊。像是太陽閃燄（solar flare）過多，或是城市高樓大廈過多時，全球定位系統就會受到干擾。這種情況發生的機會還真的滿高的，頗令人頭痛。

但真正會讓導航系統變成災難級大範圍影響的，則是第三和第四個弱點。第三個是有人刻意干擾信號，這只要用簡單的電子器材就可以辦到，而且這些器材一些犯罪組織和敵軍隨手可以取得。二〇〇九年，英國就利用船隻上的小型全球定位系統干擾發射器，針對船上的導航系統進行測試，結果這個干擾器的功率不到行動電話的千分之一，卻成功達成任務。英國政府隨後針對這個干擾器材發表評估：

> 該干擾器造成電子地圖顯示錯誤的定位，結果船上的自動駕駛系統因此駛往錯誤航道。自動辨識系統又將這個錯誤定位報告給其他在附近作業的船隻，以及岸邊的海上交通管制站。干擾器同時也造成衛星通訊系統失效。該船的全球海上遇險與安全系統（distress safety system）也失去作用，所以未能及時對救難人員發出警訊並導引方向。船上的直升機降落穩定功能也失效。就連船上的時鐘也失靈。原本很可靠的應急設備，像是雷達和回轉儀羅盤，

則紛紛發出警告，因為它們也必須依賴全球定位系統的訊號才能正常運作。

二〇一三年，至少二五〇架客機在駛近南韓的仁川國際機場時，因為全球定位系統受到信號干擾，不得不切換到備用的導航系統。據信，這些干擾信號是來自鄰近的北韓，也由於這些干擾信號實在太強，連遠在三十英里外的首爾，行動電話網路都被干擾，手機信號網路也同樣依賴全球定位系統上的時鐘在運作的。再早一年，美國新澤西的一名卡車司機，為了想躲避老闆追蹤他的定位，所以在他所駕駛的福特小貨車上安裝干擾器，沒想到，這干擾器卻意外干擾了紐沃克（Newark）國際機場的全球定位系統。倫敦市一棟大樓因為有金融交易和通訊所需的器材，必須在高度精密的報時信號下運作，不能受任何外界信號干擾，所以特別安裝了干擾偵測器。沒想到裝設四年來，這台偵測器發現，平均每天都會出現信號干擾的狀況，干擾的來源主要都來自大樓附近交通設施上所裝設的干擾器。

但這些都沒有被人稱為「假情報」（spoofing）的手法，來得更防不勝防。如果敵人篡改全球定位系統信號，你無從辨別真偽，因為你這邊的接收器會不疑有他，逕自相信它就是從那個位址發出來的。想像一下，要是這個誤判位置的接收器裝在戰艦上，或者裝在導彈上，或是載送空降部隊到作戰區域的飛機上，那會造成什麼後果？一九九七年，〇〇七電影《明日帝國》（*Tomorrow Never Dies*）中，邪惡的媒體鉅子艾略特．卡佛（Elliot Carver）就篡改自己的全球定位系統信號，造成英國匿蹤艦德文郡艦（HMS Devonshire）在汪洋中迷航，進入中國海域，差點釀成第三次世界大戰。片中艦長對船員說：「確定我們的衛星定位無誤嗎？」導航官向他確認說：「是的，長官。是經過人造衛星準確定位過的。」但事實上，這艘船卻偏離了真正的位置好幾英里遠。

這樣虛構的劇情卻預見真實的未來場景。就在電影上映二十年後，發生了一樁全球定位系統遭到篡改的事件，這是第一次有這類大型事件被完整的記錄下來。二〇一七年，在俄羅斯黑海岸的新羅西斯克（Novorossiysk）港外，有二十艘商船在海上駛過，但他們卻紛紛發現船上的全球定位系統顯示自己是在內陸——靠近格連吉克（Gelendzhik）港旁邊的陸地。同樣的，前一年，俄國首都莫斯科的克里姆林宮附近，只要使用行動電話，上面的程式都會錯將用戶定位在伏努科沃（Vnukovo）國際機場，離正確位置足足有二十英里遠。觀察家認為，這種篡改位址的攻擊行為，可以視為是電子作戰的一種型式。

種種事件，其造成的傷害是相當巨大的。智慧電網（smart grids）指的是最新的電力供應網路系統，這方面的專家所使用的測量儀器，必須要能夠同步到誤差在兆分之一秒的精密度。有一個案例就是，一個受測儀器只鎖定到一個衛星信號，但照理說，它應該要同時鎖定數個信號，才能得到正確的定位，結果使得系統誤以為發生了嚴重的漏電問題，立刻關閉兩條大型的五百千伏（Kv）電纜——這次雖然只是一場意外，但如果是惡意行為，就可能造成驚人的損失。

正因為當代世界對於人造衛星時鐘信號的依賴性非常大，針對這類信號斷訊或是篡改定位位址所能發動的攻擊範圍，也非常廣泛。一位美國政治人物近來就指出：「全球定位系統對於整體現代經濟而言，有如牽一髮動全身。」另一位專家講得更直接，萬一全球定位系統發生大範圍的電力中斷事件，「那可是會要人命的」。

第十二章

和平

錼時計，大阪，六九七〇年

時間跳到公元七十世紀，在一個過去名為日本的國家，有一座當時名為大阪的城市，所有曾經存在於這座城市的一切，如今已經埋在地底深處，只剩下一座時鐘，還留在原地，滴答作響。在經歷了地球上各種戰事和血腥事件，見證了各大陸數千年來許多文明的起起落落、霸權帝國的興衰、知識的累積和散落，人類對於資源無止盡的貪婪，在地球上留下一道又一道深不可滅的傷疤之後，這座鐘卻依然倖存——絲毫不為所動、沒有一絲殘破，像有生命般的活著。它靜坐在這裡，無聲的標記著時間，已經足足有五千年之久。它默默旁觀地上世界的紛擾動盪，但現在，它的時間也將走到盡頭：在它的圓形金屬鐘面上，指針就要指到第五十個刻度——每一個刻度，代表的都是一百年的過往。

這個鐘，是一個鍗時計，由日本電器商松下（Matsushita）和鐘錶商精工（Seiko）共同製作，整顆鐘擺放在打磨光滑的金屬圓筒內。鐘採用一公克的放射性金屬鍗元素以氧化的型式存在（即二氧化鍗），外頭包覆金箔。鍗元素穩定的在時鐘的氣室內放射出氦原子核，因為這樣，這個氣室就像是手風琴的風箱那樣，被撐得越來越大。隨著這個氣室越來越大，就會慢慢的拉動鐘面的指針，一直走動。

自從這顆鐘被埋進地底後，再也沒有人見過它。當初設計者是把鐘放在一個一公尺寬、五百公升容積、圓柱形的不鏽鋼膠囊裡，外頭再蓋上一層又一層的鋼料、沙和黏土、以及強化混凝土做為保護，最後再慢慢的放進大阪市立公園中一個深達十四公尺的洞裡。這顆鐘入

1970 年埋於大阪地底的鈽時計

土的時間，是一九七〇年，大阪市舉行萬國博覽會的時候，當時就設定要讓這顆鐘運行五千年之久——那已經是遙遠的過去了。當初舉行博覽會的人類文明，這時候早已灰飛煙滅。人類曾經存在那麼久，此時變得難以想像。但，現在，終於有一樣東西，可以感受一下當初人類的存在。拿起他們捧過的東西，看到他們關心的物品。

這一天，公元六九七〇年，是這顆鉢時計重見天日的日子，包裹它的時空膠囊出土，讓大家看看裡頭所放的東西。

一九七〇年十二月二十二日這天，一顆時空膠囊在大阪封存，並在一九七一年一月二十日這天埋入地底。膠囊中，除了這只鉢時計外，還有另外兩千多件物品，當中有的是藝術品、有的是文學作品、音樂、活體標本和許多文物，這些物品全都是在一九六〇年代後期經過仔細整理和搜集後埋入地下，藉以記錄人類的進步與和諧，目的是供後人瞻仰留念。這裡頭應該也有生物樣本、藝術作品、錄音帶、電影、書籍、日常用品。另外，裡頭也有一份仿效古埃及羅塞塔石碑（Rosetta Stone）作法的傳世訊息，只是不同於製於公元前一九六年的羅塞塔石碑，這份一九七〇年版的新式羅塞塔石碑是用鋼板蝕刻而成，上頭以日文、中文、英文、法文、俄文和西班牙文載明：「我們相信人類將會存留到五千年後，因此要贈予後代這個膠囊，做為二十世紀的紀錄。」另外，裡面也有日本小學生為未來人類畫的幾幅畫，描繪他們同時代的人們。另外，膠囊裡還有一面日本國旗。

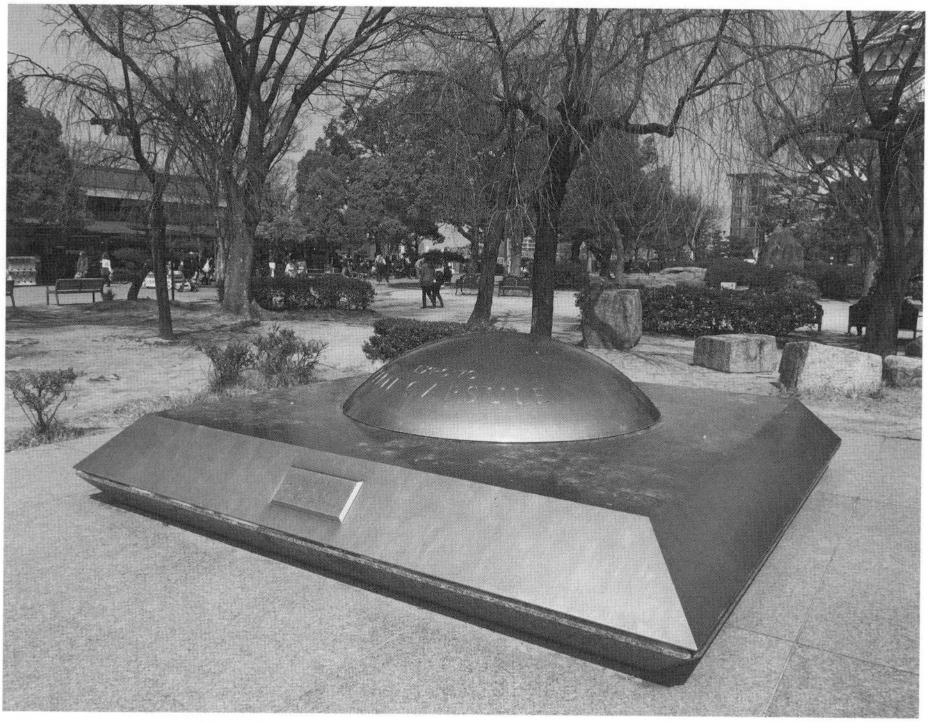
1970 年大阪萬國博覽會埋藏時空膠囊的紀念碑

這個膠囊埋在一座不鏽鋼半圓形紀念碑下方，很深的地底。紀念碑的底座，則是打磨光滑的波特蘭花崗岩，面積有三十六公尺平方，位於大阪城公園（Osaka Castle Park）正中心位置，距離建於一五八〇年的大阪城不遠。這座古城在歷史上曾經歷多次重建。

一開始籌劃這顆時空膠囊時，曾經考慮過許多不同的地點，包括海裡、南極、甚至月球，因為在當時，人類剛於一九六九年七月登陸月球，正好是大阪城被選定為膠囊埋藏地點的幾個月後。在膠囊埋入大阪城公園後，無數遊客曾到這座紀念碑前參訪，懷思其中所傳遞的信息，並遙想一九七〇年人們的生活，和日後到訪旅客的生活之間的差異。

到了六九七〇年時，這一切已經是很久很久以前的事了。時空膠囊被製造者仔細封存五千年後，重見天日的指定時刻到了。萬國博覽會的籌辦人曾指示，直到這一刻才能開啟這只時空膠囊，但要打開它可並不容易。因為當初是以非常繁複的過程和高難度的技術加以密封，為了讓後人知道如何拆封，他們在膠囊上方埋入開啟的指示，這個指示就放在膠囊圓筒外的另一個不鏽鋼圓筒中。這樣，只要指示保存完好，後人就可以遵循指示，一步一步的開啟膠囊，其中的內容物也就得以從大阪的地底被人喚醒。

現在，錶時計的指針，終於來到刻度的盡頭。就在這裡，在一座曾經雄偉的日本城市正中央、在祥和的公園裡，遠古前人留給後人充滿希望與和平的訊息，終於到了要重見天日的一刻。但關鍵在於，五千年後的這一天，是否還有人類文明存在，可以進行這項重要的開啟儀式？

一九七〇年舉行萬國博覽會時，日本社會才剛從一九四五年廣島與長崎原子彈爆炸中走出來。他們目睹了二十萬人喪生，世界就此邁入核子時代。經過二次世界大戰的毀天滅地，日本人當時正努力要從百廢待舉中重新站起來，就在這時，他們決定要在大阪城地底埋下這顆時空膠囊。

所以這顆膠囊，在在象徵著從舊世界要跨入新世界的一道門檻，共同參與這項計畫的松下公司就這麼寫：

全世界所有人擔心的事，也是日本所擔心的事：核子戰爭、空氣汙染、能源短缺，以及地震、暴風雨、洪水等天災，對日本人或是任何人種而言都是一樣的災害。日本人也跟所有人一樣，生活中有喜也有悲。

松下電機在二戰期間是日本的大型電器生產商。該公司社長松下正治在膠囊中放入這段他親手寫的文字：

在我們之前，出現過許多偉大且多彩多姿的文明，我們也知道，二十世紀現有的知識、科學及藝術，都是靠這些前人的辛苦累積才得以成就。只要人類繼續生存在宇宙中，每一個文明都將是無價的遺產。我深信，我們的文明將可以挺過時間的摧殘。即使總有一天，我們的這些成就，終究還是會煙消雲散，化為烏有，就如同過去的文明一樣，終將被人類或是自然災害所毀滅。

本書這趟時間之旅即將來到尾聲，我們不禁要問，人類文明和時鐘的未來會怎麼樣？在前幾章中，我們可以看到歷代以來，時鐘一再助長了紛亂和失序的變動，時鐘在未來有可能被拿來締造和平嗎？埋在大阪城的這顆時空膠囊，或許可以算是一種時鐘，只是和我們前幾章所提的時鐘大不相同。因為，前幾章的時鐘，著重的都是「當下」、或是「當代」，但時空膠囊的作用，卻是在時空遙遠的另一端，是「長遠的當下」。也因為這樣的關懷，可能有辦法挽救我們的文明。

一九九八年，全球概覽（Whole Earth Catalog）創辦人，同時也身兼作家和發明家等職的史都華・布蘭德（Stewart Brand）寫下這段文字：

> 人類文明的注意力，變得越來越短暫，甚至已經到了病態的地步。這個趨勢可能肇因於科技的加速，市場導向的經濟目光短淺，只看到下一屆選舉的短視民主、或是個人多功作業導致分神——這些現象全都在增加中。勢必要有什麼矯正措施，來平衡這種短視的情形才行，就算是一則傳說或是一個機件都行，只要能夠鼓勵眾人把眼光放長放遠，並願意對長遠未來擔起責任。這裡所說的長遠未來，指的是數百年後的光景。

當時，布蘭德和電腦設計師丹尼．希利斯（Danny Hillis），以及其他頂尖思想家，看到人們思考事情的眼光幾乎都只放在公元兩千年，讓他們感到憂心忡忡。布蘭德提出一個問題：「要如何才能讓眾人自然而然的長計遠慮，不覺得這樣很困難、不願意去做呢？要怎樣才能讓眾人凡事都想到長遠的後果，作出負責任的決定呢？」

希利斯於是提議，要建構「一個具有大型紀念碑式的、像機械鐘般的傳說或機件，讓它能夠至少運行一萬年，持續報時，並將之交託給某個人類社會，由他們加以保護和照顧。」就是因為這個提議，日後他們共同成立一個機構，名為「長遠的當下基金會」（Long Now Foundation），並進行「長遠的當下時鐘」（The Clock of the Long Now）計畫。

這個計畫的名稱，來自作曲家布萊恩．伊諾（Brian Eno）的構想，他認為應該想一個有用的方法，讓人類的眼光能夠放遠。這個計畫中的「當下」一詞，指的是現在再加上前後一天的時間，而「當代」是未來十年和過去十年的時間；「長遠的當下」指的則是涵蓋非常漫長、久遠的時間軸。未來學家彼得．舒瓦茲（Peter Schwarz）認為，所謂「長遠的當下」，應該是現在往前或往後一萬年的時間。布蘭德解釋：「一萬年前，是冰河時期正要結束的時候，也是農業和人類文明正要興起的時候；我們應該用同樣一萬年的遠見視野看向未來。」

「長遠的當下時鐘」，其原型在一九九九年的除夕前不久，在舊金山要塞公園（Presidio

park）開始運作，它歷經了兩年的設計過程終於完成，這是以亞歷山大・羅斯（Alexander Rose）為首、一個由工程師和設計師組成的小型團隊所設計的。鐘的動力來自鐘擺，每隔幾天上一次發條即可。鐘擺捲成一般的周年紀念鐘[11]鐘擺的形狀，每兩分鐘一擺，透過巨大的機械裝置將時間報給主要的機械式電腦——也就是這座鐘的核心。這部電腦，仿自十九世紀發明家查爾斯・巴貝吉（Charles Babbage）的機械發明，會據以進行運算，再將運算結果提供給鐘面，讓指針每一小時推進一度。這個鐘的鐘面指針，最慢的指針約兩萬六千年會繞行鐘面一遍，跟歲差的週期差不多（the precession of the equinoxes）。

希利斯本人在一九八〇年代時，曾經參與設計了當時全球運算速度最快的超級電腦；到了一九九〇年代，他說，想為這座「長遠的當下時鐘」設計出全世界最慢的電腦，以做為過去自己讓世界變快的贖罪。

這座鐘，也改變了我的人生。

我在公元兩千年時認識羅斯、希利斯和布蘭德，當時他們一行人來到倫敦的科學博物館參觀，我剛好在那裡工作。倫敦科學博物館的大型千禧年展覽「創造現代世界」（Making the Modern World）正好到完工的最後階段，基金會同意出借他們三人合作的「長遠的當下」時鐘原型給我們的展覽，做為七月開幕時的最終展的長期展示品。說到這一系列歷史性展覽的閉展物，可以說沒有其他展品比這座鐘更適合的了，它可以讓所有的參觀者一直期待著將來那一天的到來。所以這座鐘，就從舊金山千里迢迢的被運來倫敦展出。與他們會面的那天，鐘就在我們的眼前，正如他們所說，這是一個傳說，也是一個機件，我就是被交付任務，要來為鐘上發條的人。對於當時年紀尚輕、又剛入行策展的我而言，這個經歷在腦海中留下深刻的印象。

現在，德州也製造了第二座「長遠的當下」時鐘。另外，內華達州沙漠的一座山區，也被相中做為第三座鐘的安放地點。內華達州的這個地點，是以狐尾松（bristlecone pine）為主要林相的森林，狐尾松是地球上壽命最長的生物，在這個山區，有棵狐尾松的壽命被測出達五千歲。

如果，對於時間，能把眼光放遠，從只有幾分鐘或幾小時，放長到數千年之久，那麼就會生出許多非常強大且有力的想法。布萊恩·伊諾負責為這座鐘設計鐘響，他將「轉調鳴鐘法」（change-ringing）運用在這座鐘上。他說明：

公元一六〇〇年代，許多教堂在鐘塔上都會擺幾座大鐘，這些鐘的音高都有特定調過，敲鐘的順序也經過安排，會反覆依同一個順序敲奏。但在同一時期，也開始出現不同的作

11 譯注：Anniversary Clock，這種鐘上一次發條可走大約一年左右，因而得名。

法。敲鐘人想利用有限數量的鐘敲出最多種排列組合，這形成了日後所謂的「轉調鳴鐘法」。簡單來說，轉調鳴鐘法的目的，是讓數量有限的鐘可依不同的排列組合敲奏，且順序不會重覆。

一座自鳴鐘，其鳴聲的排列組合，是隨著這套鐘的鳴鐘數量成「階乘」增加的。比如說，如果只有兩顆鳴鐘，那就是有兩組不同的組合旋律[12]。如果有三顆鳴鐘，那獨特的旋律組合就增加為六組；再加一顆鳴鐘，就有二十四種不同組合的旋律；到了五顆鳴鐘時，那就有一二〇種不同的排列組合；六顆鳴鐘則有七二〇種排列組合。那如果一共有十顆鳴鐘呢？有十顆鳴鐘的教堂還真不少見，像是離我在格林威治住處不遠的聖奧菲基（St Alfege）教堂，打從一七三〇年代以來，就配備有十顆鳴鐘。算一下，就會發現這十顆鳴鐘足足可以敲出超過三六〇萬種不同的旋律組合。

但負責在教堂敲出這種轉調鳴鐘法的人，其實不需要去記這些排列組合；他們發明了一種很簡單的方式，透過這種演算法，可以知道自己接下來要敲出什麼樣的順位，一個敲完就接著下一個。因為他們所敲出的旋律，都是用演算法排列出來的，有一定的規則，這樣，要是重覆一遍演算法，就可以得知將來的某一刻要敲出什麼旋律。反過來說，要是聽到某個旋律的組合，也可以知道這是由哪個音符組合開始的，因為將演算規則倒回來計算，算出一開始的調子，就可以知道目前進行到哪個排列組合——演算的細節不是本文的重點。

重點在於，伊諾發現，十顆鳴鐘所得的排列組合，非常接近一萬年的天數，一萬年正好就是「長遠的當下」時鐘的最短壽命。也就是說，十顆鳴鐘的旋律組合，可以在一萬年裡每天都敲出不同的組合，他只要知道改變旋律組合的演算法，就可以作一份萬年曆，讓他知道這十顆鳴鐘在一萬年內每天敲的組合。二〇〇三年時，伊諾錄了一張雷射唱片，當中錄下十顆鳴鐘的五千年排列組合，最後排到公元七千〇三年一月。多年來，這張唱片我聽了數百次之多，每次聽，都讓我感觸良多。真希望有一天，可以讓我親耳聽到那座鐘的鳴響，但這還有得等。

此舉也引發了志同道合的人貢獻點子。一九九九年十二月三十一日，長遠的當下基金會啟動舊金山的原型時鐘時，身兼藝術家和音樂家的傑姆．費納（Jem Finer）開始演奏〈長奏者〉（Longplayer）一曲，這部作品會完全不重覆的演出一千年，永遠縈繞在東倫敦泰晤士河（River Thames）一座十九世紀的燈塔中，也同時對全世界播送。這首曲子雖然奇怪，卻又出奇的美好迷人，聽過的人無不陶醉其中。

離這座燈塔幾步遠的地方，則是「月夢時」（Alunatime），這是一座以鋼、鐵和玻璃塑

12 編按：即呈2!、3!、4!、5!、6!……增加。

成的立鐘，由藝術家蘿拉．威廉斯（Laura Williams）所設計，鐘上所顯示的時間是月亮的時間，也就是月亮盈虧、月升月落、河水漲退的時間。這座鐘是「月夢」（Aluna）計畫的第一座實驗性作品，該計畫要建造比英國巨石柱群（Stonehenge）更大型的月鐘。這個鐘希望能讓破碎的世界重新完整，因為，即使世界再怎麼充滿歧見，千里共嬋娟，大家看的是同一顆月亮。如果，所有人能把眼光放長到未來，把視線放遠到外太空，那就能更理性的看待凡塵俗世的紛紛擾擾。

跟「長遠的當下時鐘」一樣，「長奏者」和「月夢」也激發更多人投入，貢獻他們對這個議題的想法。長遠的當下基金會董事凱文．凱利（Kevin Kelly）就提出一個問題：「要是製造出一個鐘，可以運行一萬年，那我們的文明，是不是也要跟上？」病毒學家瓊納斯．沙克（Jonas Salk）之前也曾思索過同樣的問題：「我們算得上是後代的好祖先嗎？」講到這裡，可以再回到日本，那個開啟有關希望與和平問題的源頭。

在離大阪七十英里遠的伊勢城，座落著伊勢神宮，又名伊勢大廟，這是由總數達一二五座不同神道神社所組成的建築群，占地足足有一座巴黎市那麼大。伊勢神宮從公元前四世紀起就落腳在這個地點，是專門供奉日本的太陽女神——天照大神所設的，祂是日本歷代天皇所奉祀的祖先。這裡最早出現的一座神社建於公元七世紀，但現在大家所看到的伊勢神宮，則只有數年的歷史，而且，在過去一千三百年之中，伊勢神宮不斷的重建。因為打從公元六九二年開始，除了在十五和十六世紀時因為幾次戰禍中斷外，每隔二十年，伊勢神宮原址的木造神社都會重建；最近一次的重建儀式[13]是在二〇一三年，這已經是伊勢神宮第六十二次重建了。這個重建工作，交由當地的一百位匠人進行，每次都要足足花上八年的時間，才能重建完成。

史都華．布蘭德在介紹「長遠的當下時鐘」計畫的著作中，寫道：「伊勢神宮，是世上展現『持續性』最大型的紀念物，它有著不曾中斷的一脈相承，包括其建築群、歷史紀錄及傳統，這一切全都是在一座潮溼、地震頻仍又多火山的島上。自古相傳的儀式，至今依然充滿朝氣且為人所理解。」亞歷山大．羅斯、丹尼．希利斯和其他長遠基金會的成員，全都參與了二〇一三年伊勢神宮的重建儀式。事後羅斯寫下：

我看著雅子妃帶領一群神道祭司捧著各式寶物，從舊神社移往新神社……這個神道儀式，不僅是為了保存建築體而已，儘管它用的是會隨著歲月風化腐朽的材料，卻可以原封不動的一路傳承下去。這個儀式也讓主神社的建造者得以在過程中訓練下一代的建造者。

13 譯注：日文稱為「式年遷宮」。

一九七〇年大阪萬國博覽會的時空膠囊，就是從伊勢神宮的式年遷宮儀式得到靈感。在大阪埋入的時空膠囊，其實有兩顆，一顆指定要到公元六九七〇年才能開啟；另一顆則長得一樣，內容物也完全一樣，而且就埋在這顆的上方，與紀念碑只隔一個底座。下面的膠囊要靜靜等待五千年才開封；上方的膠囊，則已經在公元兩千年時出土、開封、檢視過後，又重新埋回；之後的五千年間，每一百年都要出土一次，重新檢視——這就跟伊勢神宮遷宮一樣。大阪這兩顆時空膠囊的長久存續方式，就是給予持續、反覆的關注。因為，儀式會促成永恆。

在本書中，我們不僅回顧過去兩千多年的古代世界，也懷抱希望遠眺五千年後的將來。書中所談到的每個文明、每個時代，我們都看到人們在希望達成某種目的的情況下，製造各種不同的時鐘，這些目的遠超過只是要測量時間。其實，所有我們看到的時鐘，幾乎都不只是要測量時間。歷史上的每一顆鐘，目的都不只於此。

科技從來就不是純潔無私的，因為創造這些物品的是人，也就各有目的。這些目的，可能是希望穩定權勢、掌握勢力、或是端正民風、或是賺大錢、或是雄霸天下。但相對之下，也會有人起身反抗，反抗那些被視為不公不義的事，希望打造一個更公平的世界。這種情形，在未來也不太可能會有所改變。

但，還是有些地方可能有改變。比如，我們生活的方式、工作的方式、或是旅遊的方式。比如，現在的我們，不都習慣了交通尖峰時段嗎？這正是起因於我們都得在固定時間仰賴有效的交通網路，前往固定的地點上班，這都是使用時鐘才辦得到的。也因為這樣，才有像日光節約時間這種事出現；又因為這樣，進而改變我們對於時間的態度、以及我們和時鐘的關係。但，並不能因為這樣，就認為我們必須永遠忍受交通尖峰時段，因為資訊和通訊科技的革新，已經讓有些人得以採彈性的方式和彈性的工作地點來上班。我並不覺得未來短短幾年內，我們的工作模式和旅遊模式會出現大幅度且長遠的變動，但不管未來會有什麼改變，可以確定的是，時鐘還是會成為促成這種轉變的關鍵。

與此相關的，是我們生產與消費方式會產生劇烈變動。這包括全世界的食品、商品、以及貨品的生產和使用，但是，關於這方面的政治討論，卻不如對於人們對移動方式的討論來得多。然而，COVID-19 的蔓延，卻以迅雷不及掩耳的速度讓這個問題浮上檯面，讓人無法不加以正視。其實，這種改變早就蘊釀了好幾十年的時間。長久以來，時鐘早在市場、金融、貿易、製造、全球交通網中扮演關鍵的角色，這點將來也不會有所改變。但是，全球整體生產和消費模式被整合的情形，一定會產生改變。氣候變遷就是一項造成改變的長遠威脅，除此之外，還有其他的威脅存在。

人類文明也慢慢的越來越意識到科技政治的問題。現在，我們已經掌握充分的證據，可以證明許多文物背後的生產製造，其實都有著政治史的因素。比如，講到去殖民化，就會談到不公義和不平等的問題，而某些物品就會透露出這方面的問題，或者可以說從這些物品中建構出這些問題。博物館中一些雕像和收藏品就是最好的例子，因為它們的存在，讓人們很自然的去質疑過去取得文物的手段，並以更嚴格的眼光加以檢視。所以，我們其實應該對一些很常見、卻帶有政治意涵的物品，更仔細的檢視，譬如時鐘。

如果要我選一種時鐘，是讓我在未來最不放心的，那就是人造衛星——那些在美國、中國和俄國、以及歐洲網絡的伽利略等定位系統上，繞著地球軌道運行、負責導航的時鐘。如果只有這些時鐘，那充其量不過是飛在太空中的時鐘罷了。但是，因為有了這些時鐘的推波助瀾，其他科技、網路、數據因此如虎添翼，再加上它們能夠快速觸及我們生活的許多層面，等於是影響到地球上所有人的生活。所以，我們真的應該好好停下來想一想這些時鐘的影響力。一個能夠準確追蹤我們到只有幾公分範圍內的科技，還能夠即時與我們所建置的任何一種系統交換數據的科技，卻是由祕密運作的全球性機構和政治超級大國所建造和操作。這樣的科技，能夠進入大量的數據儲存空間，從中取得涉及地球上每一個人的內容；這樣的科技，真的是讓人不寒而慄。這樣的時鐘政治學，我認為真的是當前急需提防的。在此同時，也不該排除本書所提及其他與時鐘有關的政治議題。

無論如何，我們都必須超越鐘錶的外在，看進它的內在，不能老是對這些物品唯命是從。數千年來，人們一再將其政治意圖偷渡到時鐘內，甚至將之包裝成時鐘，因為這些人知道，人們總是比較順從物品的指示，而抗拒人的命令。為什麼會這樣，我很難理解。時鐘分分秒秒不停的催促，這種魔力有人能夠抗拒得了嗎？或許，我們的努力還不夠。

說老實話，對於人類的未來，我並不抱太樂觀的希望。在撰寫此書的過程中，最讓我震驚的，就是人類文明在數千年的歲月裡，卻有幾個一再反覆出現的大主題是不變的。所以，未來人類應該也不會停止使用時鐘來統治人們，或是獲得權力，甚至控制人們的行為，而且往往也免不了造成痛苦和損失。但若是我們至少能夠搞清楚這些時鐘的來龍去脈，知道這些時鐘是誰所造、又是為何所造，或許可以比較有準備來加以批判，進而起身反抗。我們要對這些時鐘提出質疑、提出刁難的問題，並用知識將自己武裝起來。也就是說，當個柏拉圖口中的好公民。

一九七〇年埋於大阪地底的那顆時空膠囊，裡面收了一封信，是由東京一所小學四年級的學生凜正幸（Rin Masayuki）所寫，留待公元六九七〇年開啟膠囊時供人閱讀。信中如此寫著：

能在社會中快樂且幸福的過日子……想必未來的你和現在的我，都懷抱著這個共同的目標。我們務必要不斷的朝這個目標努力，直到下一個時代更迭為止。再見了，來自五千年前的過去。

人類文明的結構，可能無法在我們手中徹底改頭換面，但如果能夠大膽一試，或許也不賴。我們還是可以各盡所能的推動一些改變，讓世界變得比昔日再好一點點。時鐘只是任我們宰制的工具。要是時鐘能被人用來控制我們的生活，那我們也能用時鐘來促成好事。要做就要快，因為沒剩多少時間了。

圖片來源

p.25 : De Agostini Picture Library via Getty Images
p.29 : Print Collector via Getty Images
• p.35 : Wikimedia Commons
• p.47 : Wikimedia Commons
p.52 : Burstein Collection via Getty Images
• p.62 : Wikimedia Commons
p.65 : The Picture Art Collection/Alamy Stock Photo
• p.69 : Wikimedia Commons
p.77 : Fayez Nureldine/AFP via Getty Images
• p.83 : Wikimedia Commons
p.87 : De Agostini/G. Dagli Orti via Getty Images
p.95 : Ms. IV . Manuscript Department. KBR
• p.98 : Wikimedia Commons
• p.100 : Wikimedia Commons

p.103 : PHAS via Getty Images

• p.105 : Science Museum, London

p.109 : Album/Alamy Stock Photo

p.116 : Walter Thornbury, Old and New London Volume I, 1878

• p.127 : Wikimedia Commons

p.130 : David Rooney

p.135 : Science & Society Picture Library via Getty Images

• p.147 : Wikimedia Commons

p.152 : Manchester Daily Express via Getty Images

p.165 : Illustrated London News, 21 March 1857

p.174 : E. Walter Maunder, The Royal Observatory Greenwich: A Glance at Its History and Work, 1900

p.180 : The Times: Weekly Edition, 1929

p.197 : Image from the Collections of The Henry Ford Museum

p.200 : LCC Photograph Library, London Metropolitan Archives

• p.209 : Wikimedia Commons

p.218 : Pastpix/TopFoto

p.223 : Hulton Deutsch via Getty Images

p.229 : E. Walter Maunder, The Royal Observatory Greenwich: A Glance at Its History and Work, 1900

p.246 : Evening News, 21 May 1913 , Archives of Royal Observatory Edinburgh

p.260 : The National Archives, HO 144/257, 1894

p.273 : Courtesy of BT Heritage

p.276 : Courtesy of the Estate of Joyce Christie

p.283 : Dean Evans

• p.290 : National Museum of American History

p.301 : Division of Medicine and Science, National Museum of American History, Smithsonian Institution

p.306 : Courtesy of Bonhams

p.308 : Ken Cedeno/UPI/Alamy Live News

p.327 : Courtesy of Panasonic Corporation

• p.329 : Wikimedia Commons

• 編按：頁 35、47、62、69、83、98、100、105、127、147、209、290、329 圖片及其說明為繁體中文版特別收錄。

參考文獻

前言

- 'Attachment C: Background Information Related to the Report of the Completion of the Fact-Finding Investigation Regarding the Shooting Down of Korean Air Lines Boeing 747 (Flight KE 007) on 31 August 1983', in State Letter 93/68 (Montreal:International Civil Aviation Organization, 1993), 14- 16.
- 'Transcript of President Reagan's Address on Downing of Korean Airliner', The New York Times, 6 September 1983,15.

第一章　秩序

- Attributed to the playwright Plautus, translated and quoted in Robert Hannah, Time in Antiquity (London and New York: Routledge, 2009), 82.

- The playwright Alkiphron, translated and quoted in ibid., 82.
- Cassiodorus, translated and quoted in Paulo Forlati, 'Roman Solar-Acoustic Clock in Verona', Antiquarian Horology 9, no. 2 (March 1975): I99.
- Translated and quoted in ibid., 201.
- Wu Hung, 'Monumentality of Time: Giant Clocks, the Drum Tower, the Clock Tower', in Monuments and Memory, Made and Unmade, ed. Robert Nelson and Margaret Olin (Chicago and London: University of Chicago Press, 2003), 114.
- Ibid., 115.
- Marisa Addomine, A Fourteenth-Century Italian Turret Clock', Antiquarian Horology 37, no. 2 (June 2016): 222.
- Galeazzo Gatari, quoted in Richard Goy, Chioggia and the Villages of the Venetian Lagoon (Cambridge: Cambridge University Press, 1985), 37.
- 'London, Wednesday, November 30, 1892', The T'imes, 30 November 1892, 9.
- Giordano Nanni, The Colonisation of Time: Ritual, Routine and Resistance in the British Empire (Manchester and New York: Manchester University Press, 2012), 16.
- Anon,, 'Delhi Clock Tower', The Builder, 14 February 1874, 130.
- Anon, 'Clock Tower, Lucknow', The Builder, 1 August 1885, 170.

- Sanjay Srivastava, Constructing Post-Colonial India: National Character and the Doon School (London and New York: Routledge, 1998),
- Fani Efendi, quoted in Mehmet Bengu Uluengin, 'Secularizing Anatolia Tick by Tick: Clock Towers in the Ottoman Empire and the Turkish Republic', International Journal of Middle East Studies 42, no. 1 (February 2010): 20.
- Hung, 'Monumentality of Time', 128.

第二章　信仰

- This and subsequent phrases quoted in Ibn al-Razzaz al-Jazari, The Book of Knowledge of Ingenious Mechanical Devices, transl. Donald Hill (Dordrecht: D. Reidel, 1974), 17-41.
- John Beckmann, A History of Inventions, Discoveries, and Origins, Vol. 1 (London: Henry G. Bohn, 1846), 345.
- Otto Kurz, European Clocks and Watches in the Near East (London: The Warburg Institute, 1975), 17.
- Lynn Thorndike, The Sphere of Sacrobosco and Its Com-mentators (Chicago: University of Chicago Press, 1949), 230.
- John North, God's Clockmaker: Richard of Wallingford and the Invention of Time (New York:

Continuum, 2005), 320.

- Edward Davis and Michael Hunter, eds., Robert Boyle: A Free Enquiry into the Vulgarly Received Notion of Nature (Cambridge : Cambridge University Press, 1996 [1686]), 13.
- John Castle, Remarkable Clocks (unpublished manuscript, in Arthur Mitchell archive, Antiquarian Horological Society London, 1951), 10.5
- Ibid., 1o.16.
- Jaroslav Folta, 'Clockmaking in Medieval Prague', Antiquarian Horology 23, no. 5 (Autumn I997): 408.
- Charles George, 'A Social Interpretation of English Puritanism', Journal of Modern History 25, no. 4 (December I953): 338-9.
- Lewis Mumford, Technics and Civilization (Chicago: University of Chicago Press, 1934), 14.
- Benjamin Franklin, 'Advice to a Young Tradesman, Written by an Old One', in George Fisher, The American Instructor: Or, Young Man's Best Companion (gth edn; Philadelphia, 1748), 375.
- Lauren Frayer, 'Saudis Want "Mecca Time" to Replace GMT', AOL News, 11 August 2010.
- Ziauddin Sardar, 'The Destruction of Mecca', The New York Times, 30 September 2014.

第三章　美德

- 'Translated and quoted in Charles Drover, 'Sand-Glass "Sand": Historical, Analytical and Practical, Part I-Historical', Antiquarian Horology 3, no. 3 (June 1960): 64.
- Thomas Carlyle, Sartor Resartus, ed. Archibald MacMechan (Boston: Ginn & Company 1900), 199.
- Quentin Skinner, 'Ambrogio Lorenzetti: The Artist as Political Philosopher', Proceedings of the Britsh Academy 72 (1986):50
- Lynn White, 'The Iconography of Temperantia and the Virtuousness of Technology', in Theodore Rabb and Jerrold Seigel, eds, Action and Conviction in Early Modern Europe: Essays in Memory of E. H. Harbison (Princeton: Princeton University Press, 1969), 211.
- Ibid., 209.
- Kristen Lippincott, The Story of Time (London: Merrell Holberton, 1999), 175.
- Charles Johnson, A General History of the Pyrates (London, 1724), 259

第四章　市場

- Paul Hemelryk, representing Hornby Hemelryk and Company, quoted in House of Commons, Report and

Special Report from the Select Committee on the Daylight Saving Bill, Together with the Proceedings of the Committee, Minutes of Evidence, and Appendix (London: HMSO, 1908), 118.

- 'The New Liverpool Cotton Exchange: Description of the Building', Liverpool Daily Post and Mercury, 2 July 1906, 9.
- Benjamin Franklin, 'Advice to a Young Tradesman, Written by an Old One', in George Fisher, The American Instructor: Or, Young Man's Best Companion (9th edn; Philadelphia, 1748), 375.
- Jon Cartwright, 'Time Traders', Physics World, July 2018

第五章　知識

- Joseph Tieffenthaler, 1751, quoted in Virendra Nath Sharma, Sawai Jai Singh and His Astronomy (2nd edn; Delhi: Motilal Banarsidass Publishers Private Ltd, 2015), 124.
- Sharma, Sawai Jai Singh, 290-91.
- Susan Johnson-Roehr, 'The Spatialization of Knowledge and Power at the Astronomical Observatories of Sawai Jai Singh II, c. 172I-1743 CE' (Urbana, Ill: University of Illinois at Urbana-Champaign, 2011), 228.
- Raymond Mercier, 'Account by Joseph Dubois of Astronomical Work under Jai Singh Sawa'I', Indian Journal of History of Science 28, no. 2 (I993): 162.

- 'Full Text: "Bin Laden's Message"', BBC News, 12 November 2002, http://news.bbc.co.uk/ I/hi/world/middle_east/2455845.stm.
- the French original quoted in Rene Taton, 'Les Origines et les debuts de l'Observatoire de Paris', Vistas in Astronomy 20 (1976): 67.
- Bernard Lovell, The Story of Jodrell Bank (New York and Evanston, Ill: Harper & Row, 1968), 196.

第六章　帝國

- Brian Warner, Astronomers at the Royal Observatory Cape of Good Hope: A History with Emphasis on the Nineteenth Century(Cape Town: A. A. Balkema, 1979), 34.
- Adam Smith, An Inquiry tnto the Nature and Causes of the Wealth of Nations, Vol. II (London, 1776), 235.
- Robert Percival, An Account of the Cape of Good Hope (London : C. and R. Baldwin, 1804), 9.
- David Gill, A History and Description of the Royal Observatory, Cape of Good Hope (London: HMSO, 1913), x.
- Warner, Astronomers at the Royal Observatory, 34.
- Brian Warner, Royal Observatory, Cape of Good Hope 1820-1831: The Founding of a Colonial

Observatory (Dordrecht : Kluwer Academic Publishers, 1995), 180-81.

- John Cannon, 'Masons', Cape Town Gazette and African Advertiser, 12 August 1825, 2.
- Warner, Royal Observatory, Cape of Good Hope 1820-1831, 182.
- Brian Warner, Charles Piazzi Smyth, Astronome-Artist:His Cape Years 1835-1845 (Cape Town: A. A. Balkema, 1981), 16.
- Ibid., 72.
- Walter Raleigh, The Works of Sir Walter Ralegh, Vol. VIII: Miscellaneous Works (Oxford: Oxford University Press, 1829), 325.
- A Collection of All Queen Anne's Speeches, Messages eoc from Her Accession to the Throne, to Her Demise (London, 1714), 52.
- The History and Proceedings of the House of Commons of England, Tome V (London, 1742), 144.
- Edwin Dunkin, 'The Royal Observatory, Greenwich. A Day at the Observatory (Part 2), The Leisure Hour, 16 January 1862, 40.
- 'The New Eros', The Graphic, 15 December 1928, 452.
- William Mitchell, Time and Weather by Wireless (London: The Wireless Press, 1923), vii.
- David Gill, 'Report of the Proceedings of Cape of Good Hope, Royal Observatory', Monthly Notices of the Royal Astronomical Society 64 (February 1904): 304.

- 'Extraordinary Escape from Death at Bennett's Clock Warehouse, Cheapside', The Sun, 27 May 1865, 3.
- 'London Gossip', Stirling Observer, 7 September 1865, 4.
- Sir John Bennett, Ltd, Gog and Magog: The House of Bennett 750-Present Day (London: Sir John Bennett, 1920), 8.
- 'Our Gallery: Sir John Bennett, FRAS', Watchmaker, Jeweller, and Silversmith I, no. 8 (5 August 1875): 57.
- Richard Harvey 'Bennett, Sir John (1814-1897)', Oxford Dictionary of National Biography (online edn), September 2004.
- The "City Observatory"', City Press, 17 June 1865, 5.
- 'Death of Sir John Bennett: Departure of a Quaint Figure', Pall Mall Gazette, 6 July I897,7.
- John Bennett, "To the Editor of the City Press', City Press, 9 September 1865, 6.
- Albert Musson and Eric Robinson, The Origins of Engineering in Lancashire', Journal of Economic History 20, no. 2 (June I960): 218.
- John Kennedy 'Observations on the Rise and Progress of the Cotton Trade in Great Britain, Particularly in Lancashire and the Adjoining Counties (Read Before the Literary and Philosophical Society of Manchester, November 3, 18I5), in Miscellaneous Papers on Subjects Connected with the Manufactures of Lancashire (Manchester, 1849), 13.

- Musson and Robinson, 'The Origins of Engineering in Lancashire', 221.
- British Horological Institute, 'Discussion Meetings', Horological Journal, 1 February 1860, 80.
- Mr Walters, q oted in Alan Midleton, 'The History of the BHI (Part I): Clerkenwell and the Angry 185os', Horological Journal, July 2007, 271.
- Henry Ward, 'Making Watches by Machinery', Hansard, Parl. Debs. (series 3), vol. 68, cc. 273-85, (31 Mar. 1843)
- Anon., "The Misplaced Horological Institute', Horological Journal, October 1889, 31.
- 'Our Gallery: Sir John Bennett, FRAS', 56.
- Joseph Wickham Roe, English and American Tool Builders (New Haven: Yale University Press, 1916), 215.
- Jottings', Horological Journal, August 1897, 163-4.
- 'Gog and Magog', Hull Daily Mail, 21 October 1929, 9.
- 'The History of a Lost Trade: An Interview with Sir John Bennett', Pall Mall Gazette, 13 December 1886, 2.
- David Landes, Revolution in Time: Clocks and the Making of the Modern World (rev. edn; London: Viking, 2000), 318.
- Ibid., 308.
- Ford Motor Company (advertisement), 'Needles and Nails Made His First Watch Tools ....., Boy's Life, February 1945, 15.
- Henry Ford, My Life and Work (Garden City, NY: Doubleday, Page and Company, 1922), 24.

- Adam Ferguson, An Essay on the History of Civil Society, 2nd edn (London, 1768), 280.
- Andrew Nahum, caption for Plate 8, in Peter J. T. Morris, Science for the Nation: Perspectives on the History of the Science Museum (Basingstoke: Palgrave Macmillan, 2010).

第八章　規範

- Anthony Dingle, The Campaign for Prohibition in Victorian England (London: Croom Helm, 1980), 8.
- John Kennaway, quoted in Intoxicating Liquors Bill, Hansard, Parl. Debs. (series 3), vol. 219, c. Io90 (5 June 1874)
- Sidney Webb, 'Preface (1902)', in B. L. Hutchins and A. Harrison, A History of Factory Legislation (new edn; London: P. S. King & Son, 1907), v.
- An Act to Amend the Laws Relating to Labour in Factories, 6 June 1844, section XXVI, 7 Victoria Ch. 15.
- Factory and Workshop Act, 1901, I Edward VII Ch. 22, p. 21.
- BT Archives: POST 3o/531, Synchronisation etc. of Clocks by Electric Curvent, letter, Secretary, Oldham Master Cotton Spinners' Association to District Manager of Telephones, GPO, SE Lancs District, Rochdale, 4 December 1913.
- Gertrude Magrane, ' Recollections of William Willett', in Petts Wood 21st Birthday Festival Week

Souvenir Programme, 16-22 May 1948, 1948.

- House of Commons, Report and Special Report from the Select Committee on the Daylight Saving Bill, Together with the Proceedings of the Committee, Minutes of Evidence, and Appendix, 116.
- Ibid., 49.
- The Times, 4 May 1911, 7.
- Ibid., 22 May 1916, 9.
- House of Commons, Report and Special ... on the Daylight Saving Bill, 76.

第九章　反抗

- Dalkeith Advertiser, 22 May 1913.
- See, for instance, Westminster Gazette, 21 May 1913.
- George Woodcock, 'The Tyranny of the Clock', War Commentary for Anarchism 5, no. 10 (March 1944).
- E. P. Thompson, 'Time, Work-Discipline, and Industrial Capitalism', Past & Present 38, no. 1 (1 December 1967): 95.
- Ibid., 86.
- Maurice Thomas, The Early Factory Legislation (Leigh-on-Sea: Thames Bank Publishing Co., 1948), 39.

- Benjamin Hargreaves, quoted in James Haslam, Accrington and Church Industrial Co-Operative Society Ltd: History of Fifty Years' Progress (Manchester: Co-Operative Newspaper Society, 1910), 200.
- Willim Baron, quoted in Bob Haye, 'Struck by Several Sods: Violence and the 1878 Blackburn Weavers' Strike' (BA Dissertation), http://www.Cottontown.Org/The%20Cotton%20Industry/Cotton%20Industry%o2018th%20to%2020th%20Century/Pages/Cotton-Riots-1878.Aspx, nd.
- Mark M. Smith, Mastered by the Clock: Time, Slavery, and Freedom in the American South (Chapel Hill: University of North Carolina Press, 1997), 95.
- Ibid., 121.
- Michael Bakunin, God and the State (London: Freedom Press, 1910), 41.
- Ibid., 18.
- Ibid., 20.
- Cambridge University Library, Royal Greenwich Observatory Archives: RGO 7/58, Papers on Greenwich Park, letter, Astronomer Royal to HM Office of Works, 27 January 1885.
- Ibid., letter, Astronomer Royal to Admiralty, 5 January 1894.
- Illustrated London News, 17 February 1894, 195.
- The Times, 20 February 1894, 5.
- Ibid., 27 February 1894,8.
- John Merriman, The Dynamite Club (London: JR Books, 2009), 187.

- BT Archives: 'Speaking Clock' subject file, letter, John Masefield to Kingsley Wood, 5 June I935.
- Ibid.: "'Voice of Gold" Competition' scoresheet.
- 'The Girl with the Golden Voice', Post Office Magazine, August 1935, 263.
- Croydon Advertiser and Surrey County Reporter, 29 June 1935.
- BT Archives: 'Speaking Clock' subject file, advance summary of speech to be given by the Postmaster General, 24 July 1936.
- Croydon Advertiser and Surrey County Reporter, 29 June 1935; Evening News, 21 June 1935[?]; Croydon Times and Surrey County Mail, 29 June 1935.
- BT Archives: POST 33/ 4799: Public Relations Department circular, 27 March 1935.
- Ibid.: letter, London Telephone Service to Public Relations Department, 13 June 1935 (my italics).
- The Times, 25 May 1935, 9.
- BT Archives: 'Speaking Clock' subject file, advance summary of speech to be given by the GPO Staff Engineer, July 1936.
- The Girl with the Golden Voice', 263.
- British Pathe, Time Please (film, 1938).
- V&A Theatre Collections, scrapbook, 'Prince of Wales 1935'.

- GPO Film Unit, At the 3rd Stroke (film, 1939)
- Lewis Carroll, Alice's Adventures in Wonderland (New York:D. Appleton and Co, 1866), 101-2.
- Reproduced in Henry Hawken, Trumpets of Glory: Fourth of July Orations, 1786-1861 (Granby, Conn.: Salmon Brook Historical Society, 1976), 259.
- Felix Meier, quoted in Michael O'Malley and Carlene Stephens, 'Clockwork History: Monumental Clocks and the Depiction of the American Past', NAWCC Bulletin, February 1990, 8.
- O'Malley and Stephens, 'Clockwork History', 8.
- Guardian, 7 August 2015.
- the Telegraph, 5 May 2018.
- Douglas Schoen and Michael Rowan, The Threat Closer to Home : Hugo Chavez and the War against America (New York: Free Press,2009), 44.
- Jonathan Hassid and Bartholomew Watson, 'State of Mind: Power, Time Zones and Symbolic State Centralization', Time & Society 23, no. 2 (2014): 180.
- Ibid., 181.
- Ibid., 182.
- European Union (Withdrawal Agreement) Bill, Hansard, HC (series 6), vol. 669, c. 711 (9 Jan. 2020)
- Daily Express, 16 January 2020.
- Ian Dunt, 'Week in Review: The Madness over Big Ben's Bongs is a Symbol of the Horror to Come', 17

January 2020, www.politics.co.uk/blogs/2020/04/17/week-in-review-the-madness-over-big-ben-s-bongs-is-a-symbol

第十一章　戰爭

- 'Cosmic Confrontation', Measure: For the Men and Women of Hewlett-Packard, March 1972, 5.
- Stephen Powers and Brad Parkinson, 'The Origins of GPS: Article Published in May &June 20Io Issues of GPS World', 20I0, 17, https:/ /www.u-blox.com/sites/default/files/the_origins_of gps.pdf.
- Andreas Krieg and Jean-Marc Rickli, 'Surrogate Warfare: The Art of War in the 2Ist Century?', Defence Studies 18, no. 2 (2018): 115.
- Derek Gregory, "The Everywhere War', Geographical Journal 177, no. 3 (September 2011): 238.
- Office of Science and Technology Policy, National Security Council, Fact Sheet: US Global Positioning System Policy (Washing-ton, DC: 1996).
- Richard Schwartz, quoted in Jack Loughran, Interview: The Creators of GPS', Ee T Magazine, 15 February 2019.
- Chuck Horner, quoted in Greg Milner, Pinpoint: How GPS is Changing Our World (New York: W. W. Norton and Company, 2016), 47.

- Jim Quinn, 'I Had to Sell This to the Air Force, Because the Air Force Didn't Want It', Invention and Technology 20, no. 2 (Fall 2004).
- Milner, Pinpoint, 58.
- Chris Whitty and Mark Walport, Satellite-Derived T'ime and Position: A Study of Crtical Dependencies (London: Government Office for Science, 2018), 29.
- John Garamendi and Dana Goward, quoted in Paul Tullis, 'The World Economy Runs on GPS. It Needs a Backup Plan', Bloomberg businessweek, 25 July 2018, https://www.bloomberg.com/news/features/2018-07-25/the-world-economberg.com/news/tomy-runs-on-gps-it-needs-a-beng Businessbackup-plan.

第十二章　和平

- Matsushita Electric Industrial Co. Ltd, The Official Record of Time Capsule Expo '70: A Gift to the People of the Future from the People of the Present Day (Osaka: Matsushita Electric Industrial Co. Ltd, 1980), 229.
- Ibid., 3.
- Ibid., 231.

- Stewart Brand, The Clock of the Long Now: Time and Responstbility (London: Phoenix, 2000), 2.
- Ibid., 2.
- Ibid., 4-5.
- Brian Eno, 'Bells and Their History, and the Long Now Foundation' (CD insert), in January o7o03: Bell Studies for the Clock of the Long Now (CD), 2003, 4.
- Kevin Kelly, 'Clock in the Mountain', accessed 7 July 2020, long-now.org/clock; Jonas Salk, 'Are We being Good Ancestors?', World A ffairs: The Journal of International Issues I, no. 2 (December 1992): 16-18.
- Brand, Clock of the Long Now, 53.
- Alexander Rose, 'How to Build Something That Lasts 10,000 Years', BBC Future, 11 June 20I9, https://www.bbc.com /future/article/2019061r-how-to-build-something-that-lasts-toooo-years.
- Matsushita Electric Industrial Co. Ltd, Oficial Recotd of Time Cap sule Expo '70, 232.

國家圖書館出版品預行編目（CIP）資料

改變人類文明的 12 座時鐘／大衛・魯尼（David Rooney）作；顏涵銳譯 . -- 初版 . -- 臺北市：遠流出版事業股份有限公司 , 2021.12

面；　公分

譯自：About time : a history of civilization in twelve clocks

ISBN 978-957-32-9370-5（平裝）

1. 世界史　2. 文明史　3. 鐘錶

713　110018821

改變人類文明的 12 座時鐘
About Time: A History of Civilization in Twelve Clocks

作　　者——大衛・魯尼（David Rooney）
譯　　者——顏涵銳
總監暨總編輯——林馨琴
責任編輯——楊伊琳
行銷企畫——陳盈潔
美術設計——陳文德
內頁排版——中原造像 葉欣玫

發 行 人——王榮文
出版發行——遠流出版事業股份有限公司
地址：台北市中山區中山北路一段 11 號 13 樓
客服電話：02-25710297
傳真：02-25710197
郵撥：0189456-1
著作權顧問——蕭雄淋 律師

2021 年 12 月 1 日　初版一刷
定價——新台幣 499 元（如有缺頁或破損，請寄回更換）

ISBN 978-957-32-9370-5

YLib 遠流博識網 http://www.ylib.com
E-mail: ylib@ylib.com